中國語言文學文庫·典藏文庫

吴承學　彭玉平　主编

長沙楚帛書文字編（增訂版）

曾憲通　著

中山大學出版社
SUN YAT-SEN UNIVERSITY PRESS
·廣州·

圖書在版編目（CIP）數據

長沙楚帛書文字編／曾憲通著．—增訂版．—廣州：中山大學出版社，2019.12
（中國語言文學文庫／吴承學，彭玉平主編．典藏文庫）
ISBN 978-7-306-06725-8

Ⅰ．①長…　Ⅱ．①曾…　Ⅲ．①帛書文字—注釋　Ⅳ．①K877.94

中國版本圖書館CIP數據核字（2019）第225659號

出版人：王天琪
策劃編輯：嵇春霞
責任編輯：裴大泉
封面設計：曾　斌
責任校對：佟　新　趙　婷
責任技編：何雅濤
出版發行：中山大學出版社
電　　話：編輯部 020-84110283，84113349，84111997，84110779，84110776
　　　　　發行部 020-84111998，84111981，84111160
地　　址：廣州市新港西路135號
郵　　編：510275　　傳　真：020-84036565
網　　址：http://www.zsup.com.cn　E-mail:zdcbs.mail.sysu.edu.cn
印 刷 者：佛山市浩文彩色印刷有限公司
規　　格：787mm×1092mm　1/16　21.5印張　344千字
版次印次：2019年12月第1版　2019年12月第1次印刷
定　　價：78.00元

谨以本书纪念引领我走上楚帛书研究之路的饶宗颐先生

曾宪通 拜题

總序

吴承學　彭玉平

中山大學建校將近百年了。1924年，孫中山先生在萬方多難之際，手創國立廣東大學。先生逝世後，學校於1926年定名爲國立中山大學。雖然中山大學并不是國内建校歷史最長的大學，且僻於嶺南一地，但是，她的建立與中國現代政治、文化、教育關係之密切，却罕有其匹。緣於此，也成就了獨具一格的中山大學人文學科。

人文學科傳承着人類的精神與文化，其重要性已超越學術本身。在中國大學的人文學科中，中國語言文學學科的設置更具普遍性。一所没有中文系的綜合性大學是不完整的，也幾乎是不可想象的。在文、理、醫、工諸多學科中，中文學科特色顯著，它集中表現了中國本土語言文化、文學藝術之精神。著名學者饒宗頤先生曾認爲，語言、文學是所有學術研究的重要基礎，『一切之學必以文學植基，否則難以致弘深而通要眇』。文學當然强調思維的邏輯性，但更强調感受力、想象力、創造力和語言表達能力。有了文學基礎，才可能做好其他學問，并達到『致弘深而通要眇』之境界。而中文學科更是中國人治學的基礎，它既是中國文化根基的重要組成部分，也是中國文明與世界文明的一個關鍵交集點。

中文系與中山大學同時誕生，是中山大學歷史最悠久的學科之一。近百年中，中文系隨中山大學走過艱辛困頓、輾轉遷徙之途。始駐廣州文明路，不久即遷廣州石牌地區；抗日戰爭中歷經三遷，初遷雲南澂江，再遷粵北坪石，又遷粵東梅州等地；1952 年全國高校院系調整，始定址於珠江之畔的康樂園。古人説：『艱難困苦，玉汝於成。』對於中山大學中文系來説，亦是如此。百年來，中文系多番流播遷徙。其間，歷經學科的離合、人物的散聚，中文系之發展跌宕起伏、曲折逶迤，終如珠江之水，浩浩蕩蕩，奔流入海。

康樂園與康樂村相鄰。南朝大詩人謝靈運，世稱『康樂公』，曾流寓廣州，并終於此。有人認爲，康樂園、康樂村或與謝靈運（康樂）有關。這也許只是一個美麗的傳説。不過，康樂園的確洋溢着濃郁的人文氣息與詩情畫意。但對於人文學科而言，光有詩情是遠遠不够的，更重要的是必須具有嚴謹的學術研究精神與深厚的學術積澱。一個好的學科當然應該有優秀的學術傳統。那麼，中山大學中文系的學術傳統是什麼？一兩句話顯然難以概括。若勉强要一言以蔽之，則非中山大學校訓莫屬。1924 年，孫中山先生在國立廣東大學成立典禮上親筆題寫『博學、審問、慎思、明辨、篤行』十字校訓。該校訓至今不但巍然矗立在中山大學校園，而且深深鎸刻於中山大學師生的心中。『博學、審問、慎思、明辨、篤行』是孫中山先生對中山大學師生的期許，也是中文系百年來孜孜以求、代代傳承的學術傳統。

一個傳承百年的中文學科，必有其深厚的學術積澱，有學殖深厚、個性突出的著名教授令人仰望，有數不清的名人逸事口耳相傳。百年來，中山大學中文學科名師薈萃，他們的優秀品格和學術造詣熏陶了無數學者與學子。先後在此任教的杰出學者，早年有傅斯年、魯迅、郭沫若、郁達夫、顧頡剛、鍾敬文、趙元任、羅常培、黄際遇、俞平伯、陸侃如、馮沅君、王力、岑麒祥等，晚近有容庚、商承祚、詹安泰、方孝岳、董每戡、王季思、冼玉清、黄海章、樓栖、高華年、葉啓芳、潘允中、黄家教、盧叔度、邱世友、陳則光、吴宏聰、陸一帆、李新魁等。此外，還有一批仍然健在的著名學者。每當我們提到中山大學中文學科，首先想到的就是這些著名學者的精神風采及其學術成就。他們既給我們帶來光榮，也是一座座令人仰止的高山。

學者的精神風采與生命價值，主要是通過其著述來體現的。正如司馬遷在《史記·孔子世家》中談到孔子時所説的：『余讀孔氏書，想見其爲人。』真正的學者都有名山事業的追求。曹丕《典論·論文》説：『蓋文章，經國之大業，不朽之盛事。年壽有時而盡，榮樂止乎其身，二者必至之常期，未若文章之無窮。是以古之作者，寄身於翰墨，見意於篇籍，不假良史之辭，不托飛馳之勢，而聲名自傳於後。』真正的學者所追求的是不朽之事業，而非一時之功名利禄。一個優秀學者的學術生命遠遠超越其自然生命，而一個優秀學科學術傳統的積聚傳承更具有『聲名自傳於後』的强大生命力。

爲了傳承和弘揚本學科的優秀學術傳統，從2017年開始，中文系便組織編纂中山大學『中國語言文學文庫』。本文庫共分三個系列，即『中國語言文學文庫·典藏文庫』『中國語言文學文庫·學人文庫』和『中國語言文學文庫·榮休文庫』。其中，『典藏文庫』（含已故學者著作）主要重版或者重新選編整理出版有較高學術水平并已産生較大影響的著作，『學人文庫』主要出版有較高學術水平的原創性著作，『榮休文庫』則出版近年退休教師的自選集。在這三個系列中，『學人文庫』『榮休文庫』的撰述，均遵現行的學術規範與出版規範；而『典藏文庫』以尊重歷史和作者爲原則，對已故作者的著作，除了改正錯誤之外，儘量保持原貌。

一年四季滿目蒼翠的康樂園，芳草迷離，群木競秀。其中，尤以百年樟樹最爲引人注目。放眼望去，巨大樹幹褐黑縱裂，長滿緑茸茸的附生植物。樹冠蔽日，濃蔭滿地。冬去春來，墨緑色的葉子飄落了，又代之以鬱葱青翠的新葉。鐵黑樹幹襯托着嫩緑枝葉，古老滄桑與蓬勃生機兼容一體。在我們的心目中，這似乎也是中山大學這所百年老校和中文這個百年學科的象徵。

我們希望以這套文庫致敬前輩。

我們希望以這套文庫激勵當下。

我們希望以這套文庫寄望未來。

2018年10月18日

吴承學：中山大學中文系學術委員會主任、教授

彭玉平：中山大學中文系系主任、教授

目録

上編

下編

附圖

上编

長沙楚帛書文字編

說明

一、本文字編據選堂先生珍藏之楚帛書紅外綫照片編製而成。紅外綫照片計三種：⑴原大照片一幅；⑵放大二、二倍之疊印照片六幅；⑶放大十二倍之接印照片一百一十幅。十二倍照片總面積約二十平方米，是一九六七年美國哥倫比亞大學舉行「楚帛書研討會」上展出的特大照片。這套照片將原來只有黃豆大小的帛文放大到拳頭般粗（圖版見《楚帛書》），它對了解帛書文字的結構和書寫風格，特別是對辨識筆畫模糊和殘缺不全的字形尤有裨益。

二、字編中每個字形的摹寫，除反覆核對上面三種紅外綫照片外，還參校各家所作的摹本，盡可能避免過去由於照片不夠清晰而產生的訛誤，力求每字之筆畫、結體與照片一致。

三、字編採用蔡季襄氏早年所定的序次，即以中間帛文之八行者為甲篇，十三行者為乙篇，四週邊文為丙篇。選堂先生向来亦力主此說。近時李學勤先生從馬王堆帛書中了解到「以南為上」可能是楚地置圖的傳統，因亦改從蔡氏的序列（參看拙著《楚帛書研究述要》）。

四、據紅外綫照片，帛書字數計甲篇二百六十七字，其中重文、合文九例，殘文二十三字、缺二字。乙篇四百一十二字，內重文、合文八例，殘二十九字、缺七字。丙篇二百七十三字，其中合文二例，殘文二十一字，缺文二十一字。就目前所知，帛書文字連重文、合文在內，總計凡九百五十二字，其中殘損不明其結構者七十三字，缺佚者約三十字。整幅帛書原文估計在九百六十字左右。

五、本字編分單字、重文合文和殘文三部份。第一部份收單字三百零二個。第二部份收重文七組、合文六組凡二十一例。第三部份收殘文六十九個。殘文中凡據殘存筆畫及上下文義可判明其為某字者，則於單字下重出之。

六、單字排列以隸寫筆畫多寡為先後，筆畫相同則按起筆之、一丨丿乚（包含㇇𠃋）相次羅列各種形體，每一形體之下分別註明例辭、例句及出處，並附簡要註釋。重文合文部份按首字筆畫編排。第三部份則以殘文出現之先後為序。

七、字編註解兼有集釋性質，除採自選堂先生的有關著述外，凡諸家說解可資補苴者，則博綜羣言，擇要採入，盡可能反映帛書文字考釋的進程及其主要成果。間附編者一得之愚，以備參考。

八、編中代號舉例說明如下：

風甲七·二四　表示「風」字見於甲篇七行第二十四字；

既乙四·二六　表示「既」字見於乙篇四行第二十六字；

取丙一·二　表示「取」字見於丙篇一月一組的第二行。丙篇月次按《爾雅·釋天》十二月名次第，始「取」（《爾雅》作「陬」）終「荃」（《爾雅》作荼）。

丙篇行次以圖像旁註帶月名之三字為第一行，說明月事宜忌之首行則為第二行，餘類推。

四 第三部份例句中以「∫」號代表上見之殘文，如「降」下例句「㠯四神∫奠」，「∫」號代表上列之殘文「降」字。餘仿此。

第一部份 單字

一

一月 乙三·二五

乙

乙則至 丙一·二

此字與甲乙之乙有別，漢象牙七星盤甲乙字作乚，大乙字作乙，此殆即乙字，或體作鳦。《說文》：「乙，玄鳥也。齊魯謂之乙，取其鳴自呼，象形。」「乙則至」者，表示月令之物候，與《夏小正》云「鞠則見」、「參則伏」、「螢則鳴」、「鳩則鳴」等同類。《禮記·月令》有「仲春之月，玄鳥至」。今帛文言取(即陬‖正月)而鳦至，兩者相差一個月。鳦即燕子，《荊楚歲時紀》：「荊楚之俗，燕始來，睇有入屋者，以雙箸擲之，令有子」。可見楚

一

人以燕請子之俗。

003 二

二曰 甲四・一六

二月 乙三・二六

十又二 乙七・一

004 十

十日 甲七・九

十又二 乙六・三三

005 八

八月 乙二・三一

月上一字稍殘，但「八」字筆畫尚隱約可見。

006 九

九州 甲四・三

九天 甲六・二二

007 人

民人 乙五・二九

民人 乙二・一八

008 乃

乃取虞…… 甲一・三五

乃上下朕遡 甲三・一

乃命山川四晉 甲三・九

009 又

乃步呂為戢 甲四·三

炎帝乃命祝融 甲六·三

乃逆日月 甲七·三〇

乃又𡧊 乙四·二八

乃兵 乙五·四

戢季乃□ 乙八·一

五正乃明 乙九·一五

群神乃惪 乙九·二七

遅乃…… 丙九·三

未又日月 甲三·三三

帛文「又」皆借為「有」

千又百戢 甲四·三二

又宵 甲八·三

又朝 甲八·五

又晝 甲八·七

又夕 甲八·九

又夆尚尚 乙一·一八

又淵卑湜 乙二·二三

又電𩃬雨土 乙三·四

西𨛜又吝 乙四·二二

010 之

乃又鼠宎 乙四・二九

東郕又吝 乙四・三四

民則又穀 乙一二・三

亡又相亂 乙一二・六

民少又□ 乙一二・三一

衛又咎 丙一・三

又梟内于上下 丙七・二

□□子之子 甲二・五

攼敷之 甲五・二三

……木之精 甲五・三四

日月之行 甲七・三

閏之勿行 乙三・二二

五宎之行 乙五・二四

四淺之行 乙五・三四

隹悳匿之歲 乙六・一三

繫之㠯𦯬降 乙六・二〇

為之正 乙六・三〇

□之哉 乙九・三三

神則各之 乙一〇・一二

011亡

神則惪之 乙一〇・二〇

下民之祅 乙一一・一

敬之毋戈 乙一一・四

帝牆繇呂亂□之行 乙一一・三三

亡章弼弼 甲一・二四

卉木亡尚 乙一・三四

亡奉 乙三・三四

亡床 乙四・一四

亡翼 乙七・一三

亡又尚亙 乙八・七

亡又相臺 乙一二・五

012三

三曰 甲四・二一

三天 甲六・二二

三月 乙三・二八

三寺 乙六・一六五

三亙 乙八・二五

013 下

作亓下凶 乙七·二一

下民之祆 乙一〇·三三

取于下 丙一·一

至于其下 丙六·三

014 于

凥于[illegible] 甲一·一二

至于邊天旁達 甲五·一六

降于亓方 乙二·一五

邁于亓王 乙五·七

取于下 丙一·一

不訓于邦 丙七·三

内于上下 丙七·三

故不義于四〔方〕 丙一〇·三

015 才

不見月才 丙五·三

帛文「才」借為「在」

016 土

電雹雨土 乙三·八

土身 乙七·一二

土事 乙一二·三三

017 大

大鯀 甲六·二五

大事 丙四·二

大不訓于邦 丙七·二

又大亂 丙八·四

018 山

山陵不𢦏 甲三·五

山川四𣅀 甲三·一一

㠯涉山陵 甲三·二六

山陵備鯀 甲五·七

山陵亓𤅚 乙二·一七

山川澫浴 乙一一·一五

019 上

上实 乙六·四

020 川

山川四𣅀 甲三·一二

山川澫浴 乙一一·一六

可以川 丙七·二

021 千

千又百歲 甲四·三一

022凡

凡戠惪匿

乙五・一一

「凡」字旁出一筆，與慼字所从凡聲作凡者同。

023夕

又晝又夕

甲八・一〇

夕字之殘，嚴一萍釋。

024女

曰女皇

甲二・八

可㠯蒙（嫁）女

丙二・三

余取（娶）女

丙四・一

取女為邦芺

丙四・三

取女凶

丙八・四

□杲□女

甲一・二一

女日月既亂

乙四・二四

「女」借為「如」，與三體石經古文同。

女曰亥隹邦所

乙五・一五

女[illegible]武

丙二・一

曰女

丙二・二

025子

□☐子

甲二・四

□☐子之子

甲二・六

是生子四

甲二・一二

帛文「乃取（娶）虘（且）□☐子之子曰女皇，其中「□☐子之子」云云，殆指女皇所從出。如春秋劍銘「吳季子之子逞」（《周金文存》六．九四），《左昭廿七年傳》有「子仲之子曰重」，皆其例。

壬子　丙一．三

酉子　丙一．三

壬子、丙子屬諏日「五子」之列，見秦簡《日書》簡1124，壬子亦在丙子前。還有「五丑」、「五辰」、「五巳」、「五酉」等。帛文云：「壬子、酉子凶」，嚴一萍氏謂如《淮南子》所稱之類。《天文訓》曰：「壬子干丙子，雹」；「丙子干壬子，星墜。」故帛文曰「凶」。

026 方

降于其方
乙二·一八

帛文「方」讀為「旁」。選堂先生據《甘氏歲星法》「日有亂民，將有兵作于其旁」，謂「降于其方」即「降于其旁」。

027 火

不火得
丙二·四

帛文㶡、𤈦所從之火概作夾，此亦當是火字。選堂先生據《元命包》「火之為言委隨也。」謂「不火得」猶言不委隨而得。意指取臣妾如不委隨而得，則不成。

028 王

萬于其王
乙五·九

029 五

五月
乙四·八

五宎
乙五·二二

五正
乙九·三

030 天

𨓈天旁𨖚
甲五·一八

三天
甲六·一三

031 不

字形	辭例	出處
天	九天	甲六·二三
天	天霝	甲六·三一
天	天地	乙二·五
天	天棓	乙二·九
天	天雨	乙三·一四
天	天尚	乙八·三四
天	隹天作福	乙一〇·一四
天	隹天作实	乙一〇·一四
天	天像是恖	乙一〇·二五
天	咸隹天□	乙一〇·三一
不	不戠	甲三·七
不	不墍	甲五·五
不	不旻其[illegible]	乙一·九
不	不旻其參職	乙三·九
不	不兦	乙七·二八
不	不欽	乙一一·一九
不	不[illegible]	乙一一·二五
不	不見陵西	乙一二·九
不	不可邑□	丙一·二

032 帀

不可吕豦（嫁）女 丙二・三

不火旻 丙二・四

不戚 丙二・四

不可吕乍大事 丙四・二

不見 丙五・二

不可吕出帀 丙六・二

不可吕亯 丙五・三 丙六・三

帀不遉 丙六・二

不可吕川 丙七・二

不訓于邦 丙七・二

不可吕籔室 丙八・二

不可吕囗帀 丙八・三

不遉 丙八・三

不可吕籔（室） 丙九・二

不毀事 丙一〇・二

故不義 丙一〇・三

繆（戮）不義 丙一一・四

不可吕攻 丙一二・二

師字之省。可吕出帀 丙二・二

不可吕出帀 丙六・二

帀不逭
丙六・二

不可㠯□帀
丙八・三

033木

青木
甲五・二五

赤木
甲五・二七

黃木
甲五・二九

白木
甲五・三一

墨木
甲五・三三

卉木亡尚
乙一・三三

卉木民人
乙五・二七

034亓

其字古文，象丌上置物之形。

㠯為亓戠
甲三・二一

不旻亓𢍏
乙一・一一

亂遊亓行
乙一・二六

降于亓方
乙二・一六

山陵亓𡕶
乙二・二一

不旻其參職
乙三・一一

亓邦
乙四・四

萬于亓王
乙五・八

乍亓下凶 乙七·二〇

亓敳 丙一·五

少杲亓□ 丙四·二

𢓊龍亓□ 丙四·三

亓吱亓遉 丙六·二 丙六·三

亓邦又大亂 丙八·三

035 戈

四神相戈 甲四·二

敬之毋戈 乙一一·六

李家浩認為二「戈」字都應釋為「弋」。上句「相戈」當讀為「相代」，下句「毋戈」當讀為「毋忒」。（《戰國鄂布考》）

036 日

十日四寺 甲七·一〇

037 曰

曰故 甲一·一

曰女皇 甲二·七

倀曰 甲四·一三

二曰 甲四·一七

三曰 甲四·二二

四曰 甲四·二七

曰非九天 甲六·二○

女曰 乙五·一七

帝曰繇 乙九·三○

曰取 丙一·二

曰女 丙二·二

曰欿 丙五·二

曰虞 丙六·二

曰倉 丙七·二

曰(臧) 丙八·二

曰玄 丙九·二

曰昜 丙一○·二

曰姑 丙一一·二

曰(荃) 丙一二·二

038 内

内月七日 乙二·三三

古内、入同字，帛文内即入字。按秦簡《日書》常見有「入某月某日」值某星宿，及「入月某日」行事宜忌的記載，如「入二月九日直心」(812反)；「入正月七日……入十二月卅日，凡此日以歸死行亡」（862）；「入七月七日乙酉、十一月丁酉材（裁）衣，終身衣絲。」（777反）；「入月七日及冬未春戌夏丑秋辰，是胃（謂）四敫，不可初穿門為户牖……」（753反）。帛文內即入字，簡文「入月七日」云云，與帛文正同。

又𦆍內于上下
丙七・三

出內☐同
乙七・一五

039少

民少又☐
乙一二・三〇

少杲亓□
乙四・二

040水

隹戉水□
甲一・二九

水帀
丙六・二

041勿

閏之勿行
乙三・二三

民勿甬
乙二・九

土事勿從
乙一三・一

042 壬

- 壬子 丙一・三

043 分

- 畜生分 丙三・三
- 姑分長 丙一一・一

044 月

- 月則經絀 乙一・五
- 內月七日 乙二・三四
- 孛歲八月 乙二・三二
- 是遊月 乙三・二〇
- 一月 乙三・二五
- 二月 乙三・二七
- 三月 乙三・二九
- 五月 乙四・九
- 是月 乙六・二五
- 不見 丙五・三

045 凶

- 乍亓下凶 乙七・二二
- 土事勿從凶 乙一三・三
- 壬子酉子凶 丙一・三

不可已亯祀凶 丙五・四

取女凶 丙八・四

□可已𢻱□凶 丙九・二

疑「㐫」字之倒𧚍，與相鄰「𢍙」字倒𧚍同例，可能裝裱時誤拼于此。

046 允

日月允生 甲五・一

此字上从㠯，下从身。身、人義近通用，當是允字之異構。「日月允生」李學勤謂「允」為假設之詞，意同如果。帛書身字作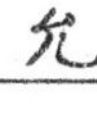，允字作，夋字作，形雖近而有別。

047 玄

玄司秋 丙九・一

曰玄 丙九・二

048 正

羣神五正 乙九・四

五正乃明 乙九・一四

049 丙

丙子 丙一・三

丙下益以口旁，楚國文字習見。江陵楚簡丙丁作，乙丙作之，丙辰作，皆其例。

050可

不可吕口
丙一．二

可吕出帀
丙二．二

不可吕豕女
丙二．三

不可吕亯祀
丙五．三

不可吕出帀
丙六．二

不可吕亯
丙六．三

不可吕川
丙七．二

可吕鼓室
丙八．二

不可
丙八．三

可吕鼓
丙九．二

可吕攻戚
丙一一．二

可吕聚衆
丙一一．三

不可吕攻
丙一二．二

可……
丙九．三

疑是「可」之異寫，吳王光鑑有可字作哥，與此形近。

051未

未又日月
甲三．三二

恭民未智
乙八．一三

江陵楚簡「未」字作，與此同。

或以為朱字，帛文「未又日月」讀為「殊有日月」。

052 卉

卉木亡尚 乙一・三二

卉木民人 乙五・二六

053 兄

乃又兄口 乙四・三〇

癸四與兄 乙八・三〇

是則兄至 乙一二・一六

兄字凡三見。商先生疑是鼠字，李學勤、李零釋作鼠，嚴一萍疑作豸字。選堂先生則釋作兄，謂帛文「下半與金文兄字作□全同，□為古文齒，上半从口與从齒同意。」並據《釋名》「兄，荒也。」認為帛書「三兄字皆讀為荒。」（詳饒文）按江陵楚簡屢見貞人「鄦□」之名，□字有□、□、□、□幾種寫法，與《漢簡》豹字作□及三體石經豹之古文作□相同。然所从鼠旁皆不作兄，殆非一字。近何琳儀釋作兒而讀為鬩，然釋兒于字形仍有未安，兒字甲文作□，金文作□，古璽文作□，篆文作兒，下之人形，未見有作□之例。《說文》謂上象小兒頭囟未合，下从儿，乃小兒之象，故義為「孺子」，與訓為「長也」的「兄」字構形正好相反。兄字甲文或作，金文作，上从口，下从帶「爪」的人形，帶「爪」之人形乃由甲文考（）老（）一類的形體演化而來。存爪形者，與以手扶杖以示長老之意有關，故从老之孝（）、耇（）、壽（）均保留有手甚至杖之形迹，一直到王子午鼎考孝壽三字仍从作，所从手形尤顯。從字形考察，長兄二字亦與老字一系同類，長字甲文作、金文作（交方鼎長字所从），猶存長老扶杖之形，本義當與長老相關。兄字甲、金文均存手形而《說文》訓為長。甲文祝字作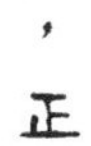，正象長老跪于示前而祝，卜辭還有直接以為祝者（見《佚》一六六），可證長兄祝三字形音義極其密切。帛書上从，與仰天湖楚簡齒作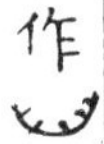同，口齒義近形旁可以通用。下體為帶「爪」的人形，與老長等字同

054 四

例。如釋兒即形義乖違，故仍以釋兄為是。饒先生讀兄為荒于文義亦通達無礙。

是生子四

甲二・一三

四神相戈

甲三・三五

是隹四寺

甲四・一〇

四曰

甲四・二六

四神

甲五・一一

四神降奠

甲六・八

四寺

甲七・一一

四□毋思

甲七・一八

四□夸羊

乙九・五

朱四嘼（單）

甲四・一九

四字中有裂痕，形稍變。

山川四晉

甲三・一三

四字之異寫

奠四亟

甲六・一八

四月

乙四・六

四淺之尚

乙五・三二

四興鼠

乙八・二八

故不義于四☐ 丙一〇・三

055 北

北征衡又咎 丙一・四

056 出

出自而霆 甲一・七

出自黃𥂴 乙七・七

出内☐同 乙七・一五

可吕出帀 丙二・二

欲出睹 丙五・一

不可出帀 丙六・二

057 白

白本 甲五・三

058 乍

䂂韋亂乍 甲七・二九
「乍」借為「作」。

天墬乍羕 乙二・七

天棈𤖳乍瀉 乙二・一二

乍亓下凶 乙九・一九

隹天乍福 乙一〇・七

059生　060凥　061民

059生

隹天乍宎　乙一〇・一五

乍事　丙一・三

乍大事　丙四・二

是生子四　甲二・二一

日月允生　甲五・二

畜生　生讀作牲。　丙三・三

060凥

居于[illegible]□　甲一・一一

古居字。

061民

卉木民人　乙五・二五

恭民未智　乙八・一二

母童羣民　乙八・二二

建丞獨民　乙九・二二

下民之祅　乙一〇・三四

民勿甬□□　乙一一・八

民祀不[illegible]　乙一一・二三

民則又穀　乙一二・一

民人弗智　乙一二・一七

民少又□　乙一二・二九

062 㠯

㠯司堵襄 甲二·二九	步㠯為歲 甲五·四	㠯成四淺之尚 乙五·三〇	曆㠯為則 乙八·一六	帝𤅧繇㠯亂□之行 乙一一·三〇	可㠯出帀𥮡邑 丙二·二	𠬝㠯匿 丙五·二
㠯為亓歲 甲三·二〇	㠯四神降 甲六·七	繫之㠯𧗄降 乙六·二一	㠯為三亙 乙八·二三	不可㠯□ 丙一·二	可㠯冢女 丙二·三	不可㠯享 丙五·三
㠯涉山陵 甲三·二四	㠯遫柤□思 甲七·三三	是月㠯嬰 乙六·二六	㠯□天尚 乙八·三一		……㠯乍大事 丙四·二	

063弗

毋弗或敬 乙一〇・二

民人弗智 乙一二・一九

064司

弖司堵襄 甲二・三〇

秉司春 丙三・一

虞司顕 丙六・一

玄司昧 丙九・一

荃司各 丙一二・一

065母

毋敢叡天霝 甲六・二八

古母毋同字，帛文之毋概讀為母。

閏四□毋思 甲七・二〇

母童羣民 乙八・一九

毋弗或敬 乙一〇・一

敬之毋戈 乙一一・五

066亥

亥隹邦所 乙五・一八

此字選堂先生釋作亥

067羊

四□夸羊 乙九・八

借羊為祥。

068州

九州不坙

甲五·四

069百

千又百歲

甲四·三三

百神風雨

甲七·二二

百神山川

乙一一·一三

熏燹百燹

甲三·一八

此字嚴一萍氏釋再，選堂先生初據仰天湖楚簡金字偏旁釋作金，李零改釋為害，今按望山楚簡害字作害，上體與此形不類，中山王譻器百字或作𠚤，與此極近。帛文𠚤下有短橫乃衍畫，與𡉥、𡉢、紀等同例。選堂先生謂熏燹(氣)指陽，百燹(氣)指陰，二氣為萬物之源。百字作百、𠚤，猶四字作四、四，可字作訶、訶，皆帛文異寫之例。

070亟

亡又尚亟

乙八·一〇

㠯□三亟

乙八·二六

建亟𥜽民

乙九·一〇

《說文》恆之古文作亙，說解謂从月。《漢簡》引作亙，从月作與解合。然楚帛書與楚簡皆作亙，字从夕。金文亙鼎則作亙，字从月。古月、夕同字，故許氏引《詩》「如月之恆」為說。

071 西

西𢧵又吝

乙四・二〇

不見陵西

乙一二・一二

072 至

至于復天旁𨘋

甲五・一五

則𠂤至

乙一二・一六

乙則至

丙一・二

073 臣

取臣妾

丙二・三

臣妾

丙五・四

074 夸

共攻夸步

甲七・七

選堂先生謂此字似从大从亏，可能為夸字。《說文》：「夸，奢也，从大亏聲。」《廣雅・釋詁》：「夸，大也。」夸步釋為大步，義亦通。

吳振武認爲从『主』聲而讀爲『踵』；陳劍則釋爲『亢』，於字形較爲可信。

075 而

□是襄而戔是各　甲二・一七

咎而步逭　甲二・三四

此字舊誤為「天」，李家浩釋為「而」字，至確。「而」字下體與上不連，與「天」字異，

076 共

共攻　甲七・五

077 寺

是隹四寺　甲四・一一

帛文借寺為時。

十日四寺　甲七・一二

三寺是行　乙六・七

三寺　乙六・一六

寺雨進退　乙八・三

078 ⿸厂木

亡⿸厂木　乙四・一五

亡⿸厂木即亡泉。《三體石經》「盟于秋泉」。泉，古文作⿸厂水，與此形近。選堂先生釋作砅，即濿字，與亡紀協韻。何琳儀謂亡⿸厂木即無戾，言無違戾也。

舊釋作『孛』，當從鄭剛（1988《戰國文字中的陵和李》）改釋作『李』。

079 成

成

成隹天囗 乙一〇・二九

成

不成 丙二・四

此字或釋為戚而讀為戚、感等，今按成中山䲨器作成，蔡侯殘鐘作成，古璽樂成堂作成，皆與帛文同。沇兒鐘作成亦與帛書殘文近似。

成

㠯成四淺之尚 乙五・三一

此字上半殘去，似「成」字之下半，从戊丁聲，與《說文》篆文同。此亦帛文一字異寫之例。

080 孛

孛

是胃孛歲 乙二・二九

孛

隹孛、恚匿 乙七・四

此字朱德熙、裘錫圭先生據三體石經殽字古文作𡿺與帛文近而釋為殽，訓亂。商錫永先生釋孛，李學勤謂「孛」據《春秋》文十四年註，即彗星。

081 同

出内☐同

乙七・一八

星唇不同

乙七・二九

疑是「同」字，因絹裂而變形。李學勤釋作公。

082 此

女武

丙二・一

此字不明所从，楚簡「此」作，李零以為即「此」字，待考。

083 朱

朱四嚚

甲四・一八

據上下文當是朱字，與未字形同字異。

084 沓

瀧汩沓澫

甲三・三〇

陳邦懷先生釋沓為益，何琳儀謂「益」乃楚國水名，見資水，詳《水經注》。李零以為與《說文》淵字古文作囦略同。選堂先生謂沓从水从凵，殆其後起字。

085 自

出自而霆

甲一・八

出自黃淵

乙七・八

086 各

戋是各

甲二・二〇

神則各之

乙一〇・一一

087 乂

乂□僉二
甲一·一五

088 伐

利戢伐
丙一一·二

089 行

帝夋乃為日月之行
甲七·四

亂遊亓行
乙一一·二七

閏之勿行
乙三·二四

五実之行
乙五·二五

三寺是行
乙六·九

不欽□行
乙一一·二二

帝牆繇吕亂□之行
乙一一·三四

090 邦

亓邦
乙四·五

亥隹邦所
乙五·二〇

為邦笑
丙四·三

不訓于邦
丙七·三

亓邦又大亂
丙八·四

091 吝

西𨛭又吝　乙四・二三

東𨛭又吝　乙五・一

此字諸家皆釋吝，惟嚴一萍氏據「高馬宣璽」之高作吝而釋為高，然帛文此處為占驗家言，當釋吝為是。

092 宎

卉木亡尚是胃宎　乙二・四

五宎之行　乙五・二三

上宎　乙六・五

隹天乍宎　乙一〇・一六

此字或釋夷，或釋災，嚴一萍氏引龍宇純始釋作宎而讀為妖。古璽文「趙宎」字作，與帛文同。帛文解釋宎的意思是「卉木亡常」，與《說文》訓地反物為祅同意，因知帛文宎《說文》作祅。吳九龍據銀雀山漢簡和馬王堆帛書之夭字作，確定此亦夭字。

093 祀

民祀不牿　乙一一・二四

不可㠯亯祀　丙五・四

祭祀則述　疑是祀字之殘。

乙一一·二六

094 汩

瀧汩凼澫

甲三·二九

此字或釋洦、或釋汩、或釋涿、或釋泔，選堂先生釋作汩，謂汩字从水曰聲，訓急流。（《方言》郭注）陳邦懷以為與瀧同為楚國水名。

095 妻

妻畜生

丙三·二

此字巴納釋作㝬。按叔皮父毁妻字作[illegible]，《古文四聲韻》引古《孝經》作[illegible]，古陶文作[illegible]，俱與此近，當是妻字。妻與畜生連言，秦簡《日書》習見，如「若飲食歌樂，聚畜生及夫妻同衣。」（簡856）「入民畜生取妻嫁女。」（簡951）皆其例。

096 攼

攼斁之

甲五·二一

攼即捍字。大鼎作攼、者沪鐘作攼，《汗簡》攼釋作悍，鄭珍《箋正》謂「悍當作捍。」字亦作敦或扞。

097赤

赤木
甲五·二六

098攻

共攻
甲七·六
共攻即共工。

可吕攻戚
丙一一·二

不可吕攻
丙一二·三

099折

……折
丙一〇·三

此字與《說文》折之籀文同。《說文》「折，斷也。从斤斷艸，譚長說。靳籀文折，从艸在仌中，仌寒故折。」金文折字不嬰敦、師寰敦、虢季子白盤作靳，與篆文同。齊侯壺作靳、靳二形，與偽隸古定尚書誓字作靳，皆同籀文。王國維《史籀篇疏證》謂「靳亦从斤斷艸，二中間之二，表其斷處也。許君云从仌，殆不然與！」帛文从斤，二中間之=表示以斤斷艸之處。選堂先生謂此折字讀為誓，義訓告。

舊釋作『步』，楊澤生、陳斯鵬據新出楚簡而讀爲『止』。

100 步

咎而步㫷　甲二·三五

步㠯為戠　甲四·四

共攻夸步　甲七·九

帛書步字凡三見。上三文从□（即帛文之），與涉字帛文作□，天星觀楚簡作□同例。古璽文齒字从止作□，又从之作□亦屬同類現象。

101 邑

簸邑　丙二·二

102 見

不見陵西　乙一二·一一

不見　丙五·三

103 身

土身亡⿰鳥異　乙七·一二

身字古璽文作□、□，信陽楚簡作□、□，與帛文同。或以為允字，選堂先生謂土允即田殳。

104 利

利戠伐
丙一一・二

《說文》利古文作𥝢，許氏謂从刀从和省。過去以為帛文利字从木，今審視放大照片，仍以从禾為是。

105 备

春頭昧备
乙一・一六

荃司备
丙一二・一

此字从日夂聲，與陳騂壺之[illegible]，古璽之[illegible]，三體石經古文之[illegible]結構相同，為四時之終的專字。小篆則从仌作[illegible]，即今冬字。帛文春頭昧备皆从日作。

106 兵

□□乃兵
乙五・五

107 余

余取女 丙四・一

曰余 丙四・二

「余」字之殘。

108 夋

帝夋乃為日月之行 甲六・三四

邚伯罍夏字作𩰲，楚簡及帛書韋字作韋，足作ㄓ若ㄓ形。此為呂下人帶足形，當是夋字。帛文帝夋即帝俊。

109 甬

民勿甬 乙一一・一〇

按甬借為用。甬、用二字形近音同，楚器常見通用，如曾姬無卹壺「甬乍宗彝尊壺」、「後嗣甬之」，兩甬字俱讀作用，與帛書同。

110 妾

為臣妾 丙五・四

取臣妾 丙二・三

「妾」字之殘。

111 於

風雨是於 甲一・三四

《說文》烏字古文作於，望山楚簡省作於，帛文之於，乃偏旁連筆為ㄅ，嬗變之迹可尋。「風雨是於」猶《山海經・大荒北經》之「風雨是謁」，於、謁音近可通，意謂能請致風雨。（詳饒文）釋作、釋放皆誤。

112 祓

祓

下民之祓 乙一一・二

此字从示从戈，字書未見。諸家釋文多歧異，安志敏先生釋戒、商先生釋戒、嚴一萍氏釋祓。釋戒者讀法，亦復有不同，李學勤先生讀式，李零讀戒、選堂先生讀翼。選堂先生云：「祓字从示戈，戈即弋，亦借作翼。《書・多士》『敢翼殷命』，《釋文》馬本作『翼』，鄭玄訓翼為敬。與弋同音字有廙，敬也。（見《廣韻》）。以弋、異、翼互通例之，祓殆即禩字。《說文》則以禩為祀之或體，此處弋、惻等協韻，宜讀為翼。

113 炎

炎

炎帝乃命祝融 甲六・一

《禮記・月令》以祝融為炎帝帝位，與帛文言「炎帝乃命祝融」正合。

114 雨

風雨是於 甲一·三二

風雨晷禕 甲七·二五

靁雲雨土 乙三·七

天雨 乙三·一五

寺雨進退 乙八·四

115 東

東郯又吝 乙四·三二

116 述

祭祀則述 乙一二·二八

述字盂鼎作𨒪，小臣遽毁作𨒪，中山王方壺作𨒪，俱與帛文近。以上器銘均借述為遂，帛書此處宜讀作遂，「祭祀則遂」文意通達無礙。三體石經古文隧字作𨒪，與中山王壺銘同。《說文》遂古文作𨗳，乃𨒪字之訛，可見古文亦借述為遂。

117 青

青木 甲五·二四

青榦 甲四·一四

青字殘去下半。按《說文》青字从生

从日會意。古文作㫝。王國維云：「說文青之古文作㫝，中者生之省，⺼者丹之譌也。」信陽楚簡青字作峕，楚帛書精字所从亦作峕，此則作峕。準《說文》古文之例，峕字之中乃生之省，⺼為丹字之變，作丹者則將丹中之點省去。下之口為增益之符號，與帛文紀作絽，丙作㔷同例。

118 奉

七奉
乙四・一

帛文奉作𢍏，省手，與散盤𢦏字近，諸家皆釋作奉，義則闕如。獨嚴一萍氏據吳大澂《說文古籀補》釋為表字，謂帛文「此處言曆法，似以釋『表』于義較長。」並引《淮南子・天文訓》「以表正朝夕」為說，謂「七表」似指不見晷景之意。然江陵楚簡奉字一作𡘲、一作𢍏，與帛文同。前者从収丰聲，後者从収丰省聲，奉字無疑。何琳儀據《國語・晉語》註訓「奉」為「行」。

119 事

土事勿從 乙一二·三四

〔可〕㠯作大事 丙四·二

不〔可〕毀事 丙一〇·二

型首事 丙一一·四

120 者

會者侯 丙一一·三

者借為諸。

121 長

姑分長 丙一一·一

倀曰青㯳 甲四·一二

倀借為長幼之長，倀字重見。

122 取

乃取虞□□子之子曰女皇 甲一·三六

取臣妾 丙二·三

余取女 丙四·一

取女 丙四·二

取□□為臣妾 丙五·四

右取女之取借為娶。

取于下 丙一・一

曰取 丙一・二

以上二取字皆讀為陬，為正月月名，見《爾雅》。

123 或

毋弗或敬 乙一〇・三

124 武

武□□亓敔 丙一・四

女丂武 丙二・一

125 亟

奠四亟 甲六・一九

此字中間磨損，當是亟字之殘，讀為極，「奠四極」與「奠三天」對文。

126 尚

又□尚＝ 乙一・二

卉木亡尚 乙二・一

亡又尚恆 乙八・九

吕□天尚 乙八・三四

帛文尚字借為常。

127 明

五正乃明 乙九・一六

128杲

少杲　錫永先生謂：「日將出為杲」。《詩·伯兮》：
丙四·二　「杲杲日出。」《廣雅·釋訓》：「杲杲，白也。」俱其證。選堂先生認為「少杲」意義當如《楚辭·遠遊》「陽杲杲其未光兮。」又說：「少杲見于余月，余月為四月，其氣如初陽之杲杲未光，故於是月提及少杲之名。」曹錦炎則以少杲為少皞。

129芺

為邦芺　曾侯乙編鐘銘文猷字犬旁作犬，可證。此字
丙四·三　當从艸从犬，即今之笑字。笑在先秦至兩漢有芺、笑兩種寫法，楚帛書作芺，秦簡馬王堆帛書《老子》作芺，《縱橫家書》作芺，臨沂漢墓竹書《孫子》佚文作芺，皆从艸从犬。戰國至秦漢从艸从竹往往易混，如楚簡笑又作芺，笑又作笶，秦漢隸書更加竹艸不分。據《唐韻》所引，《說文》當有从竹从犬的笑字，《玉篇》同，唐以前字書皆如是作，至《九經字樣》才據楊承

131 隹 130 非

慶《字統》將笑、芺二體並列。唐以後則為从竹从夭之笑字所專。帛文「為邦芺」乃戰國恒語，《戰國策·韓策》：「恃楚之虛名，輕絕強秦之敵，必為天下笑矣。」「為天下笑」與「為邦芺」同意。朱德熙先生以芺為莽之省而讀為墓。

130 非

曰非九天 甲六·二二

選堂先生謂非九天之非讀為棐與妃，借為配，猶言「配天」。

131 隹

隹……隹為句首助詞。 乙一·一

隹孛〔悳〕匿 乙七·五

隹悳匿之歲 乙六·一〇

隹十又二〔月〕 乙六·三二

隹天乍福 乙一〇·五

隹天乍实 乙一〇·一三

是隹四寺 甲四·九

民敬隹備 乙一〇·二三

成隹天□ 乙一〇·三〇

亥隹邦所 乙五·一八

132 季

戢季乃□ 乙七·三

133 秉

秉司春 丙三·一

秉是三月月名，《爾雅》作寎，秉、寎字通。

134 征

北征 丙一·四

135 所

亥隹邦所 乙五·二〇

136 命

炎帝乃命祝融 甲六·四

乃命山川四晉 甲三·一〇

選堂先生謂此「命」字當讀爲名，古

籍有禹名山川九河的記載，見《呂刑》、《爾雅·釋地》、《史記·大宛傳》等。

137 咎

北征衡又咎　丙一·四

江陵楚簡「有咎」作「」，與帛書同。

咎而步遑　甲二·三三

選堂先生謂此處咎讀為晷，即規。

·遑乃丿　丙九·三

疑「咎」字之反，裝裱時倒置。

138 禹

為禹為萬　甲二·二六

錫永先生依陳邦懷釋為禹字，即夏禹。選堂先生發現帛文所記多與禹事相關，進一步證成其說。嚴一萍氏認為釋禹不可信，以字如禺邗王壺之禺字，改釋為禺。並引《說文》以禺為母猴屬佐證。然細察帛文字，其主體實作，上體之「」像蟲首，故《說文》以「蟲」說之。外加○者，乃突出蟲之頭部，

與禹字从鬼頭之田無涉。同禹鼎之、秦公毁之、戰國印文之，《說文》古文及三體石經古文之皆一脈相承，其形狀雖變化不一，而其主體作、、、等，卻是萬變不離的。容庚先生謂「萬」字「甲骨文作、金文作，後漸變而為、為，遂若从九厶而析為二字」（《善齋吉金圖錄》萬父己鐃）。演變為禹，與演變為屬同類現象。

139 姑

姑分長

丙一一・一

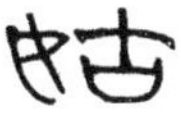

曰姑

丙一一・二

姑讀作辜，為十一月月名，見《爾雅・釋天》

140 建

建恆襡民

乙九・九

此字微殘，或以為晝字，然下體不从田，似廴之殘筆，選堂先生釋建，何琳儀釋晝。

141 帝

炎帝乃命祝融

甲六・二

帝夋乃為日月之行

甲六・三三

142 亯

帝曰繇……　乙九・二九

帝𤕫繇吕亂□之行　乙一一・二七

百神是亯　乙九・一八

可吕亯祀　丙五・三

不可吕亯　丙六・三

《說文》亯篆文作亯、三體石經古文作亯、戰國古璽作亯。信陽楚簡作亯同《說文》，江陵楚簡作亯同帛文。

143 室

不可吕籔室　丙八・二

144 為

為禹　甲二・二五

為萬　甲二・二七

吕為亓戢　甲三・二一

步吕為戢　甲四・六

夋乃為日月之行　甲七・一

145 泹

曆為之正　乙六・二九

曆吕為則　乙八・一七

為臣妾　丙五・四

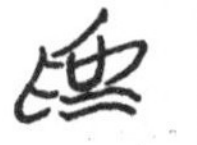

取女為邦芺　丙四・三

按為字甲骨文作為，金文作為，从又（爪）从象，示古人服象以助勞。戰國文字略有省變，如楚簡作為，楚王酓忎鼎作為，左師壺作為，中山王兆域圖作為，皆與帛文甚近。其構形从象从爪會意，不過象之形簡化作□或□。□、□蓋表示象之巨首修鼻，其下二橫代表其肢體，與「馬」字仰天湖楚簡作馬、匽侯毁作馬、鄦王戈作馬同意。三體石經古文變為作為、為，形稍變而意未失。《説文》古文訛作為，許氏又以「象兩母猴相對之形」説之，形義俱乖。然與戰國文字為字一系比照，其遞嬗訛變之迹歷歷可尋。

又朏亓泹　乙二・二六

此字眾説紛紜，錫永先生因摹本誤作泹而釋作洄，李學勤初釋湝，後改釋為湿而讀

147神 146祝

濆。李棪齋釋汩。何琳儀謂帛文从水从日从匕，應定為浘，同浘或汩，「有淵其浘」意謂「洪水甚深」（見《楚辭・天問》）。

炎帝乃命祝融　帛文與盟書作𥙊同。

甲六・五

四神相戈

甲三・三六

四神□□

甲五・一二

㠯四神降奠

甲六・九

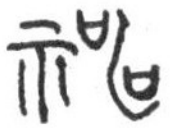

□□神則閏

甲七・二三

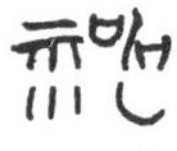

百神風雨

甲七・二三

群神五正

乙九・二

百神是亯

乙九・十八

群神乃惪

乙九・二六

神則各之

乙一〇・九

神則惠之

乙一〇・一七

百神山川

乙一一・四

148首

型首事 丙一一・三

此或釋為百字，但筆畫小異。考楚簡凡百字中間二筆必左右平行，首、面、頁等字則左高右低，作二斜畫，當從錫永先生釋為首字。型首事謂對肇事者施以刑罰。

149春

旾顛昧冬 乙一・一三

秉司春 丙三・一

嚴一萍氏云：《說文》春从日从艸屯聲，蔡侯殘鐘之萅與《說文》同。繒書之旾則省艸而於屯下加丿，猶古文「風」所从之凡加丿作凡，蓋皆譌變。

150相

四神相戈 甲四・一

㠯逿相□思 甲七・三五

亡又相臺 乙一二・七

151故

曰故 甲一・二

帛文借故為古。「曰故」乃後人追稱其始祖的發語辭，見史牆盤及𤼈鐘銘。詳饒文。

152 哉

帝曰繇□之哉

乙九·三四

陳邦懷先生說《尚書·呂刑》王曰：「嗚呼，敬之哉！」《汲冢周書·和寤解》王曰：「嗚呼，敬之哉！」語意及語法並與帛書同。

153 城

可呂攻城

丙一一·二

鄂君啟車節「方城」字作□，與帛文同。

154 型

型首事

丙一一·三

《說文》㓝作刱，从井从刀，井亦聲。型从土㓝聲。皆从刀，不从刃。金文和散盤之㓝，子禾子釜之㓝，亦皆从刀，與《說文》同。而楚文字則多从刃作，帛文之外，如信陽編鐘銘「□篙」作□、江陵楚簡「□层之月」作□。信陽楚簡「戔人畬上則刑戮至」作□，與帛文同。雖形旁刀、刃通用，然亦反映楚文字之特色。

155 敁

敍敁不義　丙一〇・三

選堂先生謂「敍敁謰言，猶言除去。」見《楚繒書疏證》

156 是

風雨是於　甲一・三

是生四子　甲二・一

□是襄　甲二・一五

戔是各　甲二・一九

是隹四寺　甲四・八

是胃孛歲　乙二・二七

是遊月　乙三・一八

是胃遊終　乙三・三〇

是胃亂紀　乙四・一〇

是月吕嬰　乙六・二四

三寺是行　乙六・八

百神是亯　乙九・一九

是胃悳匿　乙九・二一

天像是惻　乙一〇・二七

是則鼠至　乙一二・一三

157 昜

昜不可毀事　丙一〇・二

昜□羕　丙一〇・一

昜為十月月名，見《爾雅・釋天》，字作陽。

昜陽古通。

158 星

日月星唇　乙一・二一

星唇不同　乙七・二二

159 胃

是胃孛歲　乙二・二八

帛文胃字皆借為謂

是ク遊終　乙三・三一

依文義疑是胃字之殘

是胃亂紀　乙四・一一

是胃悳匿　乙九・二二

160 思

三天□思　甲六・一五

四□毋思　甲七・二一

㠯遡相□思　甲八・二

此字或釋為惠，然帛文惠字作，區別甚明。望山楚簡「不可以違思」作，與帛書同。選堂先生以為思字當在句末，用為句尾助詞，或與上下文協韻，構成韻文。

161 則

非九天則大𤞞
甲六・二四

則毋敢蔑天霝
甲六・二七

□□神則閏
甲七・一六

月則經絀
乙一・六

曆已為則
乙八・一八

神則各之
乙一〇・一〇

神則惠之
乙一〇・一八

民則又穀
乙一二・二

是則𢧢至
乙一二・一四

歲則無緐
乙一二・二二

祭祀則述
乙一二・二七

乙則至
丙一・二

則字金文皆从鼎作，《說文》籀文同金文，古文作𠟭、𠟷二形，皆與帛文異。三體石經古文作𠟭，《汗簡》引義雲章作𠟭，均與帛文同。王國維《魏正始石經殘石考》于古文𠟭下云：「此从貝亦鼎之省，夜君鼎鼎字作貞，褱鼎名鼎曰碩鼎，从貝、或从貝皆鼎之省

徐在國、管樹强據安大楚簡《詩經·卷耳》篇『不盈傾筐』而釋爲『傾』字。

也。則右从彡，古惟利字為然，魏石經刀部字無不从彡者，蓋以是為刀字也。」按楚文字之鼎如貞（畲肯鼎）、貞（畲忑鼎）鼦、鼽、鍉（俱見楚簡）等，皆省作貝或貝，可為王說佐證。又楚簡則字有⿱⿴口彡一、⿰貝彡二體，後者與帛書全同。

162 旻

不旻亓當
乙一·一〇

不旻亓參職
乙三·一〇

不火旻
丙二·四

旻吕匿
丙五·二

旻字从又持貝，㝵（得）字之義。帛文貝省變作目，與望山楚簡同。三體石經古文亦从貝作㝵，《說文》則訛貝為見。

163 ⿰魚夭

山陵備⿰魚夭
甲五·一〇

非九天則大⿰魚夭
甲六·二六

選堂先生謂⿰魚夭借為佂，从夭从大與从

人同意。《說文》：「侐，靜也。」「山陵備⿰血夭」，言陵谷盡安謐（靜）也。「非九天則大⿰血夭」，謂能配九天而行，則可大安謐（寧）也。可見⿰血夭有安靜寧謐之意。朱德熙先生謂備⿰血夭讀為崩弛，「山陵崩弛」為古人常語。

164 柒

夢柒𧍲逃

甲二·二二

柒字从化从示甚明。選堂先生謂柒指大化、玄化（見《易乾鑿度》）。化作柒，與鬼字古文作䰟正同。

165 秋

旨頭昧各

乙一·一五

玄司昧

丙九·一

信陽楚簡遣策⿰糸秋字作⿰糸龝，其偏旁龝與古璽文同，帛文則省火。嚴一萍氏云：「古璽『千秋』之秋从日作⿰日龝、⿰日秌，正始石經莊公三十一年之秋作秌，省日，繒書作⿰日禾，則省火」。

166 矦

會者矦

丙一一・三

者矦即諸侯。《說文》古文作矦，三體石經古文作矦，並與甲骨文、金文同。帛文上益一筆，與可作可、下作下、正作正、不作丕同例。

167 ⿰⿱九口欠

⿰⿱九口欠出睹

丙五・一

曰⿰⿱九口欠

丙五・二

此字不見于字書，選堂先生首釋為⿰⿱九口欠，謂从欠⿱九口聲。《說文》：「欠，象氣从儿上出形。」又訓⿱九口為「高氣也，从口九聲。」《集韻》或書作叴。故知⿰⿱九口欠當即⿱九口或叴之繁形，⿱九口訓高氣，增益欠旁以足義。帛文之⿰⿱九口欠是月名，《爾雅》釋天》「五月為皋。」故⿰⿱九口欠、皋古音極近，皋亦訓高，二者聲訓兼同，故得通用。

168 風

風雨是於

甲一・三一

風雨晷禕

甲七・二四

風字从虫凡聲，凡聲之凡作凡，與帛書乙

篇之凡相同。旁出一筆不見他書，與晉字旁出一筆構形相類，殆楚文字之特殊寫法。《說文》古文風作凮，其聲符凡亦旁出一筆，或與楚系文字有關。

169逃

⿺辵兆

曑祡𧧂逃

甲二·二四

此字林巳奈夫氏據《汗簡》止部兆字有作𡴀者，謂其字从兆，因釋為逃。中山王兆域圖逃字作⿺辵兆而讀為兆，圖中「逃乏」讀為「兆法」。選堂先生認為帛書「𧧂逃」應讀為「法兆」，相當於兆域圖之「兆法」，但語有正言倒言之異。

170紀

⿰糸⿱己口

是胃亂⿰糸⿱己口

乙四·一三

此字錫永先生釋作紀，字从紀益以口旁為繁形，帛文多見之，如丙作⿱丙口，單作⿱單口，青作⿱青口，嬰作⿱嬰口，緐作⿱緐口，皆其例。《禮記·月令》：「毋失經紀」，鄭註謂天文進退度數為經紀。是進退失度謂之亂紀，乃占星家習慣用語，見《漢書·天文志》。

171 𣫭

山川四𣫭 甲三·一四

𣫭从毋从日，即晦字，讀為海。《釋名》「海，晦也。主承穢濁，其色黑如晦也。」山川四海，猶四海山川，《周官·校人》：「凡將事於四海山川。」註：「四海猶四方也。」

172 退

寺雨進退 乙八·六

此字殘去左上角，退字無疑。

173 降

以四神降奠 甲六·一〇

此字或釋格，或釋降。細審左旁尚殘存三小點，為阜旁阝的剩筆，左下角二筆並不相連，非口字甚明，當以釋降為是。

降于亓方 乙二·一四

以肴降 乙六·二三

疑降字之殘，因拼接有誤。

174 旁

至于遉天旁遭

甲五·一九

旁字諸家釋文皆同。選堂先生釋旁為溥。引《堯典》「旁逑孱功」。謂「旁動」與「旁述」文例相同

175 宵

又宵又朝

甲八·四

176 畜

妻畜生分

丙三·三

李零以為畜字，畜生讀作畜牲。

177 訓

不訓于邦

丙七·三

此字林巳奈夫釋訢，李零釋訓而讀為順，可從。訓作訟猶乙篇之混作混。訟又見于楚簡和古璽文。

178 浴

山川萬浴

乙一一·一八

選堂先生讀作「山川萬谷」，浴借為谷。

179涉

㠯涉山陵

甲三・一五

涉字石鼓文作𣥺、與帛文同。天星觀楚簡作𣥺，上止變止，與步字作𣦼、又作𣦼同例。

180夏

旮顕昧各

乙一・一四

虞司顕

丙六・一

此即夏字。《漢簡》引義雲章作顕，古璽夏侯作顕、𩓾，結構並與帛文同。三體石經古文作𡕰，乃省去頁旁。《說文》古文作𡕰，其上半則是頁之訛變。

181素

繫之㠯素降

乙六・二二

此字或疑為策、或釋作帥，而以釋素者為多。選堂先生謂《荊楚歲時記》及《玉燭寶典》均載有以絲繫臂壓勝之俗。帛文所言或與此有關。

182恭

恭民未智

乙八・一一

183 逜

咎而步逜　此字諸家缺釋，選堂先生以為逜字之殘。

甲二・三六　謂步逜即步寤。

184 𨛭

西𨛭又吝

乙四・二一

東𨛭又吝

乙四・三三　𨛭即國字。選堂先生說：「東國西國之名，占星家每用之，如《天官書》云『出西逆行，至東正西國吉，出東至西正東國吉。』是其例。」李學勤謂東國西國指邦之東土西土

185 倀

倀曰青棹　錫永先生說：「倀為長幼之長的異文，在

甲四・一二　兄弟行居長，故加人旁意符，說明其字非長短之長。驫羌鐘『入長城』、玉佩銘『明則長』、古璽『長均』、『長遭』等皆从土作𡑒。狂義之訓，虎倀之讀，皆為後起。」商先生的意思是：長幼之長作倀，从人从長會意；長短之長作𡑒，从土（實从立）从長。但江陵

楚簡長字作镸或镸，作镸者乃倀字，如倀睘、倀罞等，義為長短之長。又銀雀山漢簡《孫臏兵法·十陳》有「水陳者，所以倀固也。」倀在此為永久之義，表時間之長短。可見从人之倀亦有用作長短者。再如中山王壺：「退與諸侯齒張於遷同」，齒張是按年齒序列以別長幼，可見从立之張亦有用作長幼的。因此，把帛文之「倀」看作假借字似比會意字更為合理。

186 倉

倉莫昃 丙七·一

曰倉 丙七·二

《說文》：倉，奇字作仺，《玉篇》同。魏三體石經《咎繇謨》「蒼生」作𠓛，《汗簡》引孫強說，創字作釖，所从並與《說文》奇字同。帛書乃奇字之滋化，戰國古璽文蒼字作䒱，與帛文尤近，知釋倉無疑。《爾雅·釋天》：「七月為相」，倉相古通。帛文之仺為七月月名。

187 朕

乃上下朕遡　此字上部稍殘，疑是朕字。陳邦懷先生讀
甲三・三　「朕遡」為騰傳。

188 脨

脨不復　此字从月朿聲，李零釋脨。按脨當讀為餗。
丙八・三　金文餗字羅振玉以為是後世師所至曰次的專字。餗為本字，次則假借。《左傳・莊公三年》：「凡師，一宿為舍，再宿為信，過信曰次。」因而師止之處亦曰次。帛文「脨不復」即「次不復」，言師滯留某地不返也，乃凶兆。朱德熙先生謂脨即膌字，病也。「脨不復」即軍隊要發生疾病，回不來。

189 坓

九州不坓　此字或釋坪、或釋塝、或釋坓。嚴一萍氏先
甲五・六　釋作坪，裘錫圭、李家浩據曾侯乙鐘磬樂律名、磬銘作「𡑞皇」，皇上一字同帛書，而鐘銘作「𦍒皇」，皇上一字所从同《說文》篆文之𠀤（平），因釋

190陵

山陵不戠 甲三·六

呂涉山陵 甲三·二七

山陵備𧊒 甲五·八

山陵亓䰗 乙二·二〇

不見陵西 乙一一·一二

此字諸家均釋為陵，獨林巳奈夫氏釋作陸。鄂君啟舟車節「襄陵」一作陸、一作陵，東陵鼎作陸，江陵楚簡「禱栽陵公」等，俱當釋陵，而形體並與帛文近，帛文亦當釋陵。

上述樂律名為「坪皇」，又釋帛書為「九州不坪」，並指出「坪」字作𡋯是楚國文字的獨特風格。選堂先生先釋為垩，後釋為垔。謂垔字與夜君之載鼎垔字中从用相同，並以玉佩銘之遷及新出枝江鐘「競垔」作𡎺、曾侯乙編鐘「垔皇」字作𡎺為證，釋垔為垔而讀為涌，「九州不垔」謂水患已平，不復騰波之意。

191陸

天陸乍羕　乙二·六

江陵楚簡作陸，與帛文同。字从阜从它从土，為陀之繁形。古它、也同字，古音它、彖對轉，故陸籀文作墬，小篆則陸省為地。帛書「天陸」對文。

192遲

遲乃……、　丙九·三

此字从辵从尾，字書所無，疑是古璽文字之省，或以為徙字，待考。

乃取虞〆　甲二·二

此字左下部微殘，釋僞釋漁皆未安，疑字从辵从尾，與丙九·三之遲字同。

193章

亡章𤞞𤞞　甲一·二五

194羕

天陸乍羕　乙二·八

選堂先生謂羕讀為祥。中山王壺「不羕莫大馬」，馬王堆天文氣象雜占以天星出有五色，其中「黃為大羕」，兩羕字皆當讀為祥，與帛書用法相同，但帛書之「祥」義為徵應，見《呂覽》高誘注。此處

「天地乍羕」言出現咎徵。李學勤讀「羕」為「殃」，謂《墨子·非樂上》「殃」字从「羊」，故相通假。

195淺

邑成四淺之尚　乙五·三三

淺讀為「踐」，《詩·東門之墠》「有踐家室」，毛傳：「踐，淺也。」淺、踐古通。「四淺」與下文「五正」為對。李零謂踐與躔音義相通，「四踐」指四時星辰之躔度。

196⿱雨亡

又電⿱雨亡雨土　乙三·六

此字或釋震、或釋霆、或釋⿱雨亡。其下所从之止，與乙四·一四「亡朿」之止相同，故以釋⿱雨亡為是。選堂先生謂⿱雨亡讀為芒，指閃電光芒，與雨土同為咎徵。李學勤則讀為霜，《白虎通·災變》云：「霜之言亡也。」

197堯

四口堯羊　乙九·七

此字或釋為元，或釋為失，李學勤首釋作尭，讀作堯。選堂先生從之，謂⿱土兀即堯之古文。

《說文》：「堯，高也。垚，古文堯。」《汗簡》引作㚷，與古文同。帛文作圥乃上从土，下从儿，即古文垚之省半。堯羊讀為饒祥，言祥異滋多。

198 黃

三曰□黃難 甲四・二四

黃木 甲五・二八

出自黃𣴥 乙七・九

仰天湖簡作㚷，信陽簡作，皆與帛文近。

199 匿

凡歲悳匿 乙五・一四

隹悳匿之歲 乙六・一三

隹孛悳匿 乙七・六

是胃悳匿 乙九・二四

帛書「匿」與「德」字組成「悳匿」一詞，凡四見。一說指日月之逾軌亂行，一說指天的賞罰，表示天對人事的報施（詳悳字條）。

200 曆

旻呂匿

丙五·二

《說文》：「匿，亡也。」《爾雅·釋詁》：「匿，微也。」郭註：「微謂逃藏也。」《廣韻》：「藏也，微也，亡也，陰姦也。」用法與上四匿字有別。

曆為之正

乙六·二八

曆呂為則

乙八·一五

許慎說：「曆、慼貌，从秝从日，讀若薿薿，一曰若存，𣊫籀文曆，从二子；一曰𣊫即奇字晉」。錫永先生云：「曆即《說文》之曆，籀文作𣊫。」嚴一萍氏謂曆當為奇字晉，讀作「齊」。李零據薿音讀為擬，比度也。李學勤則讀為存，義為察。選堂先生以曆為籀文𣊫，據《說文》當訓慼。謂「曆呂為則」猶言慼以為則。又讀為擬，謂擬與揆同訓度。帛文「曆為之正」猶言揆度以為正。皆據《說文》為說。

201 昏

日月星昏

乙一・二三

星昏不同

乙七・二七

帛文昏字从日，與四時春夏昧各皆从日作同為天象之專字。日月之會謂之昏，見《左氏昭公七年傳》及《周禮・保章氏》鄭註。

202 堵

㠯司堵襄

甲二・三一

此字與「欲出睹」之睹字右旁相同，當是从土者聲。選堂先生謂「司堵壤」與平水土有關。

203 ⿰土戔

⿰土戔是各

甲二・一八

此字右上角稍殘，右旁从戔無疑。或說讀為踐。選堂先生謂⿰土戔猶踐土之義。

204 眾

可以聚眾

丙一一・三

205 婁

是月㠯婁

乙六・二七

此字筆畫較為模糊，諸家釋文頗不一致，或釋亂、或釋寅、或釋遷，或疑是遣字，李零辨認作䢐即婁而讀為數，於形義較勝。按《說文》婁之古文作𡝤，疑有脫畫。三體石經古文作𡙷，信陽楚簡作𡡊，與帛書最近。惟帛文右下益以口旁，亦楚文字常見通例。選堂先生疑讀為遷，謂「是月以遷」，應指正曆之事。

206⿰爿吉

民祀不⿰爿吉 乙一一・二六

錫永先生謂⿰爿吉當讀為莊，與趠亥鼎宋莊公之作⿰爿吉字同形異。

207牆

天棓牆作蕩 乙二・一一

帝牆繇㠯亂□之行 乙一一・二八

《說文》牆之古文作牆，與帛文同構。二處皆借為時間副詞「將」，表未然。

208莫

侌莫旻 丙七一

此字梢殘，當是莫字。「侌莫旻」其義未明。

209 戠

步呂為戠
甲四·七

千又百戠
甲四·三四

孛戠八月
乙二·三○

□⺊戠
乙四·一九

凡戠悳匿
乙五·十二

隹悳匿之戠
乙六·一四

戠季乃□
乙七·三三

戠則無餘 戠字稍殘。
乙一二·二一

戠字過去有釋載、釋㦰、釋歲數說。歲本从步，帛文言「步以為戠」可見作戠仍以步為基礎，而省去一止，復增月為形符以足義。歲字作戠，是戰國楚系文字的特殊寫法，如楚王酓肯鼎「呂共歲祟」作戢，鄂君啟節「敗晋師於襄陵之歲」作戢，江陵楚簡某某「聞王於莪郢之歲」作戢，俱與帛文相同。望山楚簡還有一戠字作戠，義符易月為日。歲本積日月以成，故字从日从月無别。

210既

日月既亂　乙四·二六

日月既亂　乙七·三一

211毅

□思毅　甲六·一六

何琳儀讀思毅為茲保，即慈愛保養之意。

212梟

又梟內于上下　丙七·三

此字从鳥頭在木上，正是梟字。金文鳴字鳥旁蔡侯鐘作□、王孫誥鐘作□、王孫遺者鐘作□。曾侯乙編鐘鴂字鳥旁作□，與帛書鳥形尤近。據此，帛文□字當釋為⿰鳥戈，□字當釋為⿰鳥巽，□則是梟字。《說文》：「梟，不孝鳥也，日至捕梟磔之。从鳥頭在木上。」楚人忌梟，以為不祥，故在日至捕而磔之。《漢書·郊祀志》：「祠黃帝、用一梟」；帛文謂邦有不訓（順），則用梟為祭祀，納于上下神祇。

213祭

祭祀則述　乙一二·二五

214 從

土事勿從

乙一三・二

215 進

寺雨進退　此字雖殘去右下角，為進字無疑。「進退」

乙八・五　乃星象家之恒語。

216 殺

不可已□殺　此字李零釋殺，可從。按《說文》殺字古

丙一・三　文作𣀔、𢿦、杀三體。甲骨文殺字作杀，

同第三體；三體石經古文作𢿦或𢿦，同第二體；帛書此

文則與第一體右半作𣀔者形近，左旁之介（即介字）或以

為殺之聲符。（蔡惠堂《說文古文考證》有此說）何

琳儀據三體石經《僖公》「敳」作「𣀔」釋此字為敊即敳。

但細審照片，帛文左上非从禾，殆非一字。帛文殺指殺

生，秦簡日書多見之。

217 參

參柴

甲二・二一

參職

乙三・一二

曾侯乙墓漆器二十八宿作曑，與帛文同。

秦簡日書作・，與篆文或體（《汗簡》引作古文）近，再變而為今通行之冬字。

218 終

是胃遊終

乙三・三三

此字或釋作索，非是。字从夂而益以糸旁，夂乃古文終字，此是後起的終字。曾侯乙編鐘銘終字作，與帛文同。

219 絀

月則經絀

乙一・八

經絀遊□

乙一・二九

絀讀為屈，與經讀為贏相對，組成反正結構的名詞，是古天文學常見之用語，古籍多寫作「贏縮」（見《國語・越語》、《史記・天官書》、班固《幽通賦》、《漢書・天文志》、《易通卦驗》等），亦有作「贏絀」（《荀子・非相》）、「盈縮」（《史記・蔡澤傳》）者，皆指天體運行過緩或過急的反常現象。

220 晝

又晝又夕　帛文晝字从日不从旦，亦與《說文》篆文異。
甲八・八　㝬簋「余亡康晝夜」晝字作𦘠，與帛文同。

221 𧒒

𧒒于其王　此字舊釋為每、為虐，皆與形體不合。何琳
乙五・六　儀釋㢈，已認出下端是禹，但上端仍誤為从
虍。李家浩釋為𧒒，才把問題徹底解決。𧒒字見于秦簡
《日書》，裘錫圭指出即《說文》䵬字（《四部叢刊》影
印《說文繫傳》此字作𠦪），秦簡𧒒字多用為害，帛書
此字亦當讀害。

222 敢

毋敢叡天霝　此字筆畫模糊不清，諸家摹本多有訛誤。
甲六・二九　商先生釋作旱祭之雩，林巳奈夫氏從之。
李零據紅外綫照片釋作「敢」，甚是。「毋
敢」云云，義亦通。

223 童

毋童群民　童讀作動。與毛公鼎同。
乙八・二〇

224 奠

奠三天　甲六・一一

奠四亟　甲六・一七

225 惠

神則惠之　乙一〇・一九

此字諸家皆釋作惠。惟嚴一萍氏从董作賓說擊而釋作穀，謂帛書作𡴐乃省殳，而說文以穀所从之𡴐，當是𡴐之譌。今按楚王酓忎鼎忎字作𡴐，所从心旁左右上揚，與帛文𡴐字所从全同，而與口旁或作廿者大別，且𡴐與車亦不類，嚴釋未可信。

226 悳

凡戠悳匿　乙五・一三

隹悳匿之戠　乙六・一一

隹孛悳匿　乙七・五

此字僅殘存一彖徵性个形，據上下文義可斷為悳字之殘。

是胃悳匿　乙九・二三

羣神乃悳　乙九・二八

悳古德字。金文德字異體殊多，吕陳侯因資敦作𡴐與帛文最近。「悳匿」商先生讀作側匿，古籍又作仄慝、縮朒，形異而音同。《漢書·五行志》：「晦而月見西方謂之朓，朔而月見東方謂之仄慝。」帛書屢見德匿而未見朓，李學勤疑以一名兼指兩者而言。李零認為德匿是個反義的合成詞。德指天之慶賞，匿指天之刑罰，表示上天對人事的報施，亦就是古書常見的德刑或刑德。

227 精

青木赤木黃木白木墨木之精　此字从木青聲，宜讀為精。

甲五·三五　青聲之峕與青木之峕雖小異，與信陽遣策「青黃之彖」作峕者則同。或以為精字之異構。

228 朝

又宵又朝　《說文》「翰，旦也，从倝舟聲。」盂鼎作翰，

甲八·六　與帛文同。

229 緐

則無緐祭　此字諸家多未釋。李學勤釋絹而讀為祐，

乙一二·二四　李零讀為攸。選堂先生據《廣韻》絹訓

為「解繩」、謂可讀為改或懈。帛文云：「民人弗智歲，則無絲祭。」言民若無知於歲，則於祀事須勿改勿懈。

230 單

二曰朱四單

甲四．二〇

按戰字楚王酓忎鼎作戰，中山王圓壺作戰，三體石經古文作戰，所从單旁及令瓜壺之單，與帛文最近。可見帛文之單實即單字。《古文四聲韻》引王存乂切韻單字正作單，與帛書同。選堂先生讀單為檀，謂朱四單即朱檏檀，為四神以木為名之佳證。

231 睹

欿出睹

丙五．一

選堂先生謂睹即曙字，宋杜從古《集篆韻古文淵海》九御「睹」字下註「曙」可證。

232 閨

□□神則閨

甲七．一七

閨之勿行

乙三．二下

233 惻

天像是惻

乙一〇．二八

江陵楚簡有惻字作惻，與帛文同。李學勤、李零均讀惻為則；商先生讀作測，謂有深意，並引《易繫辭》：「陰陽不測之謂神」為說。何琳儀以為《說文》訓惻為「痛也」，乃承「隹天作妖」而言，可不必借讀為測、則。

234⿱尚廾

不旻亓⿱尚廾　乙一・一二

帛書「常」字均作常，此益艸於下。選堂先生以為「从艸尚聲，可讀為當」。並引鄭玄註《禮記・樂書》云：「謂不失其所也。」或以此為尚即常之異體，如帛文四又作田之比。嚴一萍氏則以為字从手尚聲，故釋作掌，謂掌有捧持之義，此字从雙手，捧持之義尤為明白。

235萬

為禹為萬　甲二・二八

商先生釋萬為禹，謂即商之先公，古書或寫作契、偰。但據紅外綫照片，此字形體與甲一一・一七及乙三・三七䗢字所从之萬全同，當以釋萬為是。選堂先生謂萬即冥，萬與冥皆明母，故通用。

舊不識，陳斯鵬據楚簡釋爲『衛』字。

冥為殷先神，故與禹並列。

236 ⿺辶复

至于⿺辶复天旁達 甲五·一七

水帀不⿺辶复 丙六·二

亓□亓⿺辶复 丙六·三

237 無

無緐 乙一二·二三

238 欽

不欽□行 乙一一·二〇

239 智

恭民未智 乙八·一四

民人弗智 乙一二·二〇

240 戠

山陵不戠 甲三·八

已為亓戠 甲三·二三

此字各家都隸寫作戠，嚴一萍氏疑是茂字，不足信。選堂先生初以為⿺疋文字，云「斌字从文从武，為⿺疋文之異構。《說文》：『⿺疋文，通也，从文从疋，疋亦聲。』」

武亦步武，與足為足，形義正相近。下文「以為亓疋」，《周語》：「歸物於下，疏為川谷，以導其氣。」又云：「疏川導滯。」是山陵不𣃒謂不通也。」近《新證》改釋為殺，謂「山陵不殺」即山陵各就其所，神民不相雜錯。帛文「以為其殺」猶言以為其效。同字而異讀。

241 𣶒

又𣶒□湿

乙二·二四

出自黃𣶒

乙七·一〇

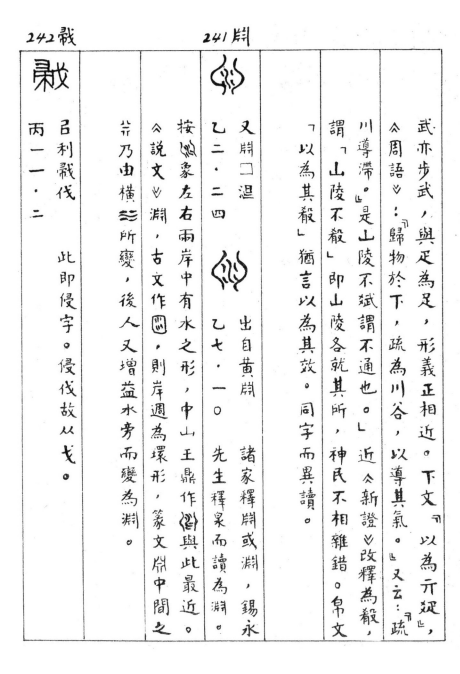

諸家釋𣶒或淵，錫永先生釋泉而讀為淵。

按𣶒象左右兩岸中有水之形，中山王鼎作𣶒與此最近。《說文》淵，古文作囦，則岸迴為環形，篆文𣶒中間之卄乃由橫彡所變，後人又增益水旁而變為淵。

242 戠

吕利戠伐

丙一一·二

此即侵字。侵伐故从戈。

244義　243福

隹天作福　古璽文福字作，與帛文同

乙一〇・八

敍故不義

丙一〇・三

翏不義

丙一一・四

許慎分析「義」字的結構為「从我羊。」帛文上體从「羊」固無疑問，下體是否从「我」則需加以考察。「我」字甲骨文作、，象鋸形的武器；金文作、，象多刺兵。從曾侯乙墓出土的多戈戟作形來看，古文字裏的我字，可能就是多戈戟一類的象形文。裘錫圭謂同墓出土的竹簡和戈銘上有蚌、蚌、[金丰]等字，都應釋為戟。這是正確的。丯或丰可能是戟字的聲符，亦可能是多戈戟的象形文。如果將這些字同甲骨文、金文中的「我」字比較，便可以看出它們有着一脈相承的聯繫。「我」字的本義原應指鋸形或多戈戟一類的兵器，既是「我」，亦是「戟」，二字應屬同一語源。借為第一人稱代詞後，本

義已失，形音亦變，遂分化為不同的字。在曾侯乙戈銘文中「戟」字或寫作䦶，與新鄭所出二年鄭令銅矛作𢦏者甚近，而帛文所从之䒑則又是以上二種寫法的變體，即由䦶訛變作𢦏，又省變為䒑。由此可見，帛文義字下體所从的「我」是由「戟」演化而来的。《說文》「義」之或體作「羛」，所从之「弗」顯然就是上揭的𢦏字，與帛文从䒑作義同意，則義、羛決為一字無疑。許氏謂羛見於墨翟書，可知帛文一類的寫法在戰國時相當流行。又古音戈戟、我乃一聲之轉，亦三字同源之一證。

245電

又電雲雨土　帛文从申，與《說文》電字古文作䨵同。

乙三·五

246遡

上下朕遡　似遡字之殘。

甲三·四

㠯遡相□思　遡為傳之

甲七·三四

別體，見龍節銘。「上下朕遡」陳邦懷先生讀為騰傳，謂「騰傳」為同義異文，在此騰有上升意，傳有下遞意」。

選堂先生引《洪範五行傳》「天者轉於下而運於上。」謂「上下朕遡」意指上下運轉。

247 ⿱大能

曰故□⿱大能霝虘　甲一·四

此字商先生釋⿳亡口⿰月凡，謂乃神名，其結構似能而有區別。嚴一萍氏以為帛書⿱大能與毛公鼎作能甚近，能為古熊字，上一字乃黃字之殘，黃熊即伏羲之號。選堂先生依巴納氏假定上一字為「天」之殘形，謂天熊即大熊。又據《易緯》鄭注言有熊氏即庖犧氏，證之帛書此句為「大熊霝虘」，如合符節。

248 穀

民則又穀　乙一二·四

嚴氏讀如字，云「《說文》『穀，乳也。』乳謂生子。徐鍇引《春秋左傳》曰：『楚人謂乳為穀。』繒書之穀當指生子言。」李學勤、許學仁均以「民則有穀亡」為句，亦以穀為生子。錫永、巴納、選堂先生生則讀為穀，訓作善。

249敔

武□□亓敔　朱德熙先生考定此為敔字，因句有缺文，
丙一·五　意義難明。

250䖒

曰故□龕霝䖒　䖒乃古戲字，與義、犧通。金祥恒氏《
甲一·六　霝䖒解》廣羅古籍有關包犧記載六十多
條，不同寫法十餘種，最早見于《易繫辭傳》。謂䖒古
字，戲今字。帛書之作霝䖒，為傳世文獻之外又多一書
法。

251虞

乃取虞遲□子之子
甲二·一一

虞司頣
丙六·一

曰虞
丙六·二

《爾雅·釋天》「六月為且」，帛文虞即《爾雅》且，
為六月月名。組帶之組，楚簡每作繿或纋，所从之虞與

253豪　252敬

帛書同。帛文「乃取虞遲□子之子」云云，當讀為「乃娶且某某子之子曰女皇」，且為指示代詞。此句殆指「女皇」之所從出，惜「虞」下二字殘泐，不知其詳。

毋弗或敬　乙一〇·四

□敬隹備　乙一〇·二二

敬之毋戈　乙一一·三

可吕豪女　丙二·三

帛文「豪」字又見于楚公豪鐘，為楚公之名。郭沫若釋豪為家而讀為儀，即楚公若敖熊儀。（《兩周金文辭大系攷》）據此，帛文豪當讀為嫁，意為當月「可吕嫁女」。「豪」字又見于江陵望山楚簡，簡文有關于某時某人為墓主悤固用筮占問的記録，如云：「歸豹以寶豪為悤固貞」，「歸豹以保（寶）坣為悤固貞」等，朱德熙先生根據「豪」字有時可以寫作「坣」而讀為著，認為豪、坣中的豕和至都是聲符，從而推斷楚公豪鐘的豪當讀為摯，即楚先公熊摯，而帛書的「豕女」，則當讀為「致女」。

254 備

山陵備鉠

甲五·九

□敬隹備

乙一〇·二四

此字舊釋為儀，但帛書另有羕字作羕，與此字右旁不類，總是疑問。朱德熙先生釋為備字。葡字本象矢箙之形，齊侯壺備字作僃，所从之葡，尚存古意。戰國時期上端變得像羊頭，下端變得近似女字，如子備璋戟備字作僃，葡字兩側各加兩點作為飾筆。這就從形體的演變上講清了楚國簡帛文中葡字作羕的構形。中山譽鼎備字作傃，再次證明葡字下端增飾之說。朱先生指出：帛文「山陵備鉠」之備讀為崩，「□敬隹備」之備與敬讀為儆文義相協，而江陵望山楚簡的備玉，則應讀為佩玉。

255亂

曆緯亂乍

甲七・二八

亂遊亓行

乙一・二四

是胃亂紀

乙四・一二

日月既亂

乙四・二七

日月皆亂

乙七・二五

日月既亂

乙七・三二

㠯亂□之行

乙一一・三一

又大亂

丙八四

魏三體石經《書・無逸》「無若殷王受之迷亂」，亂字古文作𤔔，與帛文同。《古文四聲韻》引石經作𤔔、雖與魏石經古文小異，而與《說文》訓「亂也」之𤔔字古文作𤔔者則同。故有亂、𤔔同字之說。陳鐵凡云：「𤔔字本義為以手治絲，引伸為治。治絲而紊則亂，乃反訓為亂。引伸為亂流、為煩亂。𤔔字譌省為𤔔，再譌為𤔔、為𤔔、為𤔔。後又增加意符，別造从乙之亂，从攴之𢿢，以為「正絕流」、「煩亂」之字。許氏著《說文》，乃分廁各部，而繫以異訓，實則言部之䜌、叉部之𤔔、攴部之𢿢，俱一字之衍化，亦王筠友所謂異部同文也。」（陳鐵凡《䜌與亂》，《中國文字》第二六期）然則帛文䜌左右四口並非从吅，而是由88譌變而成，从䜌（《說文》䜌之古文）→䜌（三體石經亂之古文）→䜌（帛書）之對比自明。信陽楚簡之䜌，則是帛書䜌的進一步簡化。

256會

會者侯
丙一一·三

257⿰糹呈

月則⿰糹呈絀
乙一·七

⿰糹呈絀遊□
乙一·二八

⿰糹呈即⿰糹盈之異構。《說文》「⿰糹盈，緩也，从糸盈聲，讀與聽同。⿰糹呈，或从呈。」⿰糹盈異體⿰糹呈，故帛文「⿰糹呈絀」，《史記·蔡澤傳》作「盈縮」；盈又與嬴、贏互通，故

李學勤據楚官璽讀爲『柱』（《國學研究》第八卷，2001年）。

101

《荀子·非相篇》作「嬴絀」、班固《幽通賦》作「嬴縮」，皆帛書「絓絀」之異寫。

258羣

□ 羣民吕□ 乙八·二一

□ 羣神五正 乙九·一

□ 羣神乃悳 乙九·二五

259禕

□ 晨禕亂作 甲七·二七

禕字《說文》所無。嚴氏以《大荒西經》有「來風曰韋」，疑此禕字指風名，與上文之「風雨」及下文之「亂作」相應。選堂先生讀禕為違，「晨禕亂作」意謂與辰相違則逆亂失次之象見。何琳儀謂晨禕即辰緯，亦作星緯，本指星辰的緯度。

260棓

□ 天棓將作蕩 乙二·一〇

此字嚴一萍氏疑即《爾雅·釋天》天根之根，因篆文形近，傳寫而譌作根。或以為檐字。選堂先生謂棓之右旁實从豆，下益以口旁，隸寫作棓，乃梪之繁形。咅字《說文》或體作𧯞，《廣韻》

李零首先釋爲『填』，陳斯鵬據楚簡證成其說（見《戰國楚帛書文字新釋》，《古文字研究》26輯）。

⿰豆欠之異體作⿰咅欠，故知天梪即天棓。天棓為彗星，見《呂氏春秋·明理篇》及《開元占經》所引《荊州占》。

261 聚

可吕聚衆

丙一一·三

262 ⿱女土

女⿱女土

甲二·九

此字舊釋為堇或童，非是。李零疑是女媧的媧的本字，引《古文四聲韻》完字諸形，謂借完為媧。似不足信。何琳儀謂字上从出，中从曰、無義，下从玉，可隸為瑎或⿰王出，以聲韻求之，當是《集韻》之琚。而屈、骨，咼聲旁每可通用，因讀帛文「女瑎」為「女媧」。選堂先生以為此字下體不能定為从「玉」，雖女媧在《世本姓氏》字亦作㛓，但㛓是媧的借字，不能謂其本字即瑎。他主張帛書讀為「女皇」，謂女媧之號女皇見于《世本》，《易緯》及漢人引《地母經》·與帛文吻合。

263荃

荃司各 丙一二·一

荃為十二月月名。《爾雅·釋天》「十二月為荼。」荼、荃古通。

264像

天像是惻 乙一〇·二六

《說文》：「像，象也。从人从象。」段玉裁註以為古或衹有象字，無像字。後小篆既作像，則許斷不以象釋似，復以象釋像。因改「象也」為「似也」。徐灝亦斷言「像」字為漢世所作。今以帛書證之，知戰國時已有像字，但帛文像字仍讀為象。

265敍

敍故不義 丙一〇·三

選堂先生謂敍即敘之繁形，讀敍故為謰語，猶言除去。

266鈙

鈙不可吕攻 丙一二·三

或以為荃之異寫。據照片，帛文此字位于次行，殆非月名。

267𨘋

遠天旁𨘋 甲五·二〇

𨘋借為動。《說文》動，古文作𨘋，从辵重聲，與帛文从童得聲同。乙篇「毋童羣

舊釋作『達』而讀爲『逆』，今據郭店楚簡當是『失』字。

268 遊

民」，童亦讀動。童、達同音，从辵者表動作之進行，與動義亦切合。江陵楚簡「不可以達思」，與帛書同。

亂遊亓行
乙一·二五

經紿遊襄
乙一·三。

是遊月
乙三·一九

是胃遊終
乙三·三二

此字舊釋為達，林巳奈夫釋達，何琳儀謂「遊乃達之繁化，下文湯作瀏是其例。」又說「達、逆音義均近，故帛書中遊又可讀為逆。」按何說甚是。惟從形體考察，逆、達當是一字。逆字鄂君啟舟節作𨕧，秦簡作𨕧，馬王堆帛書《春秋事語》作𨕧，臨沂漢簡《孫臏兵法》作𨕧、由逆變達演化之迹昭然。《玉篇》訓達為進退皃，音與章切，讀同羊。《萬象名義》訓達為迎、弗、廢、却、道、亂，音魚戟切，讀同逆。可見達、逆為一字之分化。故漢碑李翕《郙閣頌》「漢水逆讓」，王念孫《讀書雜志》引作「漢水逆讓」。由此可見，李學勤將此字隸作遊而讀為逆，同樣是正確的。

269 澫

瀧汩凼澫　甲三・三一

山川澫浴　乙一一・一七

選堂先生謂澫讀為漫，石鼓文「澫澫又鯊」，鄭樵註：「澫即漫。」漫為水廣大皃（《集韻》）。此二句言未有日月以前，雨水泛濫漫没之象。何琳儀則以上句之澫讀為厲，乃水名，見《水經注》漻水。

270 ⿱雨走

出自帀⿱雨走　甲一・一○

此字多釋為震，然下體與辰不類。⿱雨走字从雨走聲，林巴奈夫氏與姜亮夫先生釋作霱，讀「帀⿱雨走」為「耑霱」，謂即顓頊。選堂先生疑⿱雨走即霱，殆指有蟜氏，為楚世之先。

271 ⿰歹翏

⿰歹翏不義　丙一一・四

⿰歹翏字中山王鼎作⿰月彔，信陽楚簡作⿰翏斤，詛楚文作戮，翏、彔同聲，戈事殺戮而殘骨可

見，故从戈从歺意亦相近。《說文》「戮，殺也。」《晉語》
「戮其死者。」韋註「陳尸為戮。」俱其證。

272 ⿸虍甘

日月⿸虍甘亂　秦故道詔版有⿸虍甘字，从二虎从甘，義與皆
乙七·二四　同，帛文之⿸虍甘，即詔版⿸虍甘字省去一虎頭（虍）。
中山王壺之⿸虍甘，又較帛文之⿸虍甘略去一虎足（乂），亦即
詔版所从雙虎省去其一。金文皆壺作⿸虍甘，江陵楚簡作⿸虍甘，
信陽楚簡作⿸虍甘，又較帛文之⿸虍甘省去西形。而吳王鐘銘（即
薛氏《款識》之「商鐘四」）之⿸虍甘，則又是金文、簡文之
進一步省變。从以上諸體，可以看到先秦文字錯綜變化
的現象。其間簡化、繁化雖有一定的規律，但並不完全
受時間先後所規範，尚無較充分的文字資料，是難以窺
見一字發展的來龍去脈的。

273 墨

四曰淵墨榦　錫永先生云：「墨可讀
甲四·二九

墨木
甲五·三二　作黑，墨黑詞義相同。」

274藏

臧㞢氏　臧古藏字，古璽作臧，去臣从口，與帛文同。
丙八·一　藏，今通作藏。《說文》新附：「藏，匿也。」
徐鉉等按「漢書通用臧字，从艸後人所加。」帛書藏為
八月月名，《爾雅·釋天》：「八月為壯」，壯臧皆从
爿得聲，古可通用。

275數

攴數之　此字或釋作數，嚴氏謂即毛公鼎「肆皇天
甲五·二二　亡臭」之臭字加「攴」旁，《說文》訓解，
《毛傳》訓厭。何琳儀以為欒書壺擇字作斁與此為一字，
帛文當讀為掖。選堂先生謂數字所从之臭聲即鬲从盨之
「臭」字，楊樹達讀為「畀」，中鼎「兄畀」即「貺畀」，
《說文》訓畀為「相付與之」。帛文數即畀之繁形，攴
數應讀為扞蔽，即扞衛、干吾（禦）之意。

276 㷉

寅㷉百㷉

甲三・一七 一九

《汗簡》氣作㷉，《古文四聲韻》引碧落文形同。帛文㷉即氣字。選堂先生以為寅氣百氣乃指代表陰陽之二氣。

277 與

發四與𠃬

乙八・二九

此字稍殘，各家多釋作與。李學勤先生說：「四興是有道德意義的名詞，但不詳所指。」選堂先生以為此字字根是㕣而非月，故不是興字，而是从㕣益以廾旁，為㕣之繁形。帛文四與即四沿或四埏，猶言四際。「發四與𠃬」言發四際之荒。

278 衛

衛又咎

丙一・四

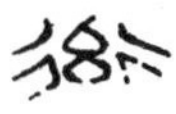

戱衛……

丙五・二

三體石經古文率字作𢕟，與帛文同。王國維《魏正始石經殘石考》云：「《說文》行部『衛，將衛也。』又辵部『𨓆，先導也。』二字音義並同。毛公鼎作𢕟，師寰敦作𨒫，十三年上官鼎（六國時器）作𨒫，正與此同。」按禹鼎有𨒫字，與帛文同，衛字今通作帥，帥行而衛、衛遂廢。

279 ⿰鳥戈

⿰鳥戈衛　丙五·二

此字過去誤釋為獵，主要原因是未能辨識左半是鳥形。今據紅外綫照片，左側實作鳥形，與曾侯乙編鐘𩾏（裘錫圭、李家浩釋作鴃）字所从鳥形如出一轍，从鳥無疑。然則帛文應釋作⿰鳥戈即鳶。于省吾先生謂甲骨文𢦏字上从戈、下从隹，鳶字出現甚早，金文字，于鳥頭之上戴戈形，皆鳶之初文。于引王念孫《廣雅疏證》云：「鳶字《說文》失載，以諧聲之例求之，則當从鳥戈聲，而書作鳶字，鳶字古音在元部，古人从戈聲之字多有讀入此部者，故《說文》閱从戈聲而讀若縣，戌从戈聲而讀若環，鳶之从戈聲而音讀與專切亦猶是也，此聲之相合者也。鳶字上半與武字上半同體，故隸書減之而訛為鳶。增之則又訛為鳶。」于老補充說：

「王氏謂隸書訛戈為弋亦有未當，古文偏旁中戈弋每互作，如契文武字作，金文肇字作，或字作或，即其例也」（詳《甲骨文字釋林．釋隹》《古文雜釋．釋鳶》）準此，則帛文可釋為鳶明矣。鳶字《說文》失收，據字書所載，當屬鷙類，為擊殺之鳥。帛文「鳶銜」謂善擊殺之帥，義亦通。

280龍

□龍

丙四．三

邵鐘龍字作，江陵楚簡「一乘龍」作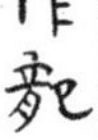，俱與帛文同。惜上一字殘去，不明所指，或以為「句龍」。

281襄

□是襄

甲二．一六

吕司堵襄

甲二．三二

从

經紬遊襄(?)

乙一．三二

《說文》襄，从衣𤕦聲。𩣡甫人匜作，帛書即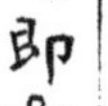之變體，不从衣。篆文再變作𤕦，為襄之聲符，故帛文

□實即篆文罬，可讀為襄。「邑司堵襄」與平水土有關，可讀為壤。

282 熏

寬燹百燹　甲三·一六

此字宀下作㶳，番生簋熏字作㶳，與㶳最近。楚簡月名㶳又書作㶳，从炅允（或吕）聲，形旁炅變作果，是其例，可定帛文為熏字。選堂先生云：寬字於宀內从屮从炅，炅即熱字。馬王堆老子本《德經》「靚勝炅」即「靜勝熱」，又《道經》「或炅或吹」，乙本作熱，故炅乃熱字，小篆熏字从屮从黑，此則从屮从炅會意，當為熏之異構。寬燹即熏氣。

283 霝

母敢蔑天霝　甲六·三二

《廣雅·釋言》：「霝，令也。」商先生讀「天霝」作「天命」，即「天令」。

284 榦

倀曰青榦　甲四·一五

四曰𣳾墨榦　甲四·三〇

選堂先生以為帛文青榦、墨榦二榦字皆釋

為榦。帛書四神均以木為名，長幼二神則以榑為號，所謂青榑、墨榑者，或與圖中表示四時異色之木有關。

285 ⿱罒蜀

建恒⿱罒蜀民

乙九・一一

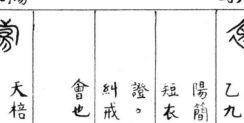

此字舊釋為襄，何琳儀據李家浩楚簡考釋而定為⿱罒蜀字。至確。何云：「帛書⿱罒蜀與信陽簡⿱罒蜀實乃一字，讀若屬。《集韻》：『⿱罒蜀、《説文》短衣也，或作襡。』《釋名・釋衣服》：『⿱罒蜀，屬也。』均其證。」「屬民」見《周禮・地官・黨正》「屬民而讀邦法以糾戒之。」《楚語》：「火正黎司地以屬民」。韋註：「屬，會也。」帛文「⿱罒蜀民」義即「會民」。

286 ⿰氵⿱屮昜

天棓⿰爿酉作⿰氵⿱屮昜

乙二・一三

⿰氵⿱屮昜字从屮从湯，嚴一萍氏釋作蕩，謂蕩有動、有盪、有壞諸義。李學勤釋作⿰氵⿱屮昜，讀為傷，傷者害也，謂彗星出現，古人以為將為下民之害，所以下句説「降于其□方」。選堂先生以為⿰氵⿱屮昜即《漢書・

天文志》「大湯」之義，晉灼說「湯猶滌滌也。」

287 ⿱臺虫

乙一二·八

亡又相⿱臺虫

⿱臺虫下从虫，當是⿰虫憂字，乃蟲名。此借為擾。《史記·曆書》言「九黎亂德，神民相擾」。及後重黎乃序天地，使神居上而民居下，神民異業，敬而不瀆。選堂先生謂帛書此處言「亡有相擾」，按之楚傳統思想，乃指民與神。

288 ⿰去鷹

甲二·二二

參柰⿰去鷹逃

此字因絹帛拼接傷及筆畫且造成移位，當是从去从鷹的⿰去鷹字。⿰去鷹即⿰氵鷹，今通作法。選堂先生讀「⿰去鷹逃」作法兆，為中山王兆域圖「逃乏」即兆法之倒言。

289 職

乙三·一三

不旻亓參職天雨

職字从耳戠聲，訓為主。《詩·唐風》：「職思其居」，毛傳「職，主也。」

選堂先生謂「此句言不見其驗，則主天降雨」。何琳儀謂「不得其參職」言「不能燮理陰陽」。

290 孌

孌之吕素降

乙六・一八

此字李學勤先生釋作縛，選堂先生釋孌而讀為繫。「繫之吕素降」，如楚俗以五彩絲繫臂之比。

291 ⿹戈苜

毋敢⿹戈苜天霝

甲六・三〇

此字錫永先生釋叡、讀作「叡天命」。學者多從之。選堂先生初從商先生，近改釋⿹戈苜，謂「⿰苜攴字商氏釋睿，於形不近，於義未安。細察字形乃从首益冃及攴旁，仍是苜之繁形。」又論苜孳乳為瞢、蔑、⿹戈苜、⿰目蔑等，認為「⿰苜攴於形當釋⿹戈苜，其意即懱，此句謂毋敢蔑天之霝（令）。

292 ⿱毀火

不〔可〕⿱毀火事

丙一〇・二

選堂先生云：「《說文》：『毀，缺也；从土，毇省聲，𣪚古文毀从壬。』帛書此字正从壬，而益火旁，為燬字無疑。燬事即毀事。《周禮·牧人》云：『凡外祭毀事，用尨可也。』鄭註引杜子春：『毀謂副辜候禳，毀除殃咎之屬。』

294 繇 293 ⿱晨日

⿱晨日禕亂乍　字从日从晨

甲七·二六

帝曰繇

乙九·三一

帝㸒繇己亂囗之行

乙一一·二九

帛書繇字為一从言的象形文，第二文增益口旁，亦楚文字常見通例。在同一字中，此象形文變化頗為複雜，如彔伯𢦏毀作，𢡊史鼎作，師寰毀作，三體石經古文作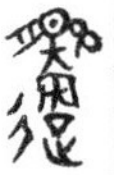，戰國陶文省作（从口从言不別。《季》四一下），加邑為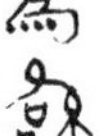。將之口旁換為聲符缶，則為（䌛字，《季》六九上），象形文省變為，加邑為（陶字，《季》八一上）。

同字（《季》四一上與《季》八一上同文異寫可證），繇、陶同聲，可推知此象形文為䌛字之初文。䌛俗稱黃鼠狼，其狀尖首粗尾，于象形文中尚可見到。（詳拙文《說繇》，《古文字研究》第十輯）帛文「帝曰繇」與彔伯𢦚簋「王若曰繇」，三體石經《多士》篇「王曰繇」同例。第二文繇借為由，音同字通。

295 瀧

瀧汩凼澫

甲三・二八

《說文》瀧指雨聲。《廣雅・釋詁》：「瀧，潰也。」《方言》：「瀧涿謂之霑漬。」選堂先生讀為「瀧汩滔漫」。謂指未有日月之前，雨水泛濫漫没之象。陳邦懷先生則以為瀧、汩皆楚國水名，此句謂二水蕩泆遠漫。

296 ⿱竹敲

可㠯出師⿱竹敲邑

丙二・二

（不）可㠯⿱竹敲室

丙八・二

可㠯⿱竹敲

丙九・二

嚴一萍氏以為帛文⿰䈞攴即築字，其說云：「《說文》築之古文作⿱䈞土，段氏改⿱䈞土為⿱䈞土，云：『从土䈞聲』。案《說文》毒之古文作⿱艸⿰畐刀，从刀䈞。段氏改⿱艸⿰畐刀作⿱竹⿰䈞刀云：『从刀者，刀所以害人也，从䈞為聲。䈞，厚也，讀若篤。劃字鍇本及《汗簡》、《古文四聲韻》上从竹，不誤，而下訛从副从劃，鉉本則竹又誤為艸矣。古文築作⿱䈞土，亦䈞聲』。案段說是。《汗簡》引裴光遠集綴築作⿰金殳。鄭氏箋正曰：『左旁當作从⿱䈞土，古築如此。或省作⿱亯土』。繒書之⿱艸⿰䈞攴，从攴䈞聲，築字無疑。」（《楚繒書新考》中頁一九）曹錦炎以為⿰䈞攴字通敦，據《說文通訓定聲》敦訓為擿。謂帛文八月言⿰䈞攴室，二月言⿰䈞攴邑，邑當指封邑也，即公邑；室乃指私室，先秦文獻中所謂「分其室」、「兼其室」、「納其室」即此「⿰䈞攴室」之意。

297 [⿰隹殳]

[⿰隹殳]

凥于[⿰隹殳]口

甲一·一三

何琳儀此字隸作[⿰月⿱寽隹]，从隹脟聲。以脟音近雷，因謂其地為雷澤，即伏犧所從出。選堂先生隸此字為[⿰隹殳]，謂字从脽為地名，引《墨子·非攻下》楚熊麗始封于脽，帛文[⿰隹殳]即其地。並指出帛書首句主詞宜屬之大熊，以指楚姓，文理始愜。

298 [⿱雨䀠]

[⿱雨䀠]

曰故（天）[⿱大能][⿱雨䀠]虘

甲一·五

此字錫永先生疑是靋字，謂將二亻併為一人寫入二目之間，即省二人為一人，如堯《說文》古文作兟，甲骨文作[甲骨文字形]之例。並說靋虘為神名。嚴一萍氏从之，謂靋、虙聲相近，靋虘蓋即虙戲。金祥恒氏則以為帛文[⿱雨䀠]即雹字，謂「以文字之結構言之，[⿱雨䀠]从雨从[⿱䀠儿]，隸寫為霓，亦無不可。然以[⿱雨䀠]登言之，釋為霓虘於史無徵。故金氏改釋為从雷亻（亻）聲，[⿱雨䀠][⿱雨豆]即靁虘。

299 難

三曰習黃難　甲四・二五

難字从黃，齊太僕歸父盤作難，者減鐘作⿰黃然，選堂先生認為，難見者減鐘，乃是然字，疑此帛文當讀為橪。《說文》橪訓酸小棗，《廣韻》「橪，棗木名。」是難為棗木。並釋習黃難為翟皇橪，即白色的大棗木，亦四神以木為名之一證。

300 ⿱𣦶攴

山陵亓⿱癶攴　乙二・二二

⿱癶攴四與[illegible]　乙八・二七

此字錫永先生摹作⿱癶火，隸寫作⿱癶攴，謂从𣥠即𣥠字，將止寫朝一個方向，乃筆勢之變，⿱癶攴同⿺走⿱癶攴，讀縮音，義為不伸。按此字實从四止从攴，四止作⿱癶⿱止止，上下相同，左右相背，乃𣥠之繁形。从攴从殳義亦相通，故帛文⿱𣦶攴可隸寫作⿱癶攴即癹，讀為發。《禮記・月令》：「時雨不降，山陵不收。」疏：「山陵不收，地災也。」發即不收之義，是指地災。又楚文字每見有同形重複之例，如信陽楚簡簽字作⿱林坴，江陵楚簡芟字作⿱艸⿰木木（《古文字類編》誤隸於「華」下），亦可佐證。

301 鸈

土身亡鸈
乙七・一四

此字李學勤釋鬚，整句讀作「土身亡鬚」。選堂先生釋顯，謂「土允亡顯」即田畯亡昧，田夋為農官，言農官不可昏昧。今按此字左旁與本篇夏字所从頁旁作⿱自又者異，而與丙篇⿱自⿻、⿰貝戈所从鳥旁實同，右旁从異。以形聲求之，當是⿱飛異即翼之異構。帛文此處講的是「孛」。「土身亡翼」殆指一種有光無芒的彗星。

302 ⿰𦎫虫

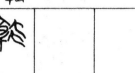

炎帝乃命祝融
甲六・六

邾公釛鐘「陸⿰亯虫之孫」，⿰亯虫字𤼈鐘作⿰亯虫，所从之亯為古墉字，當隸寫作䗥。江陵楚簡有「宮隆⿰亯羊」，亯變作⿱亼羊，帛文又省作⿱宀羊，虫在左在右不別，故知⿰亯虫、⿰亯虫、⿰虫羊、⿰亯虫同字。陸䗥當讀作陸終，祝⿰𦎫虫即祝融。《禮記・月令》謂祝融為炎帝之佐，故帛書言「炎帝乃命祝融」。

第二部份 重文合文

重文

001 孛= 戢=

是胃孛戢，孛戢……　乙二·二九、三。

李學勤說《天象》篇稱彗星為孛。但古籍所述之孛，有廣狹二義，廣義泛指彗星，狹義專指一種芒短而其光四出的彗星，帛書所言，是用孛的廣義，故上云「天梧」，下云「是謂孛」。帛書所謂「孛戢某月某日」，意指出現彗星的年月。

002 尚=

又□尚尚　乙一·一九

「又□尚=」，「尚」下重文符號多被忽略。據右側圖像與左側相鄰數行的行列，此處實際上只佔三字位置。然文意又非四字不可，故向來釋文多有分歧，有「又□尚」、「□又尚」、「□又□尚」

及「又□又尚」幾種讀法，均不能解決文意與行款之間的矛盾。現據放大照片，「知」「尚」下確有重文符號，此句應釋作「又□尚尚」，則行款與文意的問題可獲圓滿解決，證明於「又」上益一缺文符號，或將「」字析而為二皆與實際情況不符。

003 喜=

喜喜！是遊月
乙三·一六

此字適當絹帛斷裂處，一般摹本誤釋為二字，其實應是一帶重文符號之字。從結體看，疑是喜字，原或作喜=，曾侯乙編鐘鼓字或作豈、或益口旁作喜，與此形甚近。選堂先生據《左襄三十年傳》，以為喜=讀作譆譆，是人們看到災異出現時所發出的驚嘆之詞。

004 ⿰亻魚=

[illegible]田⿰亻魚⿰亻魚
甲一·一八

此字有重文、合文兩種讀法。重文讀⿰亻魚⿰亻魚，合文或讀⿰亻魚人（嚴一萍），或讀人魚（巴納、李棪）。選堂先生謂㒁＝重言。以盧之即吳例之，疑讀為俁俁，《詩》：「碩人俁俁」。傳：「容貌大也。」《集韻》俁或作{亻圉}，{亻圉}＝訓「魚在水羸劣皃，」（見《孟子・萬章》註）則㒁殆{亻圉}之本字。

005 夢＝

甲一・二二

夢夢墨墨

夢夢墨墨，謂天地混沌之時，宇宙呈現一片昏亂暗昧的狀態。

006 墨＝

甲一・二三

夢夢墨墨

007 猶＝

甲一・二六

亡章猶猶

錫永先生訓猶為乖戾，見《漢書・五行志》註。嚴一萍氏謂此處猶字疊用，恐非此義。嚴氏疑此字或即宿字，宿猶同字，此讀為肅，乃肅敬之義。選堂先生讀猶為㟆，謂《吳都賦》「鬱㟆」，劉逵註：「山氣暗昧之狀」。以為猶猶義應同此。又訓亡「章」為亡「形」。「亡章猶猶」蓋言宇宙初闢，暗昧昏亂，尚未成形。

合文

001 一月

一月二月三月

乙三・二四

「一月」僅佔一格位置，是合文而漏書合文符號。

002 七日=

內月七日=八日

乙三・一

此字舊釋吉字合文，誤。乃七日合文。「入月七日、八日」為占候時日的用語，秦簡《日書》常見之。

003 八日

內月七日=八日

乙三・二

「八」字只殘存上半，其下據紅外綫照片尚隱約有「日」字，二字亦佔一格位置，合文符號不明。

004 上下=

乃上下朕逿

甲三・二

「上」字豎筆直下，下半雖殘去，為「上下」合文無疑。

上下=
又鼑内于上下
丙七·三

005 日月=

未又日月
甲三·三四

日月允生
甲四·三五

帝夋乃為日月之行
甲七·二

乃逆日月
甲七·三二

日月星辰
乙一·二一

女日月既亂
乙四·二五

日月皆亂
乙七·二三

日月既亂
乙七·三〇

006 至于=

至于亓下
丙六·三

第三部份　殘字

001

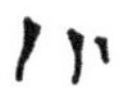

曰故∫龕雹虘　此字巴納博士疑是「天」字。同篇「奠三天」字作，殘畫與此極近，可從。

甲一・三

選堂先生謂天龕即大熊，據《易緯》知雹戲亦號大熊氏，證之帛書此語言「大龕雹虘」完全吻合。

002

出自∫霆　此字錫永先生釋「帝」，但與殘存字形不類。

甲一・九　林巴奈夫及姜亮夫先生釋「耑」，謂與下一字讀作耑霆，即顓頊。

003

尻于䨢∫　此殘字或誤摹作，李棪齋先生據以釋作「虫」字，不確。

甲一・一四

004

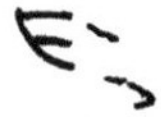

氒∫魚魚　此殘文諸家未釋，或以為「田」字之殘。

甲一・一五

005

∫□□女

甲一·一八

上部从从，下體殘去，不詳何字。

006

□∫□女

甲一·一九

字之上部及右側皆筆畫模糊。

007

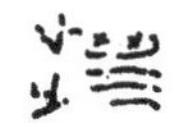

□□∫女

甲一·二〇

此字模糊不清，錫永先生釋「行」，李零釋「無」。以上三字與「女」連讀為「□□□如」同上句之「⿰亻魚」叶韻。

008

∫□水□

甲一·二七

此字似上从隹，下从田，疑是奮字之殘。

009

□∫水□

甲一·二八

此字上部模糊，或釋為每，或釋為毋，讀為毋，或釋為女。

010

□□水□

甲一·三〇

殘文，不知所从。

011
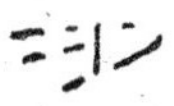
〜是襄
甲二·一四

012

倀曰〜榑
甲四·一四
此為「青」字殘去下半。

013

三曰〜黃難
甲四·二三
此字選堂先生疑是「翟」字之殘，殆即《說文》白部皠字之別體，義同白色之皜，與《說文》訓為鳥白之翯相同。

014
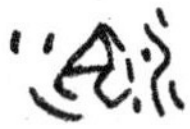
四曰〜墨榑
甲四·二八
此字或釋「敫」，讀為鬼；或以為从水，釋作「油」

015

四神〜囗
甲五·一三
或以為「步」字。

016

四神囗〜
甲五·一四
或釋作「于」字，但與殘存字形不類。疑是止字之殘畫。

017

三天〱思

甲六・一四

此字因絹帛斷裂拼接致殘，下似从糸，上不知所从。

018

吕四神〱奠

甲六・一〇

此乃降字之殘，或釋為各即格，不確。

019

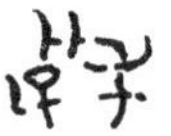

〱囗神則閏

甲七・一三

李棪齋先生以為是敎字。

020

四〱毋思

甲七・一九

此字中間殘斷，下似从廾

021

乃逆日月

甲七・三一

此字稍殘。錫永先生釋送，李棪先生釋後，選堂先生定為逆字，謂逆即迎也。

022

吕遡相〱思

甲八・一

023

又晝又〱

甲八・一〇

夕字之殘，可據補。

024

隹□□〜

乙一·四

此字拼接有誤，或釋作「日」，或釋作四，或釋為正，从放大照片看，似以釋正為近。

025

又〜尚尚

乙一、一九

據右邊圖像及左邊行款，此處僅存三字位置。此字下體从又，中間部份模糊不清，不知所从。或析為二字，未當。

026

經紿遊〜

乙一·三一

何琳儀補足為襄字，即漢碑之「逆讓」。

027

〜□□实

乙二·二

028

是〜遊終

乙三·三〇

此為「胃」字之殘形。

029

〜□亓邦

乙四·二

編號	字形	文例	出處	說明
030		∫[illegible]戠	乙四・一七	絹帛適在此字中間斷裂，致字形受到破壞。下似从壬，或以為望字。
031		□∫戠	乙四・一八	此字或釋為二字，然與同篇二字作二不類，且上面似殘存一短豎筆，亦二字所不當有。
032		乃又[illegible]∫	乙四・三一	疑宎字之殘
033	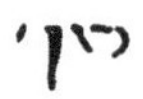	□∫乃兵	乙五・三	
034		∫□上宎	乙六・二	
035		□∫上宎	乙六・三	
036		三寺∫	乙六・一八	此處或釋為二字。安志敏先生以為皆字。

037		隹孛〜匿	乙七·五	「悳」字殘存頂端之箭頭形，最具特徵，依下文亦非悳字莫屬。
038		戠季乃〜	乙八·二	祇殘存一筆，不詳何字。
039		㠯〜三恒	乙八·二四	
040		㠯〜天尚	乙八·三二	
041		四〜先羊	乙九·六	疑是「旾」字殘去下半。
042	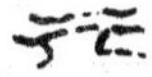	〜神是亯	乙九·一八	或釋作「群」，誤，當是「亓」或「百」字之殘。
043		帝曰繇〜之哉	乙九·三二	疑是「敬」字之剩筆。

編號	字形	辭例	出處	說明
044		神～各之	乙一〇・一〇	據上下文，乃「則」字殘存其半。
045		～敬隹備	乙一〇・	疑「民」字殘去下半，或以為「欽」字之殘筆。
046		戚隹天～	乙一〇・三二	
047		～□百神	乙一一・一一	
048		□～百神	乙一一・一二	
049		不欽～行	乙一一・二一	
050		帝⿰爿酉繇吕亂～之行	乙一二・三二	

051

～則述
乙一二・二六
「祀」字之殘。「祀則述」讀為「祀則遂」。

052
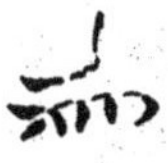
民少又～
乙一二・三二

053

不可已～
丙三・一

054

乍～北征
丙四・一
北上一字僅存殘畫，或以為「事」字，「作事」、「作大事」帛文習見。

055

武～□亓敔
丙一・四

056

武□～亓敔
丙一・五

057

少杲亓～
丙四・三

058	059	060	061	062	063	064

～龍亓□	□龍亓～	不見月在～	亓～亓邉	～大不訢于邦	攱～□	攱□～
丙四·三	丙四·六	丙五·三	丙六·二	丙七·二	丙八·一	丙八·一

069	068	067	066	065

……～	……～	昜□～	可～□	可㕣～
丙一二・四	丙一二・四	丙一〇・一	丙九・三	丙九・二
		此似羕字稍殘；或以為義字。		乃[illegible]字殘去下半。

楚帛書文字編索引

單字

一畫

001 一
002 乙

二畫

003 二
004 十
005 八
006 九
007 人
008 乃
009 又

三畫

010 之
011 亡
012 三
013 下
014 于
015 才
016 土
017 大
018 山
019 上
020 川
021 千
022 凡
023 夕
024 女
025 子

四畫

026 方
027 火
028 王
029 五
030 天
031 不
032 帀
033 木
034 亓
035 戈
036 日
037 曰
038 内
039 少
040 水
041 勿
042 壬
043 分
044 月
045 凶
046 允

五畫

047 玄
048 正
049 丙
050 可
051 未
052 卉
053 凡
054 四
055 北
056 出
057 白
058 乍
059 生
060 凥
061 民
062 㠯
063 弗
064 司
065 母

六畫

066 亥
067 州
068 羊
069 百
070 㢟
071 西
072 至
073 臣
074 夸
075 而
076 共
077 寺
078 𠩺
079 成
080 孛
081 同
082 此
083 朱
084 凶
085 自
086 各
087 氒
088 伐
089 行
090 邦

七畫

091 吝
092 宎
093 祀
094 汩
095 妻
096 攼
097 赤
098 攻
099 折
100 步
101 邑
102 見
103 身
104 利
105 备
106 兵
107 余
108 夋
109 甬

八畫

110 妾
111 於
112 祓
113 炎
114 雨
115 東
116 述
117 青
118 奉
119 事
120 者
121 長
122 取
123 或
124 武
125 亟
126 尚
127 明

128 杲

129 芺

130 非

131 隹

132 季

133 秉

134 征

135 所

136 命

137 咎

138 禹

139 姑

140 建

九畫

141 帝

142 高

143 室

144 為

145 洹

146 祝

147 神

148 首

149 春

150 相

151 故

152 哉

153 城

154 型

155 敨

156 是

157 昜

158 星

159 胃

160 思

161 則

162 旻

164 祡

165 秋

166 疾

167 欲

168 風

169 逃

170 紀

171 晉

172 退

173 降

十畫

163 ⿰血夭
174 旁
175 宵
176 畜
177 訓
178 浴
179 涉
180 夏
181 素
182 恭
183 逜
184 ⿰或阝
185 倀
186 倉
187 朕
188 脨
189 垔
190 陵
191 陞
192 遲
216 殺

十一畫

193 章
194 羕
195 淺
196 雲
198 黃
199 匿
200 曆
201 昏
202 堵
203 ⿰土戔
204 衆
205 婁
206 ⿰爿吉
207 ⿰爿酉
208 莫
209 戢
210 既
211 敦

212 臬
213 祭
214 從
215 進
217 參
218 終
219 絀
220 晝
221 禼
222 敢

十二畫

197 堯
223 童
224 奠
225 惠
226 惪
227 精
228 朝
229 [illegible]
230 單
231 睹
232 閏
233 惻
234 [illegible]
235 萬
236 遉
237 無
238 欽
239 智
240 戠
241 [illegible]
242 [illegible]

十三畫

243 福

244 義

245 電

246 ⿺辶⿰隹刂

247 ⿱大能

248 穀

249 敺

250 虘

251 ⿱虘又

252 敬

253 豙

254 備

255 亂

256 會

257 經

258 群

十四畫

259 禕

260 梧

261 聚

262 ⿱之皇

263 奎

264 像

265 敘

266 鈙

十五畫

267 ⿺辶童

268 ⿺辶⿰方羊

269 澫

270 ⿱雨足

271 ⿰歹翏

272 ⿸虍昏

273 墨

274 ⿰爿戚

275 數

276 ⿱臤火

277 與

278 街

279 ⿰魚戈

十六畫

280 龍

十七畫

281 襄
282 熏
283 靁
284 榑

十八畫

285 襡
286 瀉
287 臺
288 𧾋
289 職
290 嫯
291 蘵
292 嬰
293 罾
294 谿

十九畫

295 瀧
296 ⿱竹鼓
297 鍰

二十畫以上

298 ⿱雨䀠
299 難
300 ⿱豈又
301 ⿰鳥異
302 ⿰亯䖵

重文

001 孛=
002 尚=
003 喜=
004 ⿰亻魚=
005 夢=
006 墨=
007 ⿰弓卤=

合文

001
一月

002
七日=

003
八日

004
上下=

005
日月=

006
至于=

曾先生賜鑒：
數日前奉寄去一函，諒已收訖。今日見拙文《長沙帛書通釋校補》已刊於《江漢考古》一九八九年第四期。該文原擬在《湖南考古輯刊》發表，編輯又轉稿於湖北，誠匪夷所思。拙稿投稿一年即正式發表，速度之快，亦為僅見。前說釋鰥，邦乃已收入拙文，其它鄙見尚祈方家閱後賜教。拙文《長沙銅量銘文補釋》刊於前年《江漢考古》第四期，照閱本據說早已寄出，但我未收到，可能遺失，經我多次詢問，又託黃錫全君催促，昨日才收到補寄照閱本二冊。今奉上一冊，以踐前年在長之諾，拖延至今，尚祈見諒。餘不宣。即頌
時綏
何琳儀再拜
元月七日
吉林大學考古學系　20×15=300　頁

附：何琳儀來信

*楚帛書研究述要

從一九四四年（甲申）秋蔡季襄氏作《晚周繒書考證》首次公布楚帛書材料時算起，關於帛書的研究至今已將近半個世紀了。帛書縱長約三十八公分，橫長約四十七公分，上書蠅頭小字近千文，四隅及周邊繪有青、赤、白、黑之四木及十二彩色圖像，是一幅圖文並茂的十分珍貴的古代墨書真蹟。近五十年來有關它的論著總計在七十種以上，是海內外學者廣泛感興趣的一個課題。隨着中國考古學的發展和現代科技的進步，楚帛書的神秘外衣正慢慢地被剝除下來，其真正內涵亦被逐漸揭示出來。人們了解帛書的真面目已經為期不遠了。現據本人所接觸的材料，將四十多年有關楚帛書研究各方面情況扼要作一概述，藉以瞭解這門學問的成就及其經過的歷程。

*此項研究計劃由中山大學高等學術研究中心基金會資助。

一、楚帛書的出土和墓葬的年代

楚帛書是在抗日戰爭時期被盜掘出來的。盜墓者為了掩人耳目，對於帛書出土的時間和地點總是秘而不宣，甚至「出東道西」，故意製造混亂。蔡氏《考證》只泛稱近年出于長沙東郊杜家坡，因築路動土而發現。此外還有出于三十年代後半期及一九四九年二說。一九六四年商錫永先生作《楚帛書述略》、向曾參與其事者調查，證明杜家坡之說並不可靠。據他調查所得，帛書發現的確實年月為一九四二年九月，墓地在東郊子彈庫的紙源沖（又名王家祖山）。一九七三年五月，湖南省博物館對這座被盜過帛書的墓葬進行了發掘，除進一步弄清墓葬形制和棺槨結構外，還出土了一幅人物御龍帛畫和一批器物。這次發掘對於弄清墓葬的年代和帛書的出土情況，提供了可靠的依據。

墓地位于長沙東郊子彈庫，墓葬結構為一槨二棺，是一座中型的戰國木槨墓。盜洞緊貼北壁，由地面直達內棺，棺內骨架完整，經鑒定為年約四十歲左右的男性，根據戰國棺槨制度結合帛畫上男性的形象來判斷，墓主人應是士大夫級的貴族。隨葬器物除帛畫平放在槨蓋板下面的隔板上外，絕大多數置於頭箱和邊箱。據盜掘者的回憶，帛書確出於頭箱，發現時摺疊為八摺，一端搭在三腳「木寓龍」的尾部，一端搭在裝盛泥金版的竹笥蓋上，與蔡氏所謂「書用竹笈貯藏」者異。至於墓葬的年代，發掘報告根據出土陶器的組合及泥金版等特徵，斷其約在戰國中、晚期之交。帛書的年代亦可據此而定。

二、帛書的流傳與照片摹本的派生

楚帛書現藏美國大都會博物館，其流傳經過及現存各種照片摹本的源流，簡記如下：

一九四二年九月　楚帛書在長沙子彈庫墓地被盜墓者掘出。不久為長沙唐鑑泉（經營裁縫兼營古董的商人）所得。

唐鑑泉寫信給當時在重慶的商承祚先生以帛書求售。商先生託友人沈筠倉前往了解情況，據説當時的帛書是「大塊的不多，小塊的累累」。

同年冬　正當商先生與唐裁縫反覆議價之際，適蔡季襄回到長沙，帛書遂為蔡氏所得，蔡氏請有經驗的裱工將帛書加以拼復和裝裱。

一九四四年秋　蔡季襄氏取舊藏帛書及同出器物影本加以董理，命長男蔡修渙按原本臨繪帛書圖文，自作考釋，成《晚周繒書考證》一書。

一九四五年春　蔡季襄《晚周繒書考證》印行。書中收有套色的蔡修渙臨寫本，是為最早流行之帛書臨本。此一臨本又經多次複製和重摹，多見於早期刊布的書刊。如：

(1)蔣玄佁《長沙（楚民族及其藝術）》第二卷，圖版二八A據蔡本重摹而略去表示殘文和缺文的方框（一九五零年）

(2)鄭振鐸《中國歷史參考圖譜》圖版十六·圖一〇〇採自蔣本。（一九五零年）

(3)陳　槃《長沙楚墓絹質彩繪照片小記》，插圖據蔡本照片重摹。（一九五三年）

(4)饒宗頤《長沙楚墓時占神物圖卷》，附圖據蔣本複製。（一九五四年）

(5)日本平凡社《書道全集》第一卷，圖版一二七——一二八採自饒本。（一九五四年）

(6)董作賓《論長沙出土之繒書》插圖翻自蔡本。（一九五五年）

(7)《文物參考資料》一九五五年第七期，圖版二四採自蔡本。

(8)《抗議美帝掠奪我國文物》圖版四四翻自蔡本。（一九六零年）

(9)李學勤《補論戰國題銘的一些問題》插圖採自蔣本（一九六零年）

(10)錢存訓《書於竹帛》（英文）附圖翻自蔣本。（一九六二年）

(11)《文物》一九六三年第九期封底圖片翻自蔡本。

(12)巴納（Noel Barnard）《楚帛書譯註》（英文）封底紙袋内套色圖本翻自蔡本。（一九七三年）

(13)莊申《楚帛書上的繪畫》套色插圖採自蔡本，（一九八三年）

一九四六年

抗日戰爭勝利後，楚帛書由蔡季襄攜至上海，旋由美人柯克思（John Hadley Cox）帶至美國。初存于耶魯大學圖書館，繼入藏於弗利亞美術館（The Freer Gallery of Art）。

一九五二年

弗利亞美術館將帛書拍成全色照片。據照片摹製的摹本已先刊行，而照片則久未發表，直至一九六四年才由商承祚先生在《文物》上加以刊布。據弗利亞美術館照片摹製的摹本有：

(1)梅原末治《近時發現的文字資料》（日文）所附的局部摹本。（一九五四年）

(2)饒宗頤《長沙出土戰國繒書新釋》所作原式摹本。（一九五八年）

(3)巴　納《楚帛書初探》（英文）所附棋格式摹本。（一九五八年）

(4)李學勤《戰國題銘概述》（下）插圖採自梅原氏本。（一九五九年）

(5)鄭德坤《中國考古·周代》所附李棫臨寫本。（一九六三年）

(6) 商承祚《戰國楚帛書述略》所作套色摹本。（一九六四年）

(7) 林巳奈夫《長沙出土戰國帛書考》所附摹本。（一九六四年）

(8) 楊　寬《戰國史》圖版十五採自商本（一九八零年）

一九六三年　楚帛書寄存於紐約大都會博物館（Matropolitanmusum）。

一九六四年　楚帛書易主為紐約戴氏所有。一九六四年秋饒宗頤先生在戴處獲睹原物，並據以寫成《楚繒書十二月名覈論》一文。

一九六六年　楚帛書歸沙可樂（A. M. Sackler）氏。

同年一月　大都會博物館試用紅外綫拍攝帛書照片（其攝影技術據巴納所記英文為：Ektachrome Ingrated AEzo Film—Type 8443）獲得成功，圖文異常清晰。紅外線照片及據此照片摹製的摹本見于：

(1)《沙可樂所藏楚帛書》（英文），此為美國哥倫比亞大學學術會議印發的說明書。正面印有帛書彩色照片，反面印着紅外線黑白照片和出於巴納博士之手的棋格式摹本。（一九六七年）

(2) 饒宗頤《楚帛書之摹本及圖像》，此文作於哥倫比亞大學學術研討會後，作者以所得放大十二倍之紅外線照片校正棋格式摹本若干則，文中載有紅外線照片和作者新作之摹本。（一九六八年）

(3)《古代中國藝術及其在太平洋地區之影響》（英文）。此為哥倫比亞大學學術研討會論文集，卷首印有帛書紅外線照片，書中刊出巴納《楚帛書及其他中國古代出土文書》一文所附的棋格式摹本，其中文字部份與說明書上的摹本相同。（一九七二年）

(4)巴納《對楚帛書的科學鑑定》（英文）。卷首印有帛書的紅外線照片，書中的棋格式摹本是作者上一摹本的修正。（一九七二年）

(5)巴納《楚帛書譯註》（英文），書末附有六幅疊印的紅外線照片和裝在封底紙袋內略去棋格的新摹本及釋文各一幅。（一九七三年）

(6)錢存訓《中國古代書史》（據英文版《書于竹帛》增訂而成）圖版二〇翻自巴納一九七三年摹本。

根據上述各本源流，可將楚帛書照片摹本的派生情況表示如下：

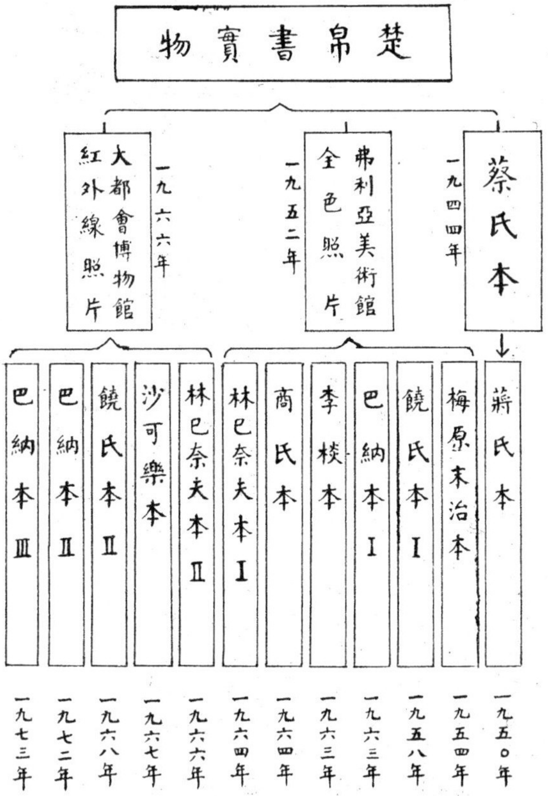

二、幾種主要摹本的比較

帛書的原始材料，是研究者據以工作的基礎。但是關於楚帛書的第一張照片直到一九六四年商承祚先生作《戰國楚帛書述略》時才首次刊行。儘管當時在海外已有更為清晰的紅外綫照片流傳，但對於大多數學者、尤其是在內地的學者來說，研究工作的主要依據仍然是摹本。如上所述，四十多年來先後流行的摹本計有十二種之多，大致上可以分為三個階段：自一九四四年至一九五四年前後差不多十年，各種摹本都直接間接來源於蔡修渙臨寫本；自一九五四至一九六四年即第二個十年，蔡氏本漸為弗利亞美術館全色照片所派生的摹本所代替，這一時期可以商承祚先生和林巴奈夫氏的摹本為代表；第三階段自一九六六年到現在，弗利亞美術館全色照片很快被紅外綫照片所取代，而以饒宗頤先生和巴納博士所作的摹本最具權威，下面就此五種摹本作一簡單介紹和比較。

(一)蔡修渙臨寫本

此本是帛書的原始臨寫本，亦是唯一據實物測繪而成的摹本。由於帛書在墓中泡浸多年，墨書筆迹已不清晰，且絹本已變成深褐色，幾與墨迹無別，難以辨識；加上蔡修渙本人缺乏文字知識，當時臨摹所遇到的困難是可以想見的。蔡氏根據肉眼所見將墨書筆畫臨下，凡漫漶不清及殘缺的字則用□號標示。整個寫本包括帛書三部份文字在內，僅存五九二字，其中摹誤有一三三字，基本上摹對的字僅得四六零個左右，還不足帛書原文的一半。但就整體而言，蔡氏本尚能反映帛書的全貌，將它與最清晰的影本相比較，兩者在字數和行列上仍大體吻合，可見直接從實物上臨摹的蔡本是可信的。其次，此本還保存了帛書四隅樹木和周邊圖像的顏色，雖然有人對其正確程度表示過懷疑，但帛書剛出土時顏色較為鮮明是完全可能的。蔡氏按其顏色填實，使我們還能看到二千多年前礦石顏料設色的彩圖，即使在今天仍不失為珍貴的第一手資料。

(二)商承祚摹本

商錫永先生對長沙出土文物向有濃厚的興趣，由於他與楚帛書有過一段即將到手的因緣，因而對它更有特別的愛好。一九五七年商先生千方百計從海外友人處弄到弗利亞美術館全色照片之後，即開始做詮釋工作，並於一九五九至一九六四年反覆核校臨摹，僅一九六四年四至六月即三易其稿，下面從其曬藍摹本存稿中摘錄題記數則，以見一斑。

一九六四年四月廿二日記云：

一九五七年冬，得帛書原寸照片。求之三載，得之一朝，展讀忻然。一九五九至六二年間，雖數以初稿校仇，認為仍有問題存在。今乃逐字思量，相互比附，反覆探索，每至目眚，不敢草率，必求心之所安而後已。再稿既定，其准確性約百分之九十，百尺竿頭，待諸昱日。

五月廿九日題曰：

重新校正第二次曬藍本。

六月二日又記云：

此為最末一次之寫定本，厥後當不至有過大之更動。于照片窮目力之所及，盡心鈎稽，務求正確而後已。恢復舊觀既不可能，然視各家寫本自有天壤，而為研究帛書者提供可靠之素材。宿願旣償，亦自快慰。

經過如此反覆修改和重摹，最後於八月間寫定《戰國楚帛書述略》在《文物》發表。文中歸納摹寫過程中的五種困難，備嘗其中甘苦。列出摹本與前此諸家寫本相校，確實精細無比，處處可見作者之苦心孤詣，如摹本上面另用透明紙描繪帛書拼復圖，分別以實綫和虛綫標示拼接的正誤，將它覆蓋在摹本上，即可見到帛書拼接的情形。字的摹寫完全按照影本。由于作者吸取了饒、李、安、陳諸家的成果，又「于照片窮目力之所及盡心鈎稽」，故摹本字數大增，字的結構體勢亦與真迹最為接近。經與紅外線照片相校，此本包括甲、乙、丙三篇在內，計摹存八三九字，其中殘文一零五個，誤字九十一個，正確無誤的字增至六四三個，視蔡氏本增加將近二百字，這對進一步理解帛書的內容起了很大的作用。此本刪去蔡本甲篇下端誤衍的二列方框及丙篇首段文字的第一列方框都非常正確，對于乙篇當帛書對摺處磨損最劇的一列文字的處理亦極恰當，但于乙篇一至六行第三十字處均衍出一列缺文符號，則與實際不符。此外，四隅樹木和周邊圖像除線條互有顯晦，顏色深淺互有出入之外，大體與蔡本相同。惟東南隅「秉司春」下之樹木蔡氏本與紅外線照片均為一紅色嫩枝，而此本則誤為一紫色的渾身布滿斑紋的異獸，使四隅之一隅並無樹木與之相配。影片中某些非筆畫的斑紋亦往往當作字畫而致誤。這些問題，固然與所據影本不夠清晰有關，但作者在摹寫過程中過分「把全部精力放在摹的上面」，而「不大注意文句和辭義」以及構圖的整體性，似乎亦有一定的關係。

三、林巴奈夫摹本

差不多與商先生發表上述摹本的同時，林巴奈夫氏在京都大學人文科學研究所《東方學報》上刊出長文《長沙出土戰國帛書考》，該文在紙袋內附一摹本，亦是據弗利亞美術館全色照片摹寫的。不過林氏所得照片比商先生所見者顯然要清晰得多，如甲篇七行之「十日」，商先生誤為「相君」，此本則不誤；乙篇首行之「春夏秋冬」，二行「天墜」之墜（即地字，林氏疑是陵字），三行「月閏」之閏字等，前此諸家均模糊不清，或缺或訛，此本雖有小誤，然皆清晰可見。與紅外線照片相校，林氏此本計摹存八七一字，正確無誤者增至六八三字，較商本又更進一境了。

林氏本於四隅樹木僅西北隅表示冬季的樹葉用筆尖點出，其餘三隅之樹葉則不用筆尖而用細綫勾出葉的輪廓，與蔡氏本及紅外綫照片所示不盡相同。

此本在丙篇第九段文字「玄司秋」外覆蓋一透明紙，上摹帛文三行，行約六、七字，為他本所未見，梅原氏說是另一帛書印在這一帛書上面的殘畫，字迹多泯滅，難以辨認。

四、饒宗頤摹本

在研究楚帛書的學者中，以饒宗頤先生所作摹本最具代表性。他前後共做過二個摹本：（他的一個據蔣玄佁臨寫本複製，發表在香港大學《東方文化》一卷一期（一九五四年），不算摹本。）第一個據梅原末治提供的全色照片臨摹，作為《選堂叢書》之四在香港刊行（一九五八年）；第二個據紅外線照片按原式摹出，刊於台灣《故宮季刊》三卷二期（一九六八年）。這兩個摹本代表着帛書研究的兩個階段，尤以第二個摹本在文字上的貢獻最大（此本只摹録文字，未繪四隅樹木及周邊圖像）。没有機會獲得清晰照片的學者有了這個摹本，文字資料的問題便基本上解決了。此一摹本之所以精確度高，是因為作者除獲得沙可樂氏贈送之紅外線原大及放大照片之外，還得到美國大都會博物館考古工作室放大十二倍之照片共一百一十張，此套特大照片對於考察帛書書法與校正殘字殘畫有莫大幫助。筆者在香港工作時，曾據這套照片推定楚帛書的基本字數，計甲篇三段文字二六七文，乙篇三段文字四一二文，丙篇十二段文字二七三文，三篇合計九五二文，如果連同未知的缺文在內，整幅帛書的原有字數，估計在九六零字左右。據紅外綫照片，包括完整和不完整的文字在內，帛書實存字數可達九二二文。而饒先生此本除少數僅存點畫的殘文外，計摹存九一二字，内殘文九六字，正文八一二字，摹本與照片出入較大者僅五字而已。且正確無誤的字比上階段最佳之商氏本、林氏本來，竟激增一百數十字。由於此百餘字之被發現和被認識，使楚帛書的研究產生了新的飛躍。

饒先生此本在摹寫方面亦體現了帛書書法藝術的特色。根據他的研究，帛書字體介乎篆、隸之間，形體扁平，用筆圓中帶方；書寫特點是橫寫起筆先作縱勢，收筆則略帶垂鈎；縱寫往往故作欹斜，整個結體以不平不直取態，故能挺勁秀峻，精妙絶倫。饒先生反覆從放大十二倍照片中潛心領悟真迹之運筆體勢，故摹寫時落筆輕重適度，提按分明，字畫疏密有緻，方圓相濟，最能存帛書真迹之神韻，看來十分逼真，李零謂『此本最為存真，是目前所見的最好帛書摹本。』並非過譽。

饒本最為存真的另一表現，是完全按照帛書原式摹寫，不作任何更動，其行列雖不如棋格式一目瞭然，但卻是帛書面貌的如實再現。其中，對於乙篇原帛對摺處磨損最劇一列文字的處理尤具卓見，鑑於此一涉及帛書行款的問題研究者歷来頗有分歧，筆者想借此機會加以辯正。

考乙篇對摺處的絹帛裂縫適當各行第十六與十七字之間，自蔡氏本開始便將殘損之字誤析為二，諸家摹本則違從參半。一九五八年巴納博士發表《楚帛書初探》，首創用棋格式處理帛書行列，正式在裂縫處空出一行，以示缺文。一九七三年巴納氏著《楚帛書譯註》，其摹本乃將前六行與後六行分別處理，前六行仍有缺文。饒先生此本不用一刀切的辦法，而是根據影本實事求是地加以處理，態度比較客觀。下面是對這列殘文加以考察的結果和意見。

細審影本，絹帛裂縫處雖損及同列左右之帛文，卻未傷及上下相鄰之字。被損帛文大都可以復原，上下文義亦通達無礙，並無缺文痕迹。

首行裂縫適當『冬』字下半，冬下並無缺文。此二句讀『春、夏、秋、冬，又□尚尚』。尚字重文符號，據放大照片尚清晰可辨。

第二行裂縫在『元』字之下，『方』字之上，中間亦無缺文。此句讀『降于其方。』近時饒先生根據《廿氏歲星法》『日有亂民，將有兵作於其旁。』以為帛文『其方』即『其旁』。

第三行裂縫適在『嵒＝』正中，原文當作嵒＝，即喜字之殘，下有重文符號，讀為『譆譆！』，是災異出現的驚嘆詞，亦有文獻可徵（見《左・襄・三十年傳》）。

第四行裂縫所在之字不識，殘存『堊』形，影本上下亦無缺文。

第五行裂縫適殘去『日』字上半部。此句讀為：『女（如）曰：「亥隹邦所」』，據饒先生所考，亦有確解。

等六行裂縫在『寺』正中，影本尚清晰可見。『寺』讀為時，『三寺』即三時，其上下亦無缺文。

以上六字，棋格式摹本或在字之上下留出空格，以示缺文，或一字誤析為二，皆失之。

至於第七行『出内（入）囗同』之「内」字；第八行『厝吕為則』之「吕」字；第九行『五正乃明』在『乃』與『明』之間；第十行『隹天作实』之「实」字；第十一行『山川萬浴』之「川」字；第十二行『是則鼠至』之「至」字，皆在絹帛摺縫之斷口處，而字字均可復原，上下文句亦無窒礙，由此證明後六行情形正與前六行相同。而棋格式摹本于此六行概無缺文之標誌（按『出内囗同』内下缺文與裂縫無關），更可反證前六行之缺文符號乃是人為所增益，實際情況並非如此。

此外尚有一重要之旁證，即此一絹帛裂縫亦通過乙篇右側之四首形圖像（或稱為『如』月的月神），倘在裂縫之字析而為二或其上下原有缺文，則字與字之間的距離必然大大拉長，位於右側之圖像亦必然隨之而有相應拉長距離的自然表現。可是細察紅外線照片，此圖像之四首形表現得整齊勻稱並列，位於上方之一首雖為裂縫所傷，然其比例亦如其餘三首一樣，中間並無拉長的痕迹。整個圖像約占五列（一六——二〇）位置，上方一首恰與『冬』字一列平行，下方一首則幾與『胃=』一列等齊（順便指出，巴納博士一九七三年略去棋格的摹本為牽合此五列中有缺文，而不得不把整個四首形圖像上移，使下方一首上升至『尚』字之右上方，與影本大異。將摹本與影本比照自明）。由這一圖像之完全符合比例，可以推知與之對應的五列文字中間並無缺文存在，且由此更可驗證饒先生摹本的處理辦法，才真正符合楚帛書的原來面貌。

五、巴納摹本

巴納博士於一九五八年首創棋格式摹本。紅外綫照片誕生後，又連續發表過幾個摹本，其特點是採用棋格處理帛書行款，以空格代表缺文，虛綫代表殘文，其後又用密集的斜畫代表殘文殘去的部份。每個方格均有編號，甚便稱引，故為多數學者所採用。博士於一九六六年被紐約大都會博物館延聘為學術顧問，親自指導紅外線帛書照片的拍攝工作，因而有機會獲得最佳之影本。一九七二年摹本所據影本清晰度最高，又能兼收衆本之長，所謂『後出轉精，後来居上』，是目前影響較大的摹本之一。筆者以放大十二倍之照片重校，計甲篇存二六二文，乙篇存四零二文，丙篇存二四二文，共摹存九零六文，除去殘文一零九個，誤字九個，正確無誤者七八八個，不愧是帛書寫本中的佳作。

一九七三年，巴納博士在《楚帛書譯註》封底紙袋内還附有作者的自摹本一幅，是去掉棋格的帛書復原圖（其大小與帛書相若），亦是目前流傳較廣的帛書資料。但此本雖去掉棋格，而行款仍一依棋格式安排，乙篇一至六行之十六、十七、十八三列及丙篇末段文字，據照片知其明顯有誤。又摹本中凡是作者認為可識之殘字，概以完整之字代入，其用意固在恢復帛書原貌，但對某些有爭議之殘字則未免失之武斷；如乙篇七行第二十九字影本作『[illegible]』，論者或釋同、或釋公、或釋同、或釋也，迄無定說，而摹本逕以完整之『同』字出之，則無爭議之餘地矣。再次，此摹本幾以字粒摹印，無法看到一字之不同寫體，如『女』字在帛書中出現十次，據影本有[illegible]、[illegible]、[illegible]

、㞢、㞢幾種寫法，而摹本概以㞢形出之，表面看來似乎整齊劃一，實則反易造成失真，這是使用時必須加以注意的。

附：楚帛書幾種主要摹本字數比較表

帛書原有字數			蔡修渙摹本字數				商承祚摹本字數			
篇	段	字數	摹存字	殘字	誤字	正字	摹存字	殘字	誤字	正字
甲篇（八行）	一段	125	73		8	65	117	20	8	89
	二段	100	76		7	69	100	8	4	88
	三段	42	21		8	13	41	5	11	25
	小結	267	170		23	147	258	33	23	202
乙篇（十三行）	一段	148	97		21	76	130	16	19	95
	二段	200	152		34	118	187	15	15	157
	三段	64	50		6	44	62	5	5	52
	小結	412	299		61	238	379	36	39	304
丙篇（邊文）	一段	30	13		4	9	23	5	7	11
	二段	24	10		4	6	18	3	4	11
	三段	17	2		1	1	7	1	1	5
	四段	24	14		6	8	20	5	4	11
	五段	29	12		5	7	24	6	3	15
	六段	26	15		8	7	26	5	1	20
	七段	21	14		4	10	17	1	2	14
	八段	26	8		1	7	15	5	1	19
	九段	17	5		1	4	10	1	1	8
	十段	17	6		3	3	8	2	2	4
	十一段	25	21		10	11	25			25
	十二段	17	3		2	1	9	2	3	4
	小結	273	123		49	74	202	36	29	137
三篇總計		952	592		133	459	839	105	91	643

紅外線照片字數				饒宗頤摹本(II)字數				巴納摹本(II)字數				林巳奈夫摹本字數			
小計	整字	殘字	缺字	正字	誤字	殘字	摹存字	正字	誤字	殘字	摹存字	正字	誤字	殘字	摹存字
125	111	13	11	107	1	13	121	108		13	121	100	8	12	120
100	95	5		90		10	100	86		14	100	83	8	9	100
42	36	5	1	36		6	42	33		8	41	27	6	7	40
267	242	23	2	233	1	29	263	227		35	262	210	22	28	260
148	130	12	6	130		14	144	125	2	13	140	111	10	16	137
200	188	11	1	180		18	198	176	2	20	198	154	11	25	190
64	58	6		56	1	7	64	56	1	7	64	53	4	5	62
412	376	29	7	366	1	39	406	357	5	40	402	318	25	46	389
30	26	4		26		3	29	26		4	30	17	4	6	27
24	24			23		1	24	23		1	24	14	2	5	21
17	7	2	8	7		2	9	6	1	2	9	4	1	2	7
24	22	2		20		3	23	17		4	21	15		4	19
29	24	2	3	22		4	26	21	1	4	26	15	5	5	25
26	23	3		21	1	4	26	20	1	4	25	21	2	3	26
21	20	1		19	1	1	21	16	1	3	20	13	5	2	20
26	23	3		17		4	21	16		5	21	11	5	4	20
17	13	2	2	12		2	14	11		3	14	7	1	3	11
17	15		2	14		1	15	15		1	16	7	3	3	13
25	25			24		1	25	25			25	25			25
17	9	2	6	7	1	2	10	8		3	11	6		2	8
273	231	21	21	212	3	28	243	204	4	34	242	155	28	39	222
952	849	73	30	811	5	96	912	788	9	109	906	683	75	103	871

四、楚帛書文字的考釋與内容的探究

帛書文字的考釋，是隨着文字資料的逐步完善而不斷推進的；對其内容的認識，亦是隨着文字之獲得確解而相應加深的。若從時間上劃分，四十多年来帛書文字考釋工作大致可以分為三個時期。

從四十年代中期到五十年代中期，是以蔡修渙臨寫本及其複製本為研究對象的時期。如前所述，蔡氏本所見帛書文字不及原文之半，且多殘辭斷句，因此，這一時期只能據可以考見的個別辭句對帛書内容加以推測。如蔡季襄氏《晚周繒書考證》據帛文中有「乃命山川四冐」、「是邦四時」、「青木、赤木、黃木、白木、墨木之精」及「羣神五正」、「羣神乃嘗」等項文義，推測帛書内容為「古代祀神之文告」（按上蔡氏釋文之冐為冒之誤，邦為隹之誤，時為寺之本字，嘗乃悳即德字之誤）。蔡氏書中除對羣神、五正、五木及五木之精等考證尚經得起時間考驗外，其餘多因文義不全或誤釋，主觀臆測之説自不可免。由於蔡書當時流通未廣，五十年代從事帛書研究諸家均不是從蔡本直接取材，而是輾轉從蔡本派生出来的再摹本取材進行研究的。諸家所據本雖不及蔡本，卻往往有新的發現可正蔡本之違失。如一九五三年陳槃氏作《先秦兩漢帛書考》，後附《長沙楚墓絹質彩繪小記》，讀帛文之「寺」為時，謂「寺雨」、「四寺」即時雨、四時，可正蔡氏以時雨為「祀雨師之神」，四時為「嬴秦時祭祀五帝壇址」等臆説。但陳氏以為帛書「文紀祀神，四正邊所畫者蓋即其所祀神及祀神之牲獸」則與蔡氏無別。一九五四年，饒宗頤先生據蔣氏本作《長沙楚墓時占神物圖卷》，分別考證帛書所紀四時與五木、五正；帛書所見之楚先公及楚方言古語；帛書所見之古文奇字等。認為『圖中文字記四時五正及月令出行宜忌，殆為楚巫占驗時月之用；而施之墓葬，以鎮邪魅。』一九五五年，董作賓氏在《論長沙出土之繒書》中考定帛書的『隹』字與『帝夋』，並據四時與四方之序確定帛書應以上冬下夏為正，與前此諸家的置圖方向相反。至于帛書內容，董氏據『帝曰繇』以下一段比較完整的文字，認為帛書全文在宣揚古代帝王『天道福善禍淫』的遺訓，而要點則在所崇拜之天神。

就在陳、饒、董等據蔡氏本的殘辭斷句探索帛書內容的時候，弗利亞美術館的全色照片開始在學術界露面了。第一個利用這一照片研究帛書的學者是日本的梅原末治先生。他在《近時發現的文字資料》中首次介紹了弗利亞美術館用特殊底片攝成的帛書照片。認為這個照片比原物清晰，將會給帛書的研究帶來『新的希望』。但梅原氏所揭示的僅是這一照片的局部摹本（即八行一篇的上半段約百字左右），未作考釋。發表這一照片的整個摹本並重新加以考釋的是饒宗頤先生。饒先生從梅原氏處借到弗利亞美術館照片後，立即加以臨摹，並以《長沙出土楚繒書新釋》為題將摹本公諸同好。作者新作的摹本和釋文比起蔡氏本来竟多出一百多字。《新釋》之作雖然志在呈材，但文中對若干文字的詮釋在當時影響頗大，如釋『炎帝乃命祝融』之祝融，讀『山川四冒』為『四海』、讀『長曰青榦』為青陽等，屢見學者徵引。一九五五年，李學勤先生在《戰國題銘概述》（下）中論及楚帛書，他據蔣氏本參照梅原氏的局部摹本，將帛書內容概括為三個方面，即十三行之一篇是關於天災禁忌及《月令》式的刑德思想；八行的一篇是涉及五行、四時及九州形成的神話；邊圖格式則與《山海經》很相似。次年又在《補論》中專就帛書邊文加以補正。作者除據饒氏提供的新資料重新寫定釋文之外，最重要的是在四邊文字中首次發現十二神名與《爾雅·釋天》十二月名相關，從而指明帛書四周的十二圖像象徵十二月神，神下註神名及職司，兼記該月宜忌。此外，作者還根據斗柄方位確定帛書的放置方向應是上冬下春即蔣圖的反置（與董説相同），指出由月次的方位可知帛書的用曆是『建寅的夏正』。李氏在不到一年裡所發表的這兩篇著作，可看作帛書研究由第一階段到第二階段的過渡，他在前後所作的兩篇釋文中，從下列一些數字可以説明帛書研究的進展。

帛書篇段	《概述》釋文字數	《補正》釋文字數	二者相較所增字數
甲篇（八行）一段	四五	九〇	四五
二段	七五	八八	一三
三段	五	二四	一九
乙篇（十三行）一段	九三	一〇三	一〇
二段	一四四	一五八	一四
三段	四六	五七	一一
丙篇（邊文）	三六（四段）	一九五（十二段）	一二三
總計	四四四	六七九	二三五

由於李氏《概述》採用的是訛誤較多的蔣氏本，故釋文中釋出的字還不如蔡本的多。兩相比較，《補正》竟比《概述》增加出二百餘字，而以四邊文字所釋增益尤多。李氏正是憑着全色照片邊文首字可與《爾雅》月名相通，才有這個突破性的發現。但他的説法當時尚未為人所接受。待到一九六四年饒宗頤先生在紐約見到真物，發表《十

二月名覈詁》，此說才正式被肯定。

從五十年代後期到六十年代中期，是以弗利亞美術館照片及其摹本為研究對象的時期。這一階段的文字考釋，已經可以通讀某些比較完整的句子，對帛書內容的理解，亦可以深入到具體區分章節的地步。除饒、李二氏的著作外，還有陳夢家《戰國楚帛書考》、安志敏、陳公柔《長沙戰國繒書及其有關問題》、商承祚《戰國楚帛書述略》、林巳奈夫《長沙出土楚帛書考》、饒宗頤《楚繒書十二月名覈論》等，這些著作對於文字的考釋和內容的闡發，使帛書研究進入一個嶄新的時期。舉其要者，如甲篇是講日月、四時形成的神話，有關神話人物，上階段僅知有炎帝、帝夋、女皇（或以為女童即母童或女隤）。及女皇所生之四子即四神；此一時期又有作為炎帝帝佐的祝融以及夏商時代的代表人物禹和契（據安志敏、陳邦懷、商承祚先生說），這就使帛書的神話更加具有南方系統的特色，並且同夏、商信史聯繫起來。又如乙篇的中心思想是『天象是則』，而天象災異在蔡氏本中僅見卉木亡常、雷震雨土及日月既亂等殘句。這一時期已經知道篇中反覆出現的『德匿』亦是一種反常的天象（據商先生說），它與孛（彗星）、歲（歲星）的出現，以及日月星辰運行的失當，春夏秋冬時序的相違等，都可以告誡下民對於上天必須『敬而毋戈（忒）』。至於丙篇的十二節文字，據蔡氏本僅可見到零星的神名，根本無法瞭解彼此的聯繫；弗利亞本邊文比蔡本增加近百字，其中絕大多數可推知其神名之首字。自從李學勤先生揭其端倪之後，又經饒宗頤先生從原物觀察，參以古籍所記與原物圖文印證，益信邊文之十二月確不可易。陳夢家先生還將三篇內容聯繫起來，認為帛書中央十三行的一篇述『歲』（日、月），八行的一篇述『季』（四時），四周十二章述一年十二個月及其禁忌。他認為帛書方形的四邊代表四方和四季，方形内則代表日月與四時的陰陽相錯。

當弗利亞美術館照片在帛書研究上發揮作用並獲得重大進展的時候，大都會博物館帛書紅外綫照片試拍成功了。紅外綫照片的特點是，只要絹帛纖維没有受到嚴重的破壞（斷裂或磨損過甚），帛書上原有的筆迹都可以清晰地顯示出来，具有以往任何帛書資料無可比擬的優越性。所以，帛書紅外線照片一出現，全色照片便立刻相形見絀，並且很快被紅外線照片所取代了。

從一九六六年至現在，是利用紅外綫照片研究楚帛書的時期。由於紅外線照片為楚帛書研究開拓了廣闊的前景，使這塊園地呈現出前所未有的繁花似錦的局面。這一時期文字考釋的特點，是朝着全面釋讀並向縱深發展的；在某些難度較大的問題上，亦有了新的突破。在這二十多年間，大抵上可以分為前後兩個階段。前一階段即六、七十年代只局限於少數的海外學者，主要有林巳奈夫、嚴一萍、金祥恒、饒宗頤、巴納等。

林巳奈夫是率先利用紅外綫照片修正自己舊作的第一人。他在一九六六年三月發表的《長沙出土戰國楚帛書補正》，是對其一年前所作的《長沙出土戰國楚帛書考》的重要訂正。前面談到林氏《楚帛書考》所據之弗利亞美術館影本最佳，而此文則是對其據最佳影本臨寫的摹本所作的修正。凡前文所摹所釋之不妥處，此文一一加以重摹重釋，計修正甲篇四十四處，乙篇八十一處，丙篇九十二處，共訂正二百一十七處。紅外線照片的優越性於此可見。

嚴一萍氏《楚繒書新考》作於一九六七年，所據為大都會博物館紅外線照片與李棪齋手攝中間兩段文字照片之印本，行款字數依棋格式摹本，但對丙篇有若干補充。

作者按兩周彝銘以「隹」字起句之例，其釋文定十三行為甲篇，八行及邊文分别為乙篇與丙篇。每篇以行為單位摹録帛文，逐字順次詮釋。文中引商、董、李（棪齋）之説甚多，並有不少新見。如商先生説八行首行開頭之⿱雨龜虘為神名，嚴氏則以為⿱雨龜、虚二字古音相近，故讀⿱雨龜虘為虙戲，亦即伏羲。又謂二行之「女皇」即女媧，並引《路史後紀》女皇氏註，言「女媧本伏羲婦」，證明二者關係之密切。對於丙篇的性質，作者從十二個月所記行事推測，認為可能是當時楚國月令的一部。篇末兼論帛書之曆法為建寅，謂帛書以伏羲為主體而曆法屬於夏正，可見古來三皇三正的傳説有其久遠的歷史。

金祥恒氏《楚帛書「雹虘」解》專為考釋帛書「雹虘」而作。作者認為商先生釋「雹虘」為⿱雨龜虘於史無徵，因改釋雹為從靁勹（勹）聲之雹字。《説文》雹之古文作靁，所從之品帛文簡訛作朋。小篆从雨包聲，帛書則从靁勹聲。故斷帛書之雹虘即《易·繫辭傳》之包犧。文中廣羅古籍有關包羲的記載凡六十餘條，不同寫法達十四種，而以書「包」或「庖」者為最古；「虘」則戲之古字，由此證知帛書之言雹虘不得早於《易·繫辭傳》，為戰國時物無疑。

饒宗頤先生《楚繒書疏證》是一篇全面論述和逐句疏釋帛書文字及内容的長文，作於一九六七年哥倫比亞大學楚帛書研討會之後，所據為大都會博物館紅外綫照片，並參校放大十二倍之最佳影本。《疏證》將帛書全文按八行、十三行及邊文三部份順次詮釋，目的在於「正其句讀，明其訓故。」其中論𪓐為古之熊字，讀萬為冥，與禹並列為夏、商所崇祀之水神，論四時之神以色為號，解十日、四時與共工之關係，論縵絀之為贏縮，天梧之為天棓，以及證三首神為祝融等，都是慧眼獨具的見解。陳槃庵先生在《跋尾》中讚此篇為「勝義繹絡，深造有得，精思卓識，斯可謂難能矣」。

巴納博士是親自參加帛書紅外線照片攝製工作的學者之一。由於他在利用材料方面有較方便的條件，自六十年代後期到七十年代初期連續發表了好幾種關於楚帛書的著作，在新資料的傳布方面有突出的貢獻。一九七三年出版的《楚帛書譯註》是作者同類著作中最具代表性的一部專著。全書分為四大部份：(1)楚帛書的發現；(2)楚帛書的字體和書法；(3)楚帛書譯註；(4)楚帛書的韻律。除(1)、(4)兩部份是過去舊作的修訂外，(2)、(3)兩部份都是新作，尤以第三部份即《楚帛書譯註》所佔比例較大（共一三六頁，約佔全書的一半以上）。書中所附紅外線照片和多種圖表極有參考價值。譯註部份按八行、十三行和邊文為先後，將每篇分成若干段落，分別以隸古定和通行體列出每字的釋文，並註該字在字表中的編號，以備核對。三篇註釋凡一二四條，以引述諸家考證為主，間附己見，簡明扼要，便於查考。

紅外線照片傳入中國內地的時間較遲，直到七十年代末，筆者才在商錫永先生處獲睹巴納博士攝製的紅外線照片，並在拙文《楚月名初探》中據以補充帛書週邊月名的釋文，開始引起研究者的注意。八十年代以來，紅外線照片的有關資料在國內逐漸傳開，重新激起學者對楚帛書研究的興趣，不到十年的時間，先後發表了陳邦懷、李學勤、曹錦炎、李零、高明、何琳儀、朱德熙等七位學者的十一種論著，把楚帛書研究推向一個新階段。

陳邦懷先生《戰國楚帛書文字考釋》原作於六十年代中期，所據為弗利亞美術館全色照片和摹本，寫作過程曾與商承祚先生反覆討論，其釋「禹」字已見於商先生《述略》所引。舊稿考證凡三十四則，發表前據巴納氏摹本加以修訂，刪存二十八則。

李學勤先生看了巴納博士《楚帛書譯註》的紅外綫照片，又在美國大都會博物館親睹帛書原物之後，覺得對過去的一些看法有重新討論的必要，連續發表了楚帛書專論三篇，通論一篇。除對帛書文字重作釋文和註解，訂正不少前說之外，更加系統地闡明自己對帛書研究的新見，多與前人不同。李氏首先根據楚地出土古圖皆「以南為上」這一傳統，修正自己過去「以上冬下夏為正」的看法，重新確定帛書的擺法亦應該「以南為上」。進而按照帛書文字內容和佈局，將中間八行者稱為《四時篇》，十三行者稱為《天象篇》，環繞四周的邊文則稱為《月忌篇》。並寫成《楚帛書中的古史與宇宙觀》專論《四時》篇，《楚帛書的天象》專論《天象》篇，《再論帛書十二神》專論《月忌》篇。作者認為：《四時》篇講四時和晝夜的形成，涉及古史傳說，對研究當時的宇宙觀有重要價值。其中關於傳說古代帝王的名字，如包犧、炎帝、祝融、共工等，對楚史的研究具有特別重要的意義。《天象》篇所論災異乃指彗星和側匿兩項，彗星包含天棓和孛，側匿則兼括贏縮，其餘均為彗星和側匿所派生。並指出《天象》篇的內容接近於《洪範五行傳》，應屬於先秦的陰陽家。《月忌》篇的性質亦同《四時》、《天象》篇一樣，應是古代的數術書籍，並從篇中有十二神而推論它與「六壬」的十二神應有一定的淵源。《楚帛書通論》則在三篇專論的基礎上，就楚帛書的性質和內涵作總的分析，以說明它在學術文化史上的重要地位。

曹錦炎《楚帛書〈月令〉篇考釋》討論帛書四週邊文的性質，以為按其內容可稱之為《月令》篇。作者將帛書邊文與《呂氏春秋．十二月紀》及《禮記．月令》等互相印證，認為它們實際上具有同一性，但前者比後者原始，故帛書《月令》篇應是《禮記．月令篇》的濫觴。曹文據巴納博士的紅外線照片和摹本將帛書邊文重新隸定和考釋，可注意者有三：帛書言正月燕至，《呂氏春秋》在二月；帛書之「昜」月即十月，相當於《十一月紀》之「暢」月，兩者相差各一個月，大概由於帛書所記是楚地氣候，故與秦地有一月之差。(2)帛書邊文四月有少杲、句龍二神，少杲即少皞，句龍即后土，並補足殘文為「少杲其帝，句龍（原文誤作后土）其神」。(3)籔通敦而訓為擿，二月之「籔邑」與八、九月之「籔室」應分別訓為擿邑和擿室，與一般以籔為築者不同。

差不多與上述曹文同時，李零的《長沙子彈庫戰國楚帛書研究》由中華書局正式出版了。此書成稿於一九八零年，部份內容曾在有關學術會議上發佈，在學術界頗有影響。全書分三部份：一、楚帛書研究概況；二、楚帛書的結構、內容與性質；三、釋文考證。第一部份系統總結前輩學者的研究成果，第二部份述及帛書的結構。作者贊同帛書的放置方向應以上冬下夏左秋右春為正，中間兩段應以十三行為先；而邊文則以代表春正月的「取于下」為始。並以此為順序，將帛書內容逐段疏釋。對於帛書性質，作者認為是與《管子．玄宮》、《禮記．月令》等相近的原始的「月忌」之書。第三部份充分吸收近年來楚文字研究的成果，對帛書文字的釋讀提出不少新解，頗多勝義，對鄦、堵、敢、殺、脨等字審辨尤精。書後附帛書文字索引及有關參考資料，頗便觀覽。

高明先生《楚繒書研究》為紀念帛書出土四十週年而作。文中除概述四十年來楚帛書的研究之外，其重點在於探討帛書的性質問題。作者認為，楚帛書是一篇比較原始的天文學著作，並從帛書本身所記載的內容，帛書三篇文字的組織結構和層次安排，以及古人撰文的慣用語例三個方面，論證帛書的讀法必須從中間八行文開始，次十三行文，次邊文。邊文則始「取」終「荃」，循環旋轉，而這種旋轉的構思，正是當時人所想像的天體可以旋轉的反映。本文的最後一部份是對帛書三篇文字的註釋。

何琳儀《長沙帛書通釋》以紅外綫照片為依據，參考諸家之說，重新詮釋全文。作者認為帛書原是圖文並茂，類似《山海經》形式的先秦文獻。其圖像部份與文字部份應有一定的聯繫，丙篇則尤為明顯。何文以十三行者為甲篇，八行者為乙篇，四週邊文為丙篇。分段隸定，下出註文，三篇共註解一百四十六條，徵證翔實，對帛書文義多有闡發，於逆、浞、虞、襡等字的釋讀尤具卓見。篇末首次附以今譯，便於尋繹文意，亦是一種有益的嘗試。

朱德熙先生《長沙帛書考釋（五篇）》考證了楚帛書中幾個長期未得確解的難字，主要創獲有：(1)釋係為備，釋䖵為䘑，帛文「山陵備䘑」讀為「山陵崩弛」。(2)由楚簡的「豙」字有時可以寫作「垩」，推論至、豕皆為聲符，帛文「豙女」當讀為「致女」。(3)以芺為莽字之省，帛文「邦莽」宜讀為「邦墓」。(4)脨讀為瘠，帛文「脨不遠」謂軍隊生疫病回不來。(5)分析敔字的形體結構當隸作歆，其義待考。朱文「後記」提及李家浩以為甲篇第二行有二文舊釋為「天」者，實是「而」字，可正前所誤釋。又乙篇第五行第六字當釋為「𡖊」而讀作害，比何釋「虞」又進一境矣。

一九八八年夏，李零在《長沙子彈庫戰國楚帛書研究》補正》一文中就一九八零年以來新發表的著作對楚帛書作一次再探討，內容包括：(1)新作簡介，介紹七位學者的十部論著以及若干有關的作品；(2)再論楚帛書的結構與性質，認為必須把「上南下北」說和「上北下南」說統一起來，並從數術的源流論證楚帛書是一部曆忌性質的古書；(3)釋文考證。吸收各家考釋的精華訂正舊作之失，並對帛書的釋讀和斷句提出新的看法；(4)行款與字數。重新統計各篇的行數和字數。

饒宗頤先生《楚帛書新證》是集中作者三十年來研究楚帛書心得的總結性著作，是在舊作《楚繒書疏證》的基礎上刪除繁蕪，益以新知，並參時賢近著重新改訂而成的。篇中除對帛書文字有若干重要審訂之外，其着重點卻在對中間兩段文字的訓釋與疑難問題的探討上，其中以八行一篇所獲新證最多。舉例來說，作者據《易緯·乾鑿度》知雹戲亦號大熊氏，與篇首『曰故（古）大熊雹戲』一語正合；據《墨子·非攻》知楚先居於雎山，可證帛文『居于鍰』之鍰乃楚先所居之地，而鍰亦可定為雎之繁文；據《地母經》知女媧亦曰女皇，則帛文『乃取（娶）虘（且）囗囗子之子曰女皇』確指女媧。這樣，由雹戲、女皇（女媧）、四神、炎帝、祝融、共工等組成的神話系統，皆與楚之先世有關。這對理解甲篇神話故事的源流頗關重要，且篇首殘損最甚的一段文字亦由此得以貫通。

這一時期帛書文字考釋的著作還有唐健垣《楚繒書文字拾遺》、許學仁《楚文字考釋》、周世榮《湖南楚墓出土古文字叢考》、吳九龍《簡牘帛書中的「实」字》以及陳秉新《長沙楚帛書文字考釋之辨正》等。唐文是對嚴一萍氏《楚繒書新考》中未曾論定的若干文字重新加以討論，初稿、續稿及補正凡二十八則。許文是作者碩士論文《先秦楚文字研究》中有關文字考釋的部份，共考釋楚器文字五十個，合文二組；其中帛書文字二十一個，合文一組。周世榮文主要論述湖南楚墓出土的古文字資料，對帛書文字亦有所涉及。吳九龍文根據甲金文字特別是早期隸書的寫法，闡明楚帛書中「实」字形體演變的源與流。陳秉新文對帛書考釋中若干有爭議的文字重新隸定和考證，提出自己的意見，對理解帛書原文亦有一定的幫助。

五、楚帛書結構和性質的研討

帛書結構比較特殊，整個帛面由三部份文字和二組圖像所組成。中間兩部份文字一為八行，一為十三行，順序顛倒，各自為篇。篇又各自分為三段，段末填以朱色方框為記。週邊文字與十二圖像相配，分列四方，每方三神像配以三段文字，隨帛書邊緣循回旋轉。兩方交角處即帛書四隅分別繪以青、赤、白、黑四色樹木。帛文布局和神像構圖都別出心裁，用意耐人尋味。因為中間兩篇文字一順寫、一倒書，週邊文字圖像又循環迴轉，這就存在一個如何置圖和如何讀圖的問題。主要有兩種意見：

(1)以八行一篇為正置圖，按八行、十三行、邊文順序讀圖；

(2)以十三行一篇為正置圖，按十三行、八行、邊文順序讀圖。以上置圖根據各家照片、摹本的擺法，讀圖主要依據釋文。第一種意見始於蔡季襄氏的《考證》，採用蔡氏擺法的有蔣玄佁、陳槃庵、饒宗頤、林巳奈夫、巴納和高明諸家；第二種意見始於董作賓，董氏根據東南西北四方之序與春夏秋冬四時相配的傳統，將蔡圖倒置，改以十三行一篇為正。李學勤先生由於辨識了帛書中同於《爾雅》的月名，亦將蔣圖倒置，但釋文則從邊文開始，順接十三行和八行兩篇。陳夢家先生認為帛書的上下左右應以三首神像為正南。商承祚先生置圖與董、李兩氏相同，亦據邊文中出現春、夏、秋、冬四時方位為之確定，而釋文則從十三行開始。嚴一萍氏讀法與商先生相同，但補充從十三行起讀的理由，是依古代彝銘以『隹』字起句的通例。贊同這一擺法和讀法的還有安志敏、陳公柔、陳邦懷、李零諸家。由於蔡氏本人並沒有說明其擺法和讀法的依據，而董、李學勤、商、嚴、李零等從不同角度申述第二種擺法的理由，致使在相當長的一段時間內，似乎第二種意見佔了上風。可是近時情況又有了變化，第一種意見開始出現轉機。首先是李學勤先生修正了自己過去的意見，轉而贊同蔡圖的擺法。他根據近年整理、研究馬王堆帛書的經驗，認為「以南為上」可能是楚地置圖的傳統，因而訂正從前贊同董氏「以上冬下春為正」的意見，重新確定楚帛書的放置方向亦應「以南為上」，即以八行一篇為正，三篇文字以八行、十三行、邊文為先後。最近，饒宗頤先生更進一步闡明他向來主張以蔡氏的擺法為正的理由，主要有三點：(1)八行以「曰故」二字發端，有如《尚書．堯典、皐陶謨》「曰若稽古」，自當列首；(2)十三行所論為王者失德則月有經絀，故作倒書，表示失德，無理由列於首位；(3)帛書以代表夏五月之神像為三首神祝融，當正南之位，是為楚先祖，故得以南為上。此外，饒先生還從內容結構上說明三部份文字之間的關係，指出甲篇（八行）辨四時之序，乙篇（十三行）志天象之變，丙篇（邊文）從而辨其每月之吉凶。他認為甲篇道其常而乙篇言其變，故甲篇居前而乙篇列後，前者順寫而後者倒書，所以昭其順逆。兩篇特殊結構之用意可以推知。

至於帛書邊文十二段文字的起訖，自李學勤先生發現、經饒宗頤先生證成其與《爾雅》月名相同之後，始「取（陬）」、終「荃（荼）」的序列已大體確定。李學勤、嚴一萍、陳夢家、饒宗頤諸先生更從月次的排列指出帛書的用曆屬於夏正。但亦有持異議者，如巴納博士和林巳奈夫先生仍然堅持起「姑（辜）」終「昜（陽）」的系統，認為帛書的用曆不是夏正而是周正。可是，當我們把見於楚簡和鄂君啟節上的楚月名同《秦簡．日書》上的「秦楚月名對照表」加以比較研究之後，便可清楚看到，戰國

時楚用夏正是毋庸置疑的。（參看拙作《楚月名初探》）

關於帛書三部份文字的内容和性質，前面已有所述及，這裏再就幾種有代表性的說法略述如下：

⑴、文告說　文告說始於蔡季襄氏，是早期有代表性的一種意見。蔡氏第一個把楚帛書稱為『繒書』，並根據漢代『用繒告神』的俗例，謂帛書即當時的『告神之繒』；繒上所書文字，則是『古代祠神之文告』。陳槃氏贊同蔡說，以帛書内容為『文紀祀神』。董作賓先生認為帛書主旨在於宣揚『天道福善禍淫』的遺訓，所舉為古帝王告誡後人敬慎之詞。而『天道福善禍淫』一語即出於古文《尚書·湯誥》。誥者告也，因知董說亦屬文告一類。

⑵、巫術品說　此說是郭沫若先生首先提出的，見於《晚周帛畫的考察》。郭氏在一註文中介紹帛書的圖文布局之後，認為帛書『無疑是巫術性的東西』。安志敏、陳公柔先生認為郭說比較可信，因為『帛書出自墓葬，是用來保護死者的巫術性東西，可能性比較大』。帛文『有吝』、『尚恒』等，很類似卜筮之辭，邊文『不可』云云，亦有趨避之意。還指出帛書的圖像和内容更多地接近於富有南方色彩的《山海經》和《歸藏易經》，而後者則是屬於南方系統的卜筮之書。商承祚先生說帛書是『占卜式宗教迷信的東西。』其文辭則類似《詩》、《書》、《左傳》和《楚辭》的風格。此外，饒宗頤先生說過帛書『為楚巫占驗時月之用。』林巴奈夫先生以為帛書十二月名起源於楚國的巫名，而巫名又代表某一巫師集團，實際亦是將帛書看成巫術品一類的東西。近時周世榮先生更將馬王堆帛書《天文雲氣占》的圖形文字與楚帛書相比證，認為楚帛書應是一種巫術占驗性的圖文。

⑶、月令說　陳夢家先生於一九六二年秋作《戰國楚帛書考》（未完成遺作），是一部專門考證帛書性質的著作。陳氏認為楚帛書的性質與公元前四百年間（戰國中晚期至西漢以後）的若干文獻很接近，如《管子．幼官》、《周書．月令》（佚文）、《王居明堂禮》（佚文）、《呂氏春秋．十二紀》、《淮南子．時則》、《禮記．月令》、《洪範五行傳下》（佚文）等，並將上述各篇與帛書作了細緻的比較，認為它們都是月令一類的書。其中《幼官》（即玄宮）是齊月令，《呂氏春秋》十二紀各紀之首章是秦月令，其他各篇是漢代的月令，而帛書則是戰國中期的楚月令。作者認為，帛書四週十二章就其方位排列與內容來看，應是較早形式的月令。嚴一萍氏《楚繒書新考》亦將帛書邊文十二月紀事與《呂氏春秋．十二紀》、《淮南子．時則》、《禮記．月令》諸篇對照，發現帛書所記十二個月行事以『戎』與『祀』為主，與十二紀、時則、月令等篇所記內容之廣泛有很大不同，且行事之可與不可亦有相反的規定。因斷言帛書紀事為另一系統，可能是當時楚國月令的一部份。曹錦炎更逕稱帛書邊文為《月令》篇。此外郭沫若先生認為楚帛書類於《管子》的《玄宮圖》或《五行篇》；俞偉超先生說『是一部相當於《明堂圖》的楚國書籍。』楊寬先生《戰國史》增訂本將楚帛書置於《月令五行相生說》一節加以論述，亦有類似的看法。

⑷、曆書、曆忌說　曆書是李棪先生在其所作帛書摹本的題名上提到的。李氏把摹本（見鄭德坤先生著《中國考古．周代》）稱為『寫在帛書上的楚曆書』。可以代表他對帛書性質的意見。可惜作者沒有就帛書性質問題寫成專文，我們無從得知其詳。李零在《長沙子彈庫戰國楚帛書研究》中詳盡地論述帛書是一部與曆忌之書有關的著作。他說帛書在大範圍上與《管子．玄宮》、《玄宮圖》、《呂氏春秋．十二紀》之

首章、《禮記·月令》、《佚周書·月令》、《淮南子·時則》，以及《大戴禮·夏小正》等基本相同，但亦存在一些差别，主要是：帛書與玄宫圖二者置圖的方向相反；帛書没有明堂圖的四宫以及與四宫相配的太室與中庭；帛書雖與月令性質相近，但形式上比月令原始，没有複雜的五行系統，内容上比較單一，没有月令諸書那種説禮色彩，只講禁忌。因此，作者認為帛書當與古代曆忌之書相近。從帛書有月無日看來，只能算是月忌之書，而且是這種書中較為簡略的本子。

(5)、陰陽數術家説　李學勤先生提出帛書的思想屬於陰陽家，有明顯的五行説色彩，在傳世文獻中接近於《洪範五行傳》（《論楚書的天象》）。又説：陰陽家與數術家常密不可分，據《漢書·藝文志》所記，偏於理論的則《志》中列入陰陽家，專供實用的則列入數術家，帛書的《四時》、《天象》應歸前者，《月令》則近於後者（《楚帛書通論》）在《再論帛書十二神》中更明確指出：「總之，長沙子彈庫楚帛書是陰陽數術的佚書，亦是目前所能見到的最早的數術書。」

(6)、天官書説　饒宗頤先生在《長沙楚墓時占圖卷考釋》中論及楚人之天文學，謂楚之先世出於重黎，重黎即羲和氏，乃世掌天地四時之官，即後世陰陽家所從出。讀李學勤、李零論文後，又寫成專文《楚帛書之内涵及性質試説》，就帛書的性質問題加以討論。作者不贊成曆忌之説，認為李零所舉曆忌諸書皆極晚出，帛書體裁亦與雜忌之書不類，且帛書兼言宜與忌，雜忌書只言忌而已。饒先生認為，《周禮·春官》馮相氏主常度，保章氏主變動，一常一變，職司各異。帛書甲篇辨四時之序主常，乙篇志天象之異主變，常、變異趣，反映古來天官即有此區别。他説帛書雖兼有兵陰陽家言，然於乙篇保存保章氏遺説特多，所言主體仍是楚人之天文雜占，故視為楚國天官書之佚篇自無不可。高明先生將帛書所載內容與古代天文學著作互相比較，發現二者所述雖繁簡不同實質則大同小異，因此認為楚帛書是一篇比較原始的天文學著作。

以上除早期之文告說外，其餘五說皆不離歷代術士所傳的『數術』之學，應屬《漢書·藝文志·數術略》所稱天文、曆譜、雜占之類，其思想則與『陰陽家者流』為近。

六、楚帛書圖像的考索

帛書上的繪畫可以分為兩組：一組是位於四隅的四木；另一組是分居四方的十二神像。蔡季襄氏《晚周繒書考證》有《繒書圖說》一篇論之甚詳，他寫道：

『本書所載長沙出土繒書四週圖像，即為當時神權圖畫之良好標本。由此圖像可以窺見當時繪畫設色之作風，及荊楚宗教之思想。圖就繒書四週用五色繪成，每方繪有奇詭神物各三，四隅則按四方之色繪有青、赤、白、黑四色樹木，惟西方白木在白繒上無法顯出，故以雙法代之。此項樹木之意義，蓋藉以指示所祀神之居勾方位，祭祀時使各有所憑依也』

蔡氏將帛書看作祀神的文告，十二圖像為所祀之神，故以四隅之四木為指示所祀神之方位。董作賓氏更將繪畫的『四木』與帛文的『五木』聯繫起來考察，認為帛書原有以五木表示五方的觀念。他在致陳槃先生的信上說：『四正角上有四木，文右一章第五行云：『青木、赤木、黃木、白木、墨木之精。』蓋木有五色，東青、南赤、中黃、西白、北黑。今止有四木，則中央黃木既漫滅不見矣。』（見陳槃《先秦兩漢帛書考》後記）饒宗頤先生亦曾懷疑帛書中間有黃木，後來在帛書藏主戴氏處見到原物，反覆審視，帛書中間並無黃木痕迹。紅外線照片亦顯示只有四隅四木而無中間黃木。陳槃先生對董氏的方位之説提出異議，認為四木代表四方『理應安置四邊正方之處，今乃置之角間，則非東、南、西、北之謂矣。』饒宗頤先生以為『四隅所繪樹木當指四時之木，即指四時行火時所用之木。』『四木繪于四隅者，疑配合天文上的四維觀念』近時饒先生《楚帛書新證》又考甲篇四神乃四時之神，其名目與四隅四木有關。概括言之，四神之名以青、朱、翏（白）、墨（黑）為號，與傳統以四色配四時及帛書四隅所繪四時之木設色相同。且神名之末一字中有二榑（榦）、一單（檀）、一難（橪），當指四木，與四隅表示四時異色之木相符，可以互相印證。

週邊十二圖像從蔡季襄氏開始，即將所圖奇詭神物與《山海經》、《淮南子》、《國語》等所描述的怪異神話相比附，認為帛書圖寫的就是當時所崇祀之山川五帝、人鬼物魁之形。後來雖然由於辨識了神名首字與《爾雅》月名相同而曉得十二圖像為十二月月神，但蔡氏企圖從古籍中索求解釋帛書圖像的做法卻在相當長的一段時間内為一部份學者所熱衷採用，其中以陳槃庵、安志敏、陳公柔諸先生用力最多。根據各家考證的意見，如謂『取（陬）』月神為委蛇（安、陳文），『余』月神為肥遺（饒文），『故（皐）』月神為三首神祝融（饒文），『倉（相）』月神為長角之獸（安、陳文），『藏（壯）』月神為一足夔（安、陳文），『昜（陽）』月神為兩足兩角羊（陳槃文），『荃（荼）』月神為口内銜蛇之神（董氏書），或謂一臂神吳回（陳槃及安、陳文）等，多見於《山海經》，亦有據《淮南子》、《莊子》、《帝王世紀》等記載而加以比證的。然而仔細加以考察，便會發現其中問題不少

首先，圖像的某些造形雖然與《山海經》等古代神話有相同或相似之處，但就整

個圖像本身或某一具體細節而言，卻很難與神話傳說的記載完全吻合。

其次，各家根據不清晰的圖片所描述的形象以及比證的結果，有的已被紅外線照片證明是不可靠甚至是錯誤的，如所謂一臂神的吳回，紅外線照片顯示的圖像是兩臂俱全，則吳回之說，自屬出於想像。

再次，個別的比證即使是有說服力的，但從整體看来，仍顯得零散不成體系，不易令人信服。

所以，陳槃先生在舉證若干神話記載以說明某一圖像的同時，亦不能不指出它們彼此之間的關係『若即若離』。紅外線照片出現後，饒宗頤先生在《楚繒書之摹本和圖像》一文最後總結說：『繒書十二月神像乃戰國時楚俗圖繪，尚保存較古之形態，及代表南方思想之一類型，更足寶貴。然於圖形之解釋殊非易事，今但知十二圖像為十二月之神，最足資研究者為三頭人身神像及一首兩身之蛇。餘不可考，不敢妄說。』

林巳奈夫先生《長沙出土戰國帛書十二神考》徹底否定從《山海經》等書尋找解釋圖像的方法，認為將十二神進行個別比附是徒勞的。對於帛書十二月神的名目，作者提出一種新的假設，認為帛書的十二月名起源於楚國的巫名，每一個巫名代表着一個巫師集團，由於這個巫師集團職司某月，便把這個集團的名稱作為該月的月名。林巳奈夫先生這個設想雖然很有道理，但仍嫌缺乏文獻上的有力支持。此外，有人從帛書與葬俗的關係推想帛書上的十二圖像可能與大儺中的十二神及十二獸有關（安、陳文），還有認為帛書圖像以十二神獸配十二月，與後世數術家以十二獸配十二辰的所謂『十二生肖』立意相同。從秦簡《日書》已有十二生肖来看，這種推想並非完全沒有可能。

李零在其《長沙子彈庫戰國楚帛書研究》中指出，帛書十二神像有一個系統，這個系統就是十二月名本身。「十二神就是十二月神，它們的名稱應當以各章章題來定，而無需遠涉他求。」但同時他亦承認，「關於各章章題的含義，以及他們與十二月神圖像的關係，目前還不能做任何肯定的結論。」

李學勤先生《再論帛書十二神》據帛書實物和紅外綫照片對十二神的狀貌作了詳細具體的描述，認為這些神的形象有的可與《山海經》等文獻記載相比，有些可同出土實物相比，但共同的只是一些特徵，如鳥身、三首之類，作為一組系統的神，只見於這件帛書。李文指出，從《月忌》有十二神来看，與所謂「六壬」有相近之處，如「六壬」與天象有關，而帛書的月名亦與星象有關。因此，帛書上的十二神和六壬的十二神雖然名號不同，但它的位置和意義卻是相似的。可是六壬十二神登明、從魁諸名只能推到東漢，恐是後来踵事增華之舉，它與帛書十二神是否有關，仍有待於證明。

總之，在帛書十二圖像的研究方面，雖然已經做了不少工作，但至今仍不能構成有系統的結論，目前比較認同的看法是：

(一)、十二圖像由其旁註首字與《爾雅》月名相同，可確定它們為十二個月的月神。

(二)、每個圖像之旁所註三字，由「秉司春」、「虞司夏」、「玄司秋」、「荃司冬」可推知其含義應該是指該月月神之職司。

(三)、圖像、職司及月事宜忌三者存在一定的關係。

至於某月之神何以取象某形？職司除四時可見外，其餘各月神所司何職？圖像、職司與月事之間的具體關係又是怎樣？這些都是有待解決的問題，需要繼續加以考索。

附録：楚帛書研究論著簡目

四十多年来有關楚帛書的著作，包括專書專文，及雖不是專書專文但對帛書研究有重要参考價值的論著，總計達七十種以上，其中日文著作七種、英文十二種、中文五十四種，作者共四十人（單位），中有外籍學者八人，現按時間先後編列，以備查考。

一、蔡季襄《晚周繒書考證》（附摹本），乙酉（一九四五年）孟春印行。

二、蔣玄佁《長沙（楚民族及其藝術）》，第二卷『絹畫』（附摹本）。上海今古出版社一九五零年。

三、陳槃《先秦兩漢帛書考》，附録《長沙古墓絹質彩繪照片小記》（附摹本）。《歷史語言研究所集刊》第二十四册一九三至一九五頁。一九五三年三月。

四、郭沫若《關于晚周帛畫的考察》，《人民文學》一九五三年十一期一一三至一一八頁

五、饒宗頤《長沙楚墓時占神物圖卷》（附摹本）香港大學《東方文化》第一卷一期六九至八四頁。一九五四年一月。

六、饒宗頤《帛書解題》（日文，附摹本），日比野丈夫譯，日本平凡社《書道全集》第一卷，圖版一二七至一二八，一九五四年。

七、梅原末治《近時出現的文字資料》第四節《長沙的帛書與竹簡》（日文，附帛書局部摹本），平凡社《書道全集》第一卷三四至三七頁。一九五四年九月。

八、董作賓《論長沙出土之繒書》（附摹本），《大陸雜志》第十卷六期一七三至一七七頁，一九五五年。

九、澤谷昭次《長沙楚墓時占神物圖卷》（日文、附摹本），日本河出書房《定本書道全集》第一卷一八三頁。一九五六年十二月。

十、饒宗頤《長沙出土戰國繒書新釋》（附摹本），《選堂叢書》之四，香港義友昌記印務公司印行。一九五八年。

十一、巴納（Noel Barnard）《楚帛書初探——文字之新復原》（英文，附棋格式摹本），《華裔雜誌》第十七卷一至十一頁，一九五八年。

十二、李學勤《戰國題銘概述》（下），（附梅原末治局部摹本），《文物》一九五九年第九期五八——六一頁。

十三、李學勤《補論戰國題銘的一些問題》（附摹本），《文物》一九六零年第七期六七至六八頁。

十四、金關丈夫《楚繒書上之神像》（日文，據饒宗頤先生《楚繒書十二月名覈論》所引）一九六一年。

十五、錢存訓《書于竹帛》第六章《長沙帛書》（一二二至一二五頁）介紹楚帛書（英文，附蔣氏摹本），美國芝加哥大學出版社，一九六二年。

十六、陳夢家《戰國楚帛書考》作於一九六二年秋，《考古學報》一九八四年第二期。

十七、鄭德坤《中古考古》第三冊《周代》第十五章有《帛書》一節（英文，附李棪摹本），英國劍橋大學出版社，一九六三年。

十八、安志敏、陳公柔《長沙戰國繒書及其有關問題》（附摹本）《文物》一九六三年第九期四八至六十頁。

十九、商承祚《戰國楚帛書述略》（附弗利亞美術館照片及摹本），《文物》一九六四年第九期八至二十頁。

二十、林巳奈夫《長沙出土戰國帛書考》（日文，附摹本），日本《東方學報》第三十六卷五三至九十七頁。一九六四年十月。

廿一、李棪《楚國帛書中間兩段韻文試讀》（油印本），作者在倫敦大學東方非洲學院演講稿，一九六四年十二月。

廿二、李棪《楚國帛書文字近二十年研究之總結》（原文未見，據嚴氏《新考》所引，發表年月未詳）。

廿三、饒宗頤《楚繒書十二月名覈論》（附月名照片），《大陸雜誌》第三十卷一期一至五頁。一九六五年一月。

廿四、林巳奈夫《長沙出土戰國帛書考補正》（日文、摹録帛書單字），《東方學報》第三十七卷五零九至五一四頁。一九六六年三月。

廿五、沙可樂（A.M.Sackler）《沙可樂所藏楚帛書》（英文，藏品説明書，附紅外線照片及摹本），紐約一九六七年八月。

廿六、李棪《楚國帛書諸家隸定句讀異同表》（稿本），一九六八年。

廿七、嚴一萍《楚繒書新考》（上、中、下），台灣大學《中國文字》第二六至二八冊，一九六八年。

廿八、金祥恒《楚繒書『䨓虘』解》，《中國文字》第二八冊。一九六八年。

廿九、饒宗頤《楚繒書之摹本及圖像——三首神、肥遺與印度古神話之比較》（附紅外綫照片及摹本），《故宮月刊》第三卷二期一至二六頁，一九六八年十月。

三十、饒宗頤《楚繒書疏證》，《歷史語言研究所集刊》第四十冊（上）一至三二頁，一九六八年十月。

卅一、陳槃《楚繒書疏證》，《歷史語言研究所集刊》第四十冊（上）三三至三五頁。一九六八年十月。

卅二、唐健垣《楚繒書文字拾遺》，《中國文字》第三十冊，一九六八年十二月。

卅三、巴納《楚帛書》（英文、幻燈片說明書），紐約一九七零年。

卅四、巴納《楚帛書文字的韻與律》（英文），坎培拉　一九七一年。

卅五、李棪《評巴納〈楚帛書文字的韻與律〉》香港中文大學《中國文化研究所學報》四卷二期五三九至五四四頁。

卅六、巴納《對一部中文書——楚帛書進行釋讀、翻譯和考證之前的科學鑑定》（英文），坎培拉　一九七一年

卅七、巴納《楚帛書及其他中國古代出土文書》（英文、附摹本），戴哥倫比亞大學學術討論會論文集《古代中國藝術及其在太平洋地區之影響》第一冊七七至一零一頁，紐約一九七二年。

卅八、吉恩·梅蕾（Jean E. Mailey）《從先秦兩漢絲織品工藝推測楚帛書之質地》（英文），同上書一零二至一一二頁。紐約　一九七二年。

卅九、饒宗頤《從繒書所見楚人對于曆法、占星及宗教觀念》（英文），同上書一

一三至一二二頁。紐約 一九七二年

四十、林巳奈夫《長沙出土戰國帛書十二神考》（英文），同上書，一二三至一八六頁，紐約 一九七二年。

四一、林巳奈夫《長沙出土楚帛書十二神的由来》（日文）《東方學報》第四十二冊，二四至五一頁。

四二、郭沫若《古代文字的辯證之發展》，《考古學報》一九七二年第一期一至十三頁

四三、巴納《楚帛書譯註》（英文，附紅外綫照片及摹本），坎培拉 一九七三年五月

四四、湖南省博物館《長沙子彈庫戰國木槨墓》，《文物》一九七四年第二期三六至四零頁。

四五、錢存訓《中國古代書史》，此據周寧森中文譯稿《書於竹帛》增訂而成，書中改用巴納摹本。香港中文大學出版社一九七五年三月。

四六、莊富良《春秋戰國楚器文字研究》第七章第六節《繒書》香港中文大學研究院語言文學部碩士論文（稿本），一九七五年。

四七、許學仁《先秦楚文字研究》第二章《楚繒書》，台灣師範大學國文研究所碩士論文，一九七九年六月。

四八、曾憲通《楚月名初探》，《中山大學學報》（社會科學版）一九八零年第一期九七至一零七頁。 又見本書。

四九、俞偉超《關於楚文化的新探索》，《江漢考古》一九八零年第一期一七至三

零頁。

五十、李學勤《談祝融八姓》，《江漢論壇》一九八零年第二期。

五一、楊　寬《戰國史》第十一章第六節《月令五行相生說》論及楚帛書（四七頁）。書中採用商摹本，一九八零年七月。

五二、陳邦懷《戰國楚帛書文字考證》，《古文字研究》第五輯二三三至二四四頁，一九八一年。

五三、李學勤《論楚帛書中的天象》，《湖南考古輯刊》第一集六八至七二頁，一九八二年十二月。

五四、周世榮《湖南楚墓出土古文字叢考》，《湖南考古輯刊》第一集八七至九九頁，一九八二年十一月。

五五、莊　申《楚帛書上的繪畫》（附蔡氏摹本），香港《百姓》第四一期六四、六五頁。一九八三年二月。

五六、許學仁《楚文字考釋》此為作者碩士論文的文字考釋部份，《中國文字》新第七期，一九八三年四月。

五七、李學勤《東周與秦代文明》第二十七章論及楚帛書（三五一——三五六頁）、文物出版社，一九八四年六月。

五八、李學勤《楚帛書中的古史與宇宙觀》，《楚史研究》初集，湖北人民出版社一九八四年。

五九、曹錦炎《楚帛書〈月令〉篇考釋》，《江漢考古》一九八五年第一期。

六十、吳九龍《簡牘帛書中的「夭」字》，《出土文獻研究》文物出版社一九八五年六月。

六一、李　零《長沙子彈庫戰國楚帛書研究》，中華書局　一九八五年七月。

六二、高　明《楚繒書研究》《古文字研究》第十二輯，一九八五年十月。

六三、何琳儀《長沙帛書通釋》《江漢考古》一九八六年第一、二期。

六四、朱德熙《長沙帛書考釋（五篇）》中國古文字研究會第六屆年會論文　一九八六年八月。

六五、李學勤《長沙楚帛書通論》，《楚文化研究論集》第一集，一九八七年一月。

六六、李學勤《再論楚帛書十二神》，《湖南考古輯刊》第四集，一九八七年十月。

六七、李　零《長沙子彈庫戰國楚帛書研究》補正》中國古文字研究會成立十週年紀念論文　一九八八年八月。

六八、連劭名《商代的四方風名與八卦》《文物》　一九八八年第十一期。

六九、陳東新《長沙楚帛書文字考釋之辨正》《文物研究》一九八八年第四期。

七十、饒宗頤《楚帛書新證》見本書。

七一、饒宗頤《論楚帛書之二炁（氣）與魂魄二元觀念及漢初之宇宙生成論》見本書。

七二、饒宗頤《楚帛書之内涵及性質試說》見本書。

七三、饒宗頤《楚帛書十二月名與《爾雅》》　見本書。

七四、饒宗頤《楚帛書象緯解》　見本書

七五、饒宗頤《帛書丙篇與日書合證》　見本書

七六、饒宗頤《楚帛書之書法藝術》　見本書。

七七、曾憲通《楚帛書文字編》。

下編

楚文字釋叢

一、說『㚇月』

江陵望山楚簡有代月名『㚇月』，我們曾據秦簡日書『秦楚月名對照表』考釋其音義，認爲楚簡的『㚇月』，就是秦簡的『爨月』①。今按㚇、爨二字音近義屬，古代同源當没有問題。但就㚇字的結構而言，更準確地説，它應該是後代的焌字。楚簡的『㚇月』在秦簡中寫作『爨月』，與楚簡的『冬柰』、『屈柰』、『遠柰』、『夏柰』在秦簡中分别寫作『冬夕』、『屈夕』、『援夕』、『夏夕』，楚簡的『亯月』在秦簡中寫作『紡月』，屬於同類現象。它們之間的關係，或則同音，或則同源，但未必是同字。

望山楚簡所記之㚇月凡四見，其中簡 47 从艸作⿱艹㚇②。⿱艹㚇、㚇皆不見於字書，從結構分析，當與焌爲一字。焌字从火夋聲，夋又从允得聲，晙字金文作⿰日允可證。望山簡文㚇字从炅允聲，

① 曾憲通：《楚月名初探》，載《古文字研究》第五輯，中華書局 1981 年版，第 303 ~ 320 頁。

② 商承祚編著：《戰國楚竹簡匯編》，齊魯書社 1995 年版，第 240 頁。

則𤇺焌同聲可知。𤇺所从之炅，《説文・火部》訓爲『見也』。桂馥謂：『見當爲光。《廣韵》炅，光也，《類編》作炚，云火光。』王筠《句讀》謂：『作光則當在熱篆之前。』徐鍇《繫傳》云：『炅，從火日聲。』按炅从火日，當是熱的或體，《素問・舉痛論》：『卒然而痛，得炅則痛立止』；《調經論》：『乃爲炅中疏』；《五過論》：『膿積寒炅』，王冰注皆訓爲炅熱。馬王堆帛書《老子》甲本『趮勝寒，靚勝炅』，傅奕本《老子》第四十五章作『燥勝寒，静勝熱』，足證上引諸家之卓識。望山一號楚墓竹簡之『𤇺月』，包山二號楚墓竹簡多省變爲『㚇月』。𤇺字之聲旁允在此省略爲厶（即㠯字，《説文》允字从人㠯聲）；義旁炅之聲符日則訛變爲田；天星觀一號楚墓竹簡作『𤇾月』，炅之聲符不但訛日爲田，且移位在上。又古璽有『㚇』（3269、2480）『𤇾』（1152、2742）二文，前者與包山楚簡構形相同①，後者則爲天星觀簡之省變。包山簡有一槉字，右旁更省作炗，爲𤇺字最簡略的形態，已開後世焌字之先河。以上各例均爲一字之異體，其演變軌迹大致如下表：

① 此形體一直沿用到秦代，山西朔縣秦墓（M12）出有銅印一枚，印文作『鄾㚇』，㚇字同於包山楚簡，參《文物》1987年第6期。

從以上的材料分析，⿱允火字是個上聲下形的形聲字，聲旁（允）和形旁（炅）本身又都是上聲下形的形聲結構。這種重床迭架式的結體在演變過程中一定要求簡化。於是，作聲旁用的形聲結構由於形符不起表音作用而容易脱落（如允—厶）；同一道理，做形旁用的形聲結構由於聲符不起表義作用而産生訛變和移位（如炅—⿱田火—⿱罒火）。而上下結構進一步省變的結果，便成爲上舉最簡單的⿱厶火字。⿱厶火再變上下爲左右結構的炏，進而演化爲炕和焌，遂成爲後代的焌字。這個例子在古文字形體演變中有着相當的代表性，是很值得探究的。

《説文·火部》：『焌，然火也，从火夋聲。《周禮》曰：「遂籥其焌」。焌火在前，以焞焯龜。』『遂籥其焌』語出《周禮·春官·菙氏》：『菙氏掌共燋契，以待卜事。凡卜，以明火爇燋，遂龡其爲焌契（引者注：此爲鄭玄讀法，許慎從杜子春以契字屬下讀），以授卜師，遂役之。』根據杜、鄭讀法，焌字的解釋有二：一是杜子春讀焌爲英俊之俊，意取荊樵中之英俊者爲楚焞，用之灼龜。二是鄭玄讀焌爲戈鐏之鐏，意取鋭頭以灼龜。杜、鄭讀焌雖有小異，而其用以灼龜則一。按照鄭氏的讀法，『遂龡其焌契』即以契樵火而吹之使熾，以授卜師。由此觀之，《説文》訓焌爲然火者，其旨在於灼龜，與《士喪禮》之楚焞用意正同。《説文·火部》：『焞，明也，从火𦎫聲，《春秋傳》曰：「焞耀天地。」』《儀禮·士喪禮》：『楚焞置於燋，在龜東。』段注云：『《士喪禮》楚焞，所以鑽灼龜者，楚，荊也；焞，蓋取明火之意。』按照段注的意思，訓明之焞乃指楚焞，明者蓋取楚焞明火之意。其主旨亦在於灼龜。

更有進者，焌、焞二字不但意義非常接近，其所指之實物也十分類同。王筠《説文句讀》對此有詳細論述。王氏於焌字下解釋説：『焌是名物，下文「以焌焞龜」則是謂焞爲焌。』又云：『《周禮》有焌契及燋，《儀禮》有楚焞及契，則焌契爲名物可知。』并總括言之：『以焞焞龜即以焌灼龜也。以焞代焌，猶鄭君謂契爲焞矣。《集韵》以焞爲焌之或體，似即本自許、鄭兩君。』考《集韵·恨韵》在『徂悶切』的小韵中，列有焌焞二字，注『然火以灼龜，焌或作焞。』説明焌、焞二字音義完全相同。聶崇義《三禮圖》於『楚焞』下注云：『焞即焌，俱音鐏。』聶氏引《周禮·菙氏》文後指出：『然則焌、焞契，三字二名，具是一物，皆用楚爲之。楚，荆也。當灼龜之時，其菙氏以荆之焞契柱燋火之炬以吹之，其契既然，乃授卜師，灼龜開兆也。』①可見焌即焞契，義同楚焞，其物由荆木或麻葦製成。朱駿聲云：『楚焞謂之契，如今之麻骨，以荆爲之。炬謂之燋，如今之火把，以葦爲之。』故望山楚簡㚇字或益艸旁以足義，正可印證。要之，焌與焞同字同物，用以灼龜開兆，均與龜卜有關。

焌與焞既是同字同物，其與爨字之關係亦有綫索可尋。上古焌字屬精紐文部，爨字在清紐元部，精清同爲齒頭，文元旁轉，古音十分接近。《集韵·桓韵》在『七丸切』的小韵中收有爨字，注『炊也，《周禮》「以火爨鼎水也」』。同一小韵又有鋑字，與爨完全同音。鋑、焌均从夋得聲，可見爨與焌（㚇）讀音也應相同。古籍中并不乏爨與夋聲通假的例證，如《説文·革部》：『⿰革爨，讀若鑽，或作⿰革贊。』《集韵》：『躦、蹲』同字，《山海經·大荒東經》『有一人踆其上』，郭注：『踆或作俊，皆古蹲字。』與上引鄭注《周禮》『⿰革爨讀如戈鐏之鐏』正可互證。以形義言，焌、爨二字皆从火取義。《説文》：『焌，然火也。』王筠謂『別本無火字』②。

① 聶崇義：《三禮圖》卷八。
② 見王筠《説文句讀》『焌』字條。

《禮記·喪大記》：『甸人取所徹廟之西北扉，薪用爨之。』孔疏：『爨，然也。』是則焌、爨二字同訓爲『然』。《文選·七命》注引《漢書》韋昭注：『爨，灼也。』李善注《琴賦》引《説文》：『灼，明也。』按李善引文乃『焯』字之訓（焯灼古通）。《説文·火部》焯、灼二字相鄰，皆訓『明也』，又與『焞』字同訓。由此足證焞、焌、爨三字義正相屬。綜上所述，楚簡中的代月名『紡月』實即『焌月』，同於秦簡的『爨月』，據包山楚簡楚曆的月序，紡月所指代的具體月份，當爲楚曆十一月。

紡（焌）月之紡，旨在灼龜開兆，於江陵楚簡中又可得一佳證。據初步整理所得，望山一號楚墓出土的竹簡中，在『紡月』内多次出現『黄竈占』語，其中惟一得以拼復之一整簡言之尤詳。簡文云：

> 辛未之日埜齋，以其古（故）[敚]之，無佗。占之曰吉。烟以黄竈習之，尚祱。聖王、悳王既賽禱。己未之日賽禱王孫巢。①

這一簡記載辛未、己未兩天的祭禱活動。辛未賽禱聖（聲）王、悳（悼）王②；己未賽

① 中山大學古文字學研究室：《戰國楚簡研究》（三），1977年（油印本）。此次釋文略有改動。

② 參閲陳振裕《望山一號墓的墓主與年代》所引材料，刊《中國考古學會第一次年會論文集》，文物出版社1979年版。又見湖北省文物考古所與北京大學中文系合編《望山楚簡》，中華書局1995年版，第90頁注（24）。

禱王孫巢。內容十分重要。賽禱之前，先野齋，次占，再次卜。『黄竈』之竈從黽霝聲。爲靇之異構。《集韻・青韵》有靇字，音靈，注：『黄靇，龜名。』《廣韵・青韵》作靇。龜卜之法，復卜爲習。《周禮・龜人》：『祭祀先卜。若有祭事，則奉龜以往。』簡文於𩒨月之內記『以黄靇習之』，正可與焌契、楚焞灼龜以卜相印證。

二、釋𩒨、戠、㩁

𩒨　𩒨字在包山楚簡中只出現過三次（見簡 129、221），同於望山簡，其餘皆省作𩒨。此字除用於月名外，還有其他的用法。

甘匿之歲，左司馬适以王命命恒思舍業煮□王之𩒨，一青犧之賫，足金六匀（鈞）。（簡 129）

如前所述，𩒨即焌字，在此當讀爲爨。《楚辭・憂苦》：『爨土鬵於中宇』，注：『爨，炊竈也。』《廣雅》：『爨，炊也。』《周禮・亨人》：『職外內饔之爨、亨、煮』，注：『爨，今之竈，主於其竈煮物。』簡文『煮□王之𩒨，一青犧之賫』，意謂炊煮□王之竈，以青犧及羊各一爲饋贈。

戠　包山楚簡在遣策簡牘中屢見一『戠』字，有關簡文摘録如下：

五䂂，戠。（簡 269）

臼戟。（簡 272）

九䂂，二戟，皆𢦏。（簡 273）

五䂂，戟。（牘 1）

本組所記，皆屬遣策簡中『甬車』上所載的兵器，其中簡 269 與牘 1 所記文字基本相同。『臼』疑讀爲舊，他處還有『臼毦』、『臼䚯』等。戟與䂂每相連爲文，可見二者關係之密切。䂂讀如厹。戟字从戈臭聲，按上節臭即焞的音讀，當讀爲錞或鐏。《詩·秦風·小戎》：『厹矛鋈錞』，傳：『厹，三隅矛也；錞，鐏也。』秦詩『厹』、『錞』連言，猶簡文之『䂂』、『戟』連文，二者正可互證；且由此反證戟在此當讀爲錞。包山二號楚墓出有雙葉下延成倒鈎狀的矛，包山楚簡整理小組以爲可能就是厹矛①。但以戟爲鍛即錐狀之矛②則非是。《說文·金部》：『錞，矛戟柲下銅鐏也。』又云：『鐏，柲下銅也。』桂馥曰：『柲下銅也者，當爲戈柲下銅也。矛戟下曰錞，戈下曰鐏。』此以矛戟與戈，區別其下銅爲錞與鐏。但矛戟下也有稱鐏之例，《釋名·釋兵》：『矛下頭曰鐏，鐏入地也。』上揭包山簡文：『九䂂、二戟，皆𢦏𢦏。』楚帛書邊文『以利𢦏伐』，𢦏用作侵。按𢦏在此當讀爲鋟，鋭末曰鋟，字也作鑯。簡文的意思是：九矛二戟皆鋭末。與《釋名》所言相符。《禮記·曲禮》：『進戈者前其鐏，後其刃；進矛戟者前其鐓。』鄭注：『鐏鐓雖在下，猶爲首。鋭底曰鐏，取其鐏地；平底曰鐓，取其鐓

① 參見《包山楚簡》注（627），文物出版社 1991 年版。

② 參見《包山楚簡》注（629）。

地。』鐓即錞之繁構。要之，鐏、錞二字同源，泛指長兵柲下之銅飾物，其制有鋭底平底之分，渾言之則鐏錞不別，彼此可以互注；析言之則略有差異，當視其實際情況加以判定。

韅　包山楚墓遺策簡中有如下一段文字：

鼾鼶之韅鞍，紫紳、紃綘、紫給。（簡 271）

本組屬遺策篇中『正車』上所載的隨葬品。凡豸旁簡文多从鼠作，故鼾即豻，鼶即貘。豻似狐而貘似熊，其皮均可製革。鞍即鞍字，《説文・革部》：『鞍，馬鞁具也』，鞍爲跨馬所設之具。韅簡文作𩋘，右半乃㬎字最簡之體。以上節㬎字音義求之，當是韅字。《説文・革部》：『韅，車衡三束也。』段玉裁以爲『三束』當作『五束』，并云：『韅之言欑也，以革縛之凡五。』據此，簡文『豻貘之韅鞍』，乃指用豻貘之革欑縛之鞍具。鞍具爲人所騎坐，用豻貘之革欑之，以策安全。紫紳、紃綘、紫給等皆鞍上之飾物。

三、釋𡰪

長沙五里牌 406 號墓出土殘簡 37 枚，經拼復爲 18 枚。簡文内容是記載隨葬器物的清單。其制在簡之上半記以名物及數量，下半記存放處所。其中八簡有『在医臧』的記號。医臧當讀爲胠篋。《説文》訓胠爲『亦（腋）下也』，引申而有旁、側及邊之義。篋爲箱篋。可見簡文的『医臧』當指考古學上所謂的邊箱。簡文標記『在医臧』者，是指該隨葬品置放於椁室的邊箱。另三簡下段標有『在長□』的記號，長下一字分别作：

（簡 13）

（簡 14）

（簡 18）

過去因此字不識，難以確知簡文的真正意義。最近新出包山楚簡屢見此字，形體分別作：

（簡 61）

（簡 78）

（簡 78）

簡文云：

十月辛未之日，不行代易厩尹郙之人或戟於長層公之軍。（簡 61）

㝵月己亥之日，長鄖之旦陽倚受期，甲辰之日，不遅長遷正差鄆思以廷。（簡 78）

將包山簡的層、鄖和遷與五里牌簡的『長』下一字比較，即可判斷其爲『層』字。據包山簡簡文，長層乃邑名，簡 78 一文从邑其義尤顯。而五里牌簡之『長層』則決非地名。簡文『在長層』應與『在𠫑臧』相當。其具體涵義由下面一簡可以得到啓示：

相遷之器所以行。（簡 256）

上文是包山遣策簡簡首的第一句。『相』假爲箱，簡文『箱遷』當指椁室尾部的脚箱。整句的意思是：用於出行的隨葬物品放置在椁室尾部的脚箱。準此，五里牌楚簡的『在長㞙』，應與包山簡的『相遷』相當，是指該簡所記的器物，放置於椁室尾部的脚箱，以與置於椁室兩『亦（腋）』即邊箱的『医臧』相區別。

長沙楚帛書丙篇『玄』月内也有此字，我們在《楚帛書》附釋文臨寫本中據紅外綫照片摹作□，而釋爲遲①。饒宗頤先生《楚帛書新證》因此字上下文殘缺太甚故未作解釋。李零此字原釋爲遖②，後改釋作遲，并據以隸定甲篇虘下殘文爲遲字。李解釋説：『此字當是徙的古文，《説文》徙古文作□，叔夷鐘、鎛和陳肪簋□字从之，皆作㞙。』③今按李釋遲爲徙可從。然楚系文字與齊系文字略有差别。據楚簡遷字，知楚帛書作遲者乃从辵从㞙省聲。《説文》古文則借㞙爲徙，古文作□者乃齊系㞙字之訛變。

齊系文字除上面提到的陳肪簋作□，叔夷鐘作□之外，還有著名的『昜都邑』璽。璽文『昜都邑聖□盟之璽』，『聖』下一字他璽或作□、□，歷來争議最多，有隸定爲遡或逌的，均有未安。今以楚簡之㞙及遷證之，當釋爲㞙及遷字。清宋書昇爲《續齊魯古印攈》作序時，已釋此字爲徙。宋氏云：□乃徙字，『徙屎二字古通用。毛詩「民之方殿屎」，即借屎爲徙。屎尸从尾省，《説文》徙之古文作□亦即屎字，中从火者，尾篆从到毛與火近，文字流傳趨變使

① 見饒宗頤、曾憲通《楚帛書》圖版13，中華書局香港分局1985年版。
② 李零：《長沙子彈庫戰國楚帛書研究》，中華書局1985年版，第79頁。
③ 李零：《長沙子彈庫戰國楚帛書補正》，中國古文字研究會成立十周年論文，1988年7月。

然。篆書加辵與碧落碑所書徙篆政同。』① 宋氏所引見毛《詩·大雅·板》篇：『民之方殿屎』。『殿屎』訓爲呻吟。《説文》引《詩》作『民之方唸吚』（依《五經文字》引當作『唸吚』，吚从口伊省聲），可見毛《詩》之『殿屎』乃『唸吚』之借字。《説文》徙古文作𡱂，《汗簡》引碧落碑文作[glyph]（今碑文作[glyph]），下俱从米，與齊文尤近。然屎、吚皆脂部字，徙乃歌部字，聲韵遠隔。而⿸尸彡徙則同屬歌部。因頗疑齊璽文之⿸尸耒是⿸尸彡之變體，流行於齊地，《説文》古文既來源於『壁中書』，故以流行於齊魯之⿸尸耒作爲徙的古文，自是情理中事。從現有的材料看，它們都源自西周金文的[glyph]字。現將⿸尸彡、⿸尸耒，以及作爲徙之古文的𡱂等相關形體録出，按其嬗變關係列表如下：

以上第一列爲楚系⿸尸彡字。形體雖略有訛變，然其結構與西周逆鐘、師𣪕簋之⿸尸彡字基本相同。第二列爲齊系⿸尸耒字及其變體，其中尾的形體雖左右向背和繁簡不同，但其共同特點均以米代少（沙），爲下列古文之所本。第三列爲傳鈔古文⿸尸耒字，其中[glyph]訛爲[glyph]或[glyph]，下从米同於齊

① 郭申堂：《續齊魯古印攈·宋序》。

系文字，《説文》古文借用爲徙。

四、釋梟、鳶、翼、鳴

楚文字中鳥形的變化比較複雜。過去由於作偏旁用的鳥形不易辨認，以致有關的簡帛文一直未獲得確解。近年來由於楚文字出土日多，爲我們提供了相互參證的有利條件。金文鳴字鳥旁蔡侯鐘作[古文字]、王孫亯鐘作[古文字]，王孫遺者鐘作[古文字]，而曾侯乙編鐘鴃字鳥旁作[古文字]，包山楚簡鷄字鳥旁作[古文字]，更與楚帛書鳥旁如出一轍。

[古文字] 楚帛書丙篇『倉』月云：『曰倉：不可以川，□。大不訓于邦，又[古文字]，内于上下。』[古文字]字上从[古文字]，即鳥頭之省。鳥頭下从木乃梟字。《説文·木部》：『梟，不孝鳥也，日至捕梟磔之。从鳥頭在木上。』楚人忌梟，以爲不祥，故於日至之日捕梟磔之。《漢書·郊祀志》：『祀黄帝，用一梟。』當與楚俗有關。帛文言『大不訓（順）于邦，有梟，納于上下』，意謂於倉月邦有大不順者，則用梟爲祭，納於上下神祇。包山楚簡於『飤室』内有『梟二箕』（簡 258），與『熬鷄一箕』、『煮鷄一箕』、『熬魚二箕』等同列。字亦作[古文字]，與帛文同。整理小組隸作杲而釋爲棋，非是。

[古文字] 楚帛書丙篇『𣪘』月云：『曰𣪘，[古文字]𨑻□得，以不見，月在□□，不可以享祀，凶，取□□爲臣妾。』[古文字]字从鳥戈聲，當釋爲䳄即鳶。鳶字出現甚早，金文之[古文字]，甲骨文之[古文字]，皆於鳥頭上戴戈形，爲鳶字初文。古文字偏旁戈與弋每互作，故鳶又寫作鳶。鳶屬鷙類，爲善擊殺之鳥。帛文之『鳶𨑻（帥）』，意指善於擊殺之統帥。

[古文字] 楚帛書乙篇云：『隹李德匿，出自黄淵，土身亡[古文字]，出入□同，作其下凶。』帛書此

文左从鳥旁，右从異聲，以諧聲求之，當是⿰鳥異即翼之異構。帛文此處講的是李，李星即火星，因其隱現不定，令人迷惑，故又稱『熒惑』。『出自黄淵』，是説熒惑從地面升起，古人以爲出自黄淵。『土身亡翼』，土，火也。《春秋繁露》以五行對土者火也。『土身』指火星。『土身亡翼』殆指火星不帶光芒。古人認爲，這類不帶光芒的火星出現於某一分野，其下則有凶兆，故云然。

[鳴] 包山『疋獄』簡95云，九月戊午之日，邵無⿰歺戈之州人某控告郊之[鳴]⿰鼠瓜邑人某某殺人。整理者[鳴]字缺釋，此字右旁似鳥形，从鳥从口乃鳴字；⿰鼠瓜字从鼠从瓜聲，楚簡偏旁每以鼠代豸或犬，故⿰鼠瓜當是狐字。鳴狐爲楚邑名，地望待考。又簡194『集脰（厨）鳴夜』之鳴字作[鳴]，乃此字之反書，簡文在此用作人名。

五、『⿵凡虫』字探源

『風』字何以从虫？其古文何以从日？這個問題，自許慎以來似乎還没有人説得清楚。儘管有人懷疑過《説文》『風動蟲生，故蟲八日而化』的解釋，想從先秦文字中找到反證，可是長沙楚帛書中却偏偏出了個从虫凡聲的『⿵凡虫』字，可見《説文》所收的篆文確有所本，問題在於對風字的形體結構作何解釋。

近讀黄錫全同志所著《汗簡注釋》，很受啓迪，深信要揭開楚帛書⿵凡虫字及其古文之謎，實有賴於對甲骨文、金文資料的細緻分析。黄錫全同志指出：『甲骨文假鳳爲風，《説文》風字古文作□，當由□、□等形省變。』① 綜觀先秦風字的資料，其形體演變的軌迹當如下表：

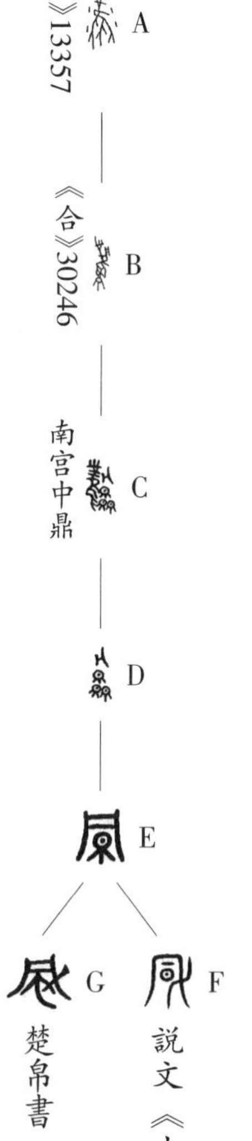

表中甲骨文例A以鳳爲風，例B是在A的基礎上加『凡』爲聲符。例C爲金文，已將鳳尾紋飾與鳳體分離，且移置聲符『凡』之下，形成左右式并列結構，其右旁之□，則爲風字之濫觴。例D是C的簡省，由偏旁獨立成字，例E是D的進一步簡化，即由聲符和單個鳳尾紋飾所組成。此形體爲風字的分化提供了條件。D、E二形雖然尚無出土資料的實證，然而却合乎字形發展的一般規律，應是可信的。漢夏承碑風字作□，孟孝琚碑作□，皆是□形的變體，并可作爲□字存在的旁證。例F和G則分別是E的分化和省變，即在聲符『凡』之下，《說文》古文取鳳尾紋飾之上部『⊙』而成得□字；楚帛書取尾飾之下部『□』而成□字。兩相對照，若合符節。由此可見，風字自甲骨文時代至今皆假鳳爲之，不過後代分別以其尾飾之局部代替鳳體，故不易爲人所覺察。尾飾之□，猶孔雀尾端之錢斑，是鳳鳥別於其他鳥類的主要

① 參見黃錫全《汗簡注釋》，武漢大學出版社1990年版，第216、450、451頁。

特徵，故以之代表鳳之整體。其本與虫、日無關，許慎以其字形與虫、日相類，遂以『風動蟲生，故蟲八日而化』强爲之解，是不足爲據的。

校後附記： 此文曾於中國古文字研究會第九届年會（南京·1992年）上宣讀。文中引用金文鳳字採自宋人薛尚功《歷代鐘鼎彝器款識》摹本。近讀臺灣學者蔡哲茂先生《甲骨文四方風名再探》（刊《金祥恒教授逝世周年紀念文集》臺北1990年7月版），得知吴匡先生在《釋盠駒尊蓋鳳字兼説風字》（未刊）中已釋盠駒尊蓋銘之、爲鳳即風字，銘文分别讀作『風雷騅子』和『風雷駱子』。吴先生指出：『字从（）聲，爲凡字，爲隹（鳥）字，从鳥凡聲，鳳字亦風字也。』又云：銘言『王錫盠駒，其迅疾如風雷也』。堪稱卓識。宋人著録之南宫中鼎銘爲傳世之摹本，盠駒尊銘乃出土之真品，二器所傳鳳即風字可謂異曲同工，誠可珍貴。盠駒尊銘此字過去不識，故特志之。

1996年元月

（原刊《中山大學學報》1996年第3期）

楚帛書文字新訂

1942年，長沙子彈庫楚帛書被盜掘而重現人間，迄今已歷半個多世紀，這件圖文并茂的戰國文物魅力依然，有關論著不絶，竟達一百餘種。筆者前有《長沙楚帛書文字編》等撰述，隨着近年新出楚簡資料日增，『覺今是而昨非』，對過去楚帛書文字考釋中若干疑莫能定的問題似可重加檢討，有所訂正。

一、凥（處）于餟□

帛書甲篇云：『凥于餟□。』首字舊釋『居』，實即《説文》凥字，从尸从几會意。包山楚簡32號有『不以所死於其州者之居凥名族致命』句，居、凥同時出現於簡文中，可見二字自古有别。我們不妨以《老子》爲例，考察一下居、凥二字在典籍中的使用情况。下面分别以A、B、C、D代表郭店楚簡本、馬王堆帛書甲本、馬王堆帛書乙本和傳世傳奕本。

1. 是以聖人居無爲之事（舉例爲楚簡釋文，下同）。

A作『居』，B、C同，D則作『處』。王本作『處』①，異本作『居』。

2. 成而弗居。

A作『居』，B、C同，D則作『處』。王本作『居』，敦煌本、遂州本及范本則作『處』。

3. 夫唯弗居也。

A作『居』，B、C同，D范本作『處』，他本作『居』。

4. 王凥一安（焉）。

A作『凥』，B、C作『居』，D作『處』，景龍碑及徽、邵、彭三本作『處』，他本作『居』。

5. 君子居則貴左。

A作『居』，B、C、D同，他本亦同。

6. 是以下將軍居左，上將軍居右。

A作二『居』字，B、C同，D則作『處』。范、徽、邵、彭、樓古及景福碑皆作『處』，他本則作『居』。

7. 言以喪禮居之也。

A作『居』，B、C同，D作『處』，王、范、徽、邵、彭、焦、孟頫諸本作『處』。

① 《老子》版本及簡稱參高明先生《帛書老子校注》卷首，中華書局1996年版。

8．戰勝，則以喪禮居之。

A作『居』，B、C、D皆作『處』，王、景福、慶陽、樓古、磻溪、樓正、孟頫、顧、邵、司馬、蘇、志諸本皆作『處』。

從以上八例諸本異同勘校結果來看，無論是出土簡帛材料，還是傳世的各種寫本、刻本材料，『居』、『凥』、『處』都存在大量的互作情況。

朱駿聲《説文通訓定聲》：『凥，處也。从尸得几而止，會意……按从几與処同意。經傳皆以居爲之。居者屍字，俗居作踞。』朱氏以『居』爲『屍』、『踞』之初文是對的，但謂經傳都借『居』爲『凥』則不全合於事實。

段玉裁對『居』、『凥』二字有較明晰的考辨：『《説文》有凥有居。凥，處也。从尸得几而止。凡今人居處字，古衹作凥處。居，蹲也，凡今人蹲踞字，古衹作居。《廣雅・釋詁》二凥也一條，《釋詁》三踞也一條，畫然分別。……今字用蹲居字爲凥處字，而凥字廢矣，又別製踞字爲蹲居字，而居之本義廢矣。』

從段氏的考辨可知，古人每借『蹲居』之『居』（後別作踞）爲『凥處』之『凥』，久假不歸，後世就作『居處』了。中古一部分照系三等字來自上古牙音的見系①，故『凥』與『居』不但韵部相同，聲紐本亦相近，不然就不會以喉音字的『虍』作『處』的聲符了，而喉音的曉母、匣母是來自牙音的見、溪、群諸紐的②。凥與處爲一字異體，从尸爲平卧之人，从夂爲

① 陳初生：《上古見系聲母發展中一些值得注意的綫索》，載《古漢語研究》1989年第1期。
② 李新魁：《上古音『曉匣』歸『見溪群』説》，載《學術研究》1963年第2期。

人之局部（脚趾）。因此，《説文》用處訓凥，看作以今字釋古字之例也未嘗不可。

總之，帛書甲篇『凥于䢵☒』當釋爲『處于䢵☒』，而不宜釋首字爲『居』。

二、咎而〈天〉步達

帛書甲篇：『以司堵壤，咎而〈天〉步達。』選堂先生指出：『司堵壤與平水土有關。咎可讀爲晷。《釋名·釋天》：「晷，規也，如規畫也。」并訓「步」爲「推步」』①。《文字編》云：『此字（指達）諸家缺釋，選堂先生以爲逜字之殘，謂步逜即步瘄。』② 近年馮時釋此字爲『遱（數）』，謂『晷步天數即規步天數，……帛書以爲周天曆數乃禹、契步算而得，故數字从辵。』③ 今按，帛書乙篇有『婁』字作妻，即使此字爲何从辵勉强可説通，然右旁與『婁』字相去甚遠。

包山楚簡 119 號有字作達，凡二見，整理者當未隸定字處理。簡文均用爲人名。高智釋『逨（造）』④，亦非是。九店楚簡有字與包山簡及楚帛書相同，李家浩釋爲『達』，甚是⑤。郭店楚簡

---

① 饒宗頤：《楚帛書新證》，載《楚地出土文獻三種研究》，中華書局 1993 年版，第 237 頁。

② 曾憲通：《長沙楚帛書文字編》，中華書局 1993 年版，第 64 頁。

③ 馮時：《楚帛書研究三題》，載《于省吾教授百年誕辰紀念文集》，吉林大學出版社 1996 年版，第 190 ~191 頁。

④ 高智：《〈包山楚簡〉文字校釋十四則》，載《于省吾教授百年誕辰紀念文集》，吉林大學出版社 1996 年版，第 184 頁。

⑤ 李家浩：《江陵九店五十六號墓竹簡釋文》，見湖北文物考古研究所編著《江陵九店東周墓》，科學出版社 1995 年版，第 507 頁。

此字多見，簡本《老子》甲組有『非溺玄達』，馬王堆帛書乙本正作『微眇玄達』。《古文四聲韵》引《古老子》達字作𨕖，簡文乃其所本。

『咎』下一字諸家均釋爲『天』，李家浩指出是『而』字，拙作《文字編》已從其説。然帛書『天』、『而』二字雖有上下體連與不連的差別，而形體酷似，辨析不易。江陵九店M56的19、22、33號簡有日書成語『無爲而可』，『而』字作𠀆，整理者均未釋出，劉樂賢已代爲補釋。①簡本《老子》『天』、『而』兩字亦每有相混之例，如甲組：『古（故）不可得天〈而〉新（親）』，『人多智天〈而〉戠（奇）勿（物）慈（滋）记（起）』二句，二『天』字皆爲『而』字之訛混。郭店簡《五行》篇：『德，而（道也）』（簡20）；『聖人知而道也』（簡26、27）；『［文王在上，于昭］于而』（簡30）。三『而』字皆爲『天』之誤書。由此推測帛書此處的『而』字亦有可能是『天』字的寫訛。從上下文來看，咎下一字仍以釋『天』爲長。所謂『咎（晷）天步達』，就是説通過規測周天度數，制定曆法，推步達致神明之境。這種溝通神人的方式，反映的是創世時期混沌初開的狀况，與『絶地天通』、『神人異業』的情形有别。

三、九州不坪（平）

帛書甲篇『九州不𡑞』。末字嚴一萍、裘錫圭、李家浩諸先生釋『坪』，選堂先生釋『𡊅』，後釋『重』。各家之説均持之有故，過去難以按斷。

郭店楚簡《老子》丙組：『埶（整理者釋『執』，此從裘錫圭先生按語改）大象，天下往。

① 劉樂賢：《九店楚簡日書研究》，載《華學》第二輯，中山大學出版社1996年版，第61～62頁。

往而不害，安坪大。』馬王堆帛書《老子》及傳世本均作『安平泰』。『坪』字楚簡作，與楚帛書同。由此看來，楚帛書確當釋爲『九州不坪（平）』。

四、燥氣倉氣

帛書甲篇：『山陵不疏，乃命山川四海，燹（氣）燹（氣），以爲其疏，以涉山陵。』『寘燹（氣）燹（氣）』一語，歷來聚訟紛紜。首字舊或釋熏，或釋寮，李零分析爲从宀埶聲①，劉信芳謂寘字當是从宀从戠省，戠即《說文》熾之古文②。李、劉二氏均將寘氣讀爲熱氣。周鳳五氏認爲『應可確認無疑』③。

今按，字諸家隸定無誤，只是字形分析及釋讀仍有可商，論者均以屮爲義符，實則以屮爲聲，字當釋爲从宀炗聲。炗从炅即熱之初文以爲義，屮以爲聲，疑爲燥字異構，故寘可讀爲燥。聲符之屮，《說文》以爲艸之古文，後孳乳爲草。出土古文字材料及傳世文獻亦屢見用屮爲艸即草之例，如侯馬盟書1.91茀字作，天星觀卜筮簡『英』字作，或作，遣策簡作。包山簡『若』字从屮从艸任作，如作（包2・70），或作（包2・155）。古璽『藥』

① 李零：《土城讀書記（五則）》，紀念容庚先生百年誕辰暨中國古文字學國際學術研討會論文1994年；後易名爲《古文字雜識（五則）》，刊於《國學研究》第三卷，1995年，第267～269頁。

② 劉信芳：《楚帛書解詁》，載《中國文字》新廿一期，（臺北）藝文印書館1996年版，第76頁。

③ 周鳳五：《子彈庫帛書『熱氣倉氣』說》，載《中國文字》新廿三期，（臺北）藝文印書館1997年版，第237～240頁。

字作从中（《璽匯》1384），漢印作从艸（《印徵》1·16）。銀雀山漢墓《孫臏兵法》『草』字，簡108作，簡159作。《易·屯》：『天造草昧』，《漢書·敘傳》作『天造中昧。』《荀子·富國》：『刺中殖穀』，楊倞注：『中，古草字。』中（艸、草），清紐幽部字；燥，心紐宵部字。上古音幽、宵二部最近，聲紐清、心同部位，故寞可釋爲燥字別體。

第三字歷來争議最多，早期有釋『再』、釋『金』諸説，李零曾疑是『害』字，筆者據中山王礨器之『百』字作而釋爲『百』之異構，形雖近而義未安，近時李零改釋爲『寒』字之省，推理成分較多而未見有省寫之實證。周鳳五氏根據包山、望山和天星觀楚簡的『倉』和从『倉』的字，認爲形體與第三字『十分相似』而釋爲『倉』字。雖然楚帛書丙篇亦有『倉』字作，楚簡中較爲草率的寫法作，且下亦从二横，就形體而言，較金文的『寒』字更爲接近，周説可從。

郭店楚簡《老子》乙組竹簡云：『喿勝蒼，清勝然。』周鳳五指出第一句三字馬王堆帛書甲、乙種均作『趮勝寒』，今本作『躁勝寒』，簡帛各本用字雖小有出入，文意則一。劉信芳謂『喿勝蒼』，當釋『躁勝滄（滄）』①。周先生以爲『熱氣倉氣』得此堅强證據可成定論。其實，文意雖得確詁，若論釋字，帛書『㷉（氣）㷉（氣）』則宜釋爲『寞（燥）㷉（氣）倉（滄）㷉（氣）』。郭店簡《太一生水》云：『四時復相補（輔）也，是以成倉（滄）然（熱）。倉（滄）然（熱）復相輔也，是以成濕澡（燥）。』據此則『倉（滄）』與『然（熱）』對，『濕』與『澡（燥）』對。不過『燥』與『熱』二字均从火，義實相涵，今語『燥熱』，

① 劉信芳：《楚簡老子釋讀二則》（稿本），轉引自周鳳五《子彈庫帛書『熱氣倉氣』説》。

猶自沿用。故『燥』可與訓寒之『倉（滄）』對舉，而帛書之『寁（燥）燹（氣）倉（滄）燹（氣）』與楚簡《老子》之『喿（燥）勝蒼』正可互證。

五、唯李德匿

帛書乙篇：『隹李德匿。』『李』字作𡥀，朱德熙、裘錫圭先生釋『殺』，商錫永、李學勤、饒選堂先生釋『孛』。《文字編》從之。然郭店楚簡《老子》乙組有『明道如孛』句，『孛』字作𡥀，整理者謂與《古文四聲韵》引《古孝經》悖字同形。則帛文非孛字明矣。近時鄭剛、何琳儀、劉信芳相繼釋爲『李』字，可信。字乃从子來省聲，楚簡『來』字每作𡍲或𡍲可證。包山『疋獄』簡簡文末了每署『某某爲李』之『李』讀爲『理』，乃指法官，帛文則專指李星。

商先生讀『德匿』爲『側匿』甚是，古籍又作『仄慝』、『縮朒』①。《尚書大傳》解釋說：『朔而月見東方謂之側匿。』朔日早晨月亮在東方只現一綫，這是月亮行度遲緩的天文現象。李零認爲『德匿』是個反義合成詞。『德』指天之慶賞，『匿』指天之刑罰，表示上天對人事的報施，亦就是古書常見的『德刑』或『刑德』②。

今按，『德匿』并非反義合成詞，而是近義合成詞。『側』與『仄』均是不平不正之意，『德匿』之『德』亦當讀爲『側』或『仄』。《左傳·文公十八年》：『好行凶德。』《史記·

---

① 商承祚：《戰國楚帛書述略》，《文物》1964年第9期。

② 李零：《長沙子彈庫戰國楚帛書研究》，中華書局1985年版，第57～58頁。

五帝本紀》『德』作『㥁』。《説文》：『匿，亡也。』《爾雅·釋詁》：『匿，微也。』帛書稱『唯李德匿』之『李』星就是火星，古人因火星隱現不定，令人迷惑，故又名爲『熒惑』。『朔而月見東方』，李星或歲星行度不正常都可稱爲『德匿』。《史記·天官書》：『熒惑爲勃亂、殘賊、疾、喪、饑、兵。』又『察剛氣以處熒惑。……禮失，罰出熒惑，熒惑失行是也。出則有兵，入則兵散。』帛書『德匿』一詞凡四見，均在乙篇，都是指李星或歲星隱匿失行而引起人間社會的灾異變化。『凡歲德匿』是説凡是歲星隱匿的時候，接着羅列種種妖祥。『唯德匿之歲』是指幽微的歲星。『隹李德匿』指李星幽隱不明，故描述其形象是『出自黄淵（泉），土（徒）身亡（無）𩨗（翼）』，結果是『出内（入）☐同，乍其下凶』。『李』同『理』，天上的李星就像人間的李官即法官，專司刑罰之職，李星不顯，猶法官失威，故有種種凶象。李星、歲星的職能極爲相似，都是報德懲惡，因而在楚帛書中相提并論——『是胃（謂）李、歲』，『李、歲内（入）月七日……』句式亦每每相似，如『凡歲德匿』與『隹（唯）李德匿』等。

六、取女爲邦笑

帛書丙篇：『取（娶）女，爲邦笑。』笑字作𦬹，从艸从犬，爲秦漢簡帛笑字形體之所本，筆者嘗有考辨。朱德熙先生以笑爲『莽』之省而讀爲『墓』。釋笑釋莽，論者依違不一。今按郭店楚簡《老子》乙組云：『下士昏（聞）道，大笑之；弗大笑，不足以爲道。』二『笑』字皆从艸从犬，與楚帛書所見相同，而馬王堆帛書乙本及傳世諸本此處均作『笑』，可證帛書此文確爲『笑』字。

《文字編》前謂帛文『爲邦笑』乃戰國恒語，僅舉《韓策》爲證，以『爲天下笑』與『爲邦笑』同意。今檢諸子書，知『爲邦笑』雖非戰國恒語，而被動句式『爲……笑』之證頗多，試補述之。《莊子・徐無鬼》：『吾恐其爲天下笑。』又《盜跖》：『然卒爲天下笑。』《荀子・强國》：『必爲天下大笑。』《韓非子・十過》：『則滅高名爲人笑之始也。』又：『爲天下笑。』又：『而滅高名爲天下笑者，何也？』又：『爲諸侯笑。』又《奸劫弑臣》：『無爲人笑。』又《外儲説右下》：『故身死爲戮，而爲天下笑。』又《難勢》：『使臧獲御之則爲人笑。』又：『或爲笑。』又《説疑》：『爲天下笑。』又《五蠹》：『必爲鯀、禹笑矣。』又：『必爲湯武笑矣。』又：『必爲新聖笑矣。』又：『而身爲宋國笑。』有了大量的傳世文獻相印證，知帛文『爲邦笑』當可論定，而釋笑爲『莽』之省而讀爲『墓』則稍嫌迂遠。更有進者，歷來『笑』字形義分析未有確解，今得楚帛書芺字之助，知此體乃『笑』字目前所見最早之古文字形體，故而頗疑『笑』字本从犬，从艸得聲。何以从犬雖不易質言，後人不明艸爲聲符，復因古文字偏旁从艸从竹義近每互作，卒至易艸爲竹作義符，訛犬爲夭作聲符。

利用新出簡帛材料與楚帛書合證，某些問題尚有可爲，惜一時頗難廓清。例如，帛書乙篇稱：『日月星辰，亂⿺辶⿰彳夂其行；綎（贏）絀⿺辶⿰彳夂□，卉木亡尚（常）。』又：『是胃（謂）⿺辶⿰彳夂月，閏之勿行。一月二月三月，是胃（謂）⿺辶⿰彳夂終。』此數處之⿺辶⿰彳夂字，《文字編》據何琳儀、李學勤之説，并引秦漢簡帛文字以證其與避、逹、逆爲一字。今據新出楚簡材料，知當是『失』字，而帛文此字音形當如何分析，則不易索解，有待以後進一步探討。

（原刊《中國古文字研究》第一輯，吉林大學出版社，1999年）

編校後按： 楚帛書『』字過去或釋季，或釋殺，或釋孛。此從鄭剛釋作李。帛文之李指李星。參本書《楚帛書文字新訂》及鄭剛《楚簡道家文獻辨證》第 61 ～ 75 頁附《戰國文字中的『陵』和『李』》（汕頭大學出版社 2004 年 3 月）。

楚月名初探

——兼談昭固墓竹簡的年代問題

1965年冬，湖北江陵望山一座戰國楚墓中出土了一批罕見的竹簡①。竹簡的內容，是墓主人昭固生前一段時間裏有關疾病、禱祝、占卜等生活雜事的札記②。從目前拼聯的簡文看出，這批竹簡的記時方法比較特殊，它除以干支記日之外，還以特殊事件記年，用代月名記月。已發現的代月名有『⿱刑田⿸尸示之月』、『⿱癶貝月』（或作『⿱艹⿱冖貝月』）和『獻馬之月』三種。由於這類代月名在文獻中無可稽考，所以一直還不能確知它們各自指代的是哪一個月份。

1975年冬，從距離江陵不太遠的湖北雲夢睡虎地的一座秦墓中，發現了大批秦簡③，簡文中保存着極有價值的『秦楚月名對照表』。現試就『秦楚月名對照表』提供的綫索，對戰國時期的楚代月名作一初步探討。

① 見《文物》1966年第5期。
② 參見《江陵昭固墓若干問題的探討》，載《中山大學學報（哲學社會科學版）》1977年第2期。
③ 見《文物》1976年第6期。

一、秦楚用曆的異同及其相互關係

『秦楚月名對照表』見於秦簡《日書》甲種《歲》篇，原由四簡組成①，分上、中、下三欄書於簡之下半段，表中秦楚月名對照如下：

秦楚月名對照表

十月楚冬夕	十一月楚屈夕	十二月楚援夕
正月楚刑夷	二月楚夏尿	三月楚紡月
四月楚七月	五月楚八月	六月楚九月
七月楚十月	八月楚爨月	九月楚獻馬

上表每欄之前者爲秦曆，後者爲楚曆，兩相對照，我們可以看到秦楚用曆的大致情況及其相互關係。

（一）秦以建亥之十月爲歲首，九月爲歲終，屬顓頊曆。但從『對照表』上看，秦用顓頊曆只改歲首而未改月次及四季搭配，所以秦曆既不稱夏曆十月爲正月，亦不改夏曆正月爲四月，因而秦曆的月次與春夏秋冬搭配亦與夏曆相同。

（二）楚在戰國時已用夏曆，即以建寅之夏正爲歲首。但『對照表』上楚曆以『冬夕』爲

① 見竹簡原編號乙六四、乙二六、乙一六七、乙一六八等四簡。

一月，當秦曆十月，是楚曆亦與秦曆一様以十月爲歲首，因知『對照表』上的楚曆已將夏曆的月次改從顓頊曆。

（三）秦曆建亥而楚曆建寅，兩者月次相差原爲三個月。但由於秦用顓頊曆而未改夏曆月次，楚用夏曆又將月次改從顓頊曆，所以『對照表』上兩者月次相差仍爲三個月。從『對照表』上我們還看到，楚從用夏曆改爲用顓頊曆，只要將夏曆的四月、五月、六月、七月分别改爲七月、八月、九月、十月就行了，并不需要更動夏曆與楚月名之間原來的搭配關係。可見秦用顓頊曆統一六國曆法時，是考慮到各國原來用曆的實際情況的。

（四）雲夢秦時屬南郡，原爲楚之故地。據《史記·秦本紀》記載，秦於昭王二十九年（前278年）始置南郡。此表出土於雲夢，説明秦時雲夢一帶仍沿用楚曆，故此才有必要將兩種用曆加以對照。

（五）綜上所述，我們認爲『秦楚月名對照表』上的楚曆，可能是楚地入秦之後統一於顓頊曆所行的秦時楚曆，它與楚國本身所使用的夏曆既有聯繫，又有區别，即其代月名部分保留着與夏曆原先的搭配關係，而整個月次又改從顓頊曆。似乎可以這様説，秦時楚曆是以夏曆爲體，顓頊曆爲用的。形式上行的是顓頊曆，内容上却與夏曆有着不可分割的關係，這就爲我們提供了十分可貴的綫索，使我們在討論戰國楚月名時，既可着眼於楚國本身所使用的夏曆，又可透過夏曆與楚月名之間的關係，進一步弄清與楚月名有關的諸種問題。

二、楚簡的『⿱刑田⿸尸示』、『𡕒月』、『獻馬』各自指代何月？

根據『秦楚月名對照表』，我們認爲楚簡『⿱刑田⿸尸示』即秦簡『刑夷』。⿱刑田从刑聲，⿱刑田邢古通。⿸尸示字雖不見於字書，但『對照表』上的『刑夷』，秦簡《日書》它處又寫作『刑尸』（見秦簡乙一四九號），或『刑杘』（乙反一四八號）。又表上『夏杘』，它處亦寫作『夏尸』（乙反一四八號）或『夏夷』（乙二六號），鄂君啓節則作『夏⿸尸示』。可證古夷、尸、杘、⿸尸示皆音近相通。因此，⿱刑田⿸尸示之爲刑夷亦可無疑問。

『秦楚月名對照表』上『刑夷』當秦曆正月，已知秦曆正月乃沿用夏正，戰國時楚用夏曆，故楚簡『⿱刑田⿸尸示之月』在楚曆當爲正月，入秦後改屬四月。

《左傳·莊公四年》：『春，王三月，楚武王荆尸授師孑焉，以伐隨。』這是記載楚武王於周曆三月興師伐隨之事。又《左傳·宣公十二年》：『春，楚子圍鄭，旬有七日……楚子退師，鄭人修城，復進圍之，三月，克之。』舊注以爲『三月』非季春，乃九十日也。下文隨武子稱此次行動爲『事時』，理由是『荆尸而舉，商農工賈，不敗其業』。按上二事均指楚師出征之時間而言，莊公四年言『春三月』，宣公十二年僅言『春』，不知始於何月。劉文淇《春秋左氏傳舊注疏證》云『經傳皆言春圍鄭（經：十有二年春，楚子圍鄭。傳同）不知圍以何月爲始。圍經旬有五日，爲之退師，聞其修城，進圍三月，方始克之，則從初至於克，凡經一百二十許日，蓋以三月始圍，至六月乃克也。此疏明舊注「圍九十日」之義』①。據此，則宣公十二年『荆尸而舉』乃指『三月始圍』，與莊公四年『荆尸授師』一樣，其時皆在周曆三月。疑《左傳》之『荆尸』，與楚簡之『𠜱𡰥』，秦簡之『刑夷』乃音近相通，都是指代楚曆正月的月名。周曆建子，比夏曆早兩個月，『王三月』正是夏曆正月，與『秦楚月名對照表』所示曆數合。杜預《春秋左氏傳集解》釋『荆尸』爲『荆，楚也，尸、陳也，楚武王始更爲此法，遂以爲名。』此或即『荆尸』爲楚曆正月之代月名之由來。如此説不誤，則『𠜱𡰥』之名可上溯至楚武王五十一年（前689年），而楚代月名的歷史亦可追溯至春秋前期了。

那麼『⿱炅允月』呢？

我們從⿱炅允字的音義推求，發現⿱炅允、爂二字音近義屬，在古代互相通假是不成問題的。

先説字義，簡文爂是會意字，上部像以兩手捧置炊具於竈上，下部推火入竈口，義爲燃火燒物，故以火爲義符。小篆作爨，於竈口增兩手推薪納火之形，隸作爨。⿱炅允是从炅允聲的形聲字，形旁炅亦从火取義，可證⿱炅允、爂二字的含義均與燃火有關。

再説字音，爨，《萬象名義》且亂反，《廣韵》七亂切，反切上字古同聲紐，下字古在元韵。⿱炅允字不見於字書，無法知道它的確切音讀。根據形聲字『同聲符者必同類』的一般規律，⿱炅允字的音讀可以在『从允得聲』這一類字中求得。我們發現，⿱炅允字从允得聲，夋字亦从允得

---

① 劉文淇：《春秋左氏傳舊注疏證》，科學出版社1959年版，第679頁。

聲，以夋字爲聲符的酸、悛、朘、畯等字保留着⿱允火字的古讀，它們和爨字聲則同類，韵則同部①，是音近義屬的通假字。這是從⿱允火、𤇾兩個字音義上的關係可以得出的起碼結論。

另外，進一步來説，我們還懷疑⿱允火、焌、爨三字在古代本來就是同一個詞。從形體來説，⿱允火、焌十分接近，兩者都从火从允，只是火旁一在下方，一在左方。從字音來説，⿱允火从允得聲，焌从夋得聲，允夋古本一字，畯字金文作畂可證。從字義來説，《説文》釋焌：『然火也，从火夋聲。周禮曰：「遂龠其焌，焌火在前，以焞焯龜。」』焌焞字通，同見於《集韵》恨韵，音祖寸切，又徂悶切。注云：『然火以灼龜。』據此，知《説文》釋焌之所謂『然火』，乃旨在『灼龜』。又爨字在音義上與焌字亦極接近。《集韵》桓韵『七丸切』的小韵中，收有爨字，注：『炊也。周禮，以火爨鼎水也。』同一小韵又有鋑字，與爨字完全同音。鋑、焌均从允得聲，可證爨字與焌、⿱允火讀音均甚接近。《周禮·春官·龜人》有『上春釁龜』，注云：『釁者，殺牲以血塗之也。』并引《月令·孟冬》云：『釁祀龜策相互矣。』疑釁乃爨字因形近而誤，釁龜云者，實爲爨龜。《左傳正義》曰：『今人謂瓦裂龜裂者皆爲「釁」（宣公十二年），可證。其實釁龜就是爨龜，也就是焌龜，即⿱允火龜以卜。望山一號楚墓之竹簡，於『⿱允火

① 爨，《萬象名義》且亂反，《廣韵》七亂切。酸，《萬象名義》蘇官反，《唐韵》素官切。悛，《萬象名義》且泉反，《廣韵》此緣切，《集韵》逡緣切。朘，《廣韵》子泉切，《集韵》、《韵會》并遵全切。諸韵書之反切上字古紐同類，下字古韵同部。它如畯（酸字古文从畯聲）、沇（《唐韵》、《廣韵》并以轉切）、逡等字或同聲紐，或同韵部，又可作爲从允得聲的⿱允火字亦當與爨字聲韵近同之佐證。（編按：楚簡⿱允火字可直接釋作焌，參《楚文字釋叢·『説⿱允火月』》，《中山大學學報》1996年3期。）

月』內多次出現『黃竈占』語，其中唯一能夠拼復之一整簡，簡文亦云：『辛未之日埜齋，以亓古［敚］之，觱它。占之曰吉，胭以黃竈習之，同敚。聖王、邵王既賽禱。己未之日賽禱王孫喿。』黃竈，龜名。簡文記以黃竈灼兆，正可與灼龜以卜相印證。春秋戰國時，爨龜以卜乃是一般常行的禮俗，各諸侯國舉行這一儀式在時序上不盡相同，在楚國似以行爨龜之月爲爨月，或作貧月，楚簡的貧月也就是秦簡的爨月。據『秦楚月名對照表』，爨月在夏曆八月，故楚簡『貧月』在楚曆亦當爲八月，入秦後改屬十一月。

至於楚簡『獻馬』，則與秦簡『獻馬』毫無二致，它們指代楚曆的同一個月自不待言。據『對照表』獻馬爲秦曆年終之月，當夏曆九月。故楚簡『獻馬之月』在楚曆當爲九月，入秦後改屬十二月。

以上便是我們透過『秦楚月名對照表』探討楚月名所獲得的初步認識。

三、『夏𡰥之月』非四月辨

鄂君啓節銘文開頭云：『大司馬邵鄒敗晉帀（師）於襄陵之戢（歲），頣（夏）𡰥之月，乙亥之日，王尻（居）於蔵郢之游宮。』郭沫若先生根據屈原《離騷》『攝提貞於孟陬』用了《爾雅》月名，而以爲與之同時之節文月名，也當同於《爾雅》月名，於是把『夏𡰥之月』理解爲夏季的『𡰥之月』，并懷疑《爾雅》『余』字本當作『𡰥』，因後人不識而誤寫爲『余』，從而推定『尿之月』當爲四月①。現據『秦楚月名對照表』，知『夏尿』乃楚曆之代月名而非《爾雅》月名，它所指代的該是楚曆的二月而不是四月。

爲什麽説『余』字不是『尿』字的訛變，『夏尿』也不是《爾雅》的月名呢？爲了説明這個問題，考察一下長沙出土的戰國楚帛書是必要的。

戰國楚帛書中心爲正文，分左右兩段，順序顛倒，各自爲篇。四周繪以十二種神獸圖像，圖像旁注月名及職司，下附釋語。《釋名·釋天》：『四時，四方各一時。』畢沅注：『鄉飲酒義曰，東方者春，南方者夏，西方者秋，北方者冬，故曰四方各一時。』今按帛書之右方爲春，下方爲夏，左方爲秋，上方爲冬，正以四方各表一時。十二種圖像隨帛書之邊緣循回，表示四時循環往復，周而復始。旁注月名，與《爾雅·釋天》之月名基本一致。釋語的内容，大致是規定某月某事可行，某事禁忌。這些情況説明帛書與楚之用曆大有關係。這裏順便指出，過去研究帛書的人，往往只注意帛書周圍圖像分司四時的一面，而忽視十二圖像旁注月名與《爾雅·釋天》一致的事實。因而在時序排列上，一般以『秉司春』作主季神列爲十二圖像之首，反把『取於下』、『女□武』作從屬神附於『荎司冬』之下。這樣一來，本來循回顛倒的帛文便無從確定其首尾與先後，且四時與月次的搭配亦混亂不清。毫無疑問，帛書圖像月名與《爾雅·釋天》并不是偶然的巧合，帛書放置的方位亦不是隨意的，它是以當時人們對天文曆法的

① 郭沫若：《關於〈鄂君啓節〉的研究》，載《文物參考資料》1958年第4期，又《文史論集》第335～336頁。

認識作依據的①。因此，我們認爲必須按照《爾雅·釋天》的月名和序列來確定帛書的月次和四時搭配，并據以確定帛書的内容格局及其相互關係。另外，屈原《離騷》既稱正月爲『孟陬』，推想當時亦必有『仲如』、『季寎』、『孟余』等等諸如此類的説法，即將一季中的三個月分別冠以孟仲季而細加劃分。從帛書『秉司春』、『虡司夏』、『玄司秋』、『荃司冬』看來，秉、虡、玄、荃皆爲季月，而職司四時，則四時似又可稱爲『四季』，此或即後世『四季』之名的濫觴。現將帛書十二圖像之旁注及釋語，與《爾雅·釋天》十二月名作一比較，列表如下：

楚帛書與《爾雅·釋天》月名對照表

《爾雅·釋天》月名	帛書圖像旁注	帛書圖像釋語
正月爲陬	取於下	曰取：乙則至，不可以又（有）殺，壬子、丙子凶，作□北征率又（有）咎，武□□其敡。
二月爲如	女□武	曰女：可以出師籔邑，不可以家（嫁）女取臣妾，不火得不成。
三月爲寎	秉司春	曰秉：不可以□□，妻畜生分女□□……
四月爲余	余取女	曰余：不可以作大事，少昊其□，句龍其□，取（娶）女爲邦笑。
五月爲皋	欱出睹	曰欱：鳶率□得以匿不見，月在□□，不可以享祀凶，取□□爲臣妾。

① 參看李學勤《補論戰國題銘的一些問題》，載《文物》1960年第7期。

續上表

《爾雅·釋天》月名	帛書圖像旁注	帛書圖像釋語
六月爲且	虘司夏	曰虘：不可以出師，水（？）師不復，其□其復，至於其下□不可以享。
七月爲相	倉莫得	曰倉：不可以川□，大不訓於邦，又梟内於上下。
八月爲壯	臧□□	曰臧：不可以籔室，不可以□師脨不復，其邦又（有）大亂，取女凶。
九月爲玄	玄司秋	曰玄：可以籔室，可□□□徙乃咎……
十月爲陽	昜□義	曰昜：不□毀事，可以折斂故不義於四……
十一月爲辜	姑分長	曰姑：利侵伐，可以攻城，可以聚衆，會諸侯，型首事，殍（戮）不義。
十二月爲涂	荃司冬	曰荃：不可以□□□殍，不可以攻□□□……

從上表可以看出，《爾雅·釋天》和楚帛書的十二月名用字雖多不同，而異文之音讀在上古則皆有相通之處，可見它們都是古代的同音假借字。值得注意的是，《爾雅·釋天》『四月爲余』的『余』字，楚帛書的寫法與《爾雅》完全相同，敦煌唐寫本《月令》『余』字亦如此作①，可證其遠自戰國中期起，至《爾雅》成書之時，下及唐代寫本乃至今天之傳本，『余』

① Jao Tsung-yi: Some Aspects of the Calendar. Astrology, and Religious Concepts of the Ch'u people as Revealed in the Ch'u Silk Manuscript.

字并非『㞔』字的訛變。余、㞔音義各殊，其作爲月名用字也各有不同的來歷，兩者不可混爲一談。

四、楚月名種種

爲什麼楚帛書和楚辭《離騷》都使用與《爾雅》相同的月名，而差不多與屈原同時的鄂君啓節和昭固墓楚簡所使用的月名却與《爾雅》不合？這種現象，説明當時流行於楚國的月名不可能是單獨的一種，從現有的材料看來，大抵有如下三種：

第一種是以序數稱説月份的，見於楚帛書正文的有一月、二月、三月、四月、五月；見於『秦楚月名對照表』楚曆的有七月、八月、九月、十月；見於望山二號墓楚簡遺策的有八月。這類月名起源最早，流行最廣，歷史也最長，直到現在仍在沿用。

第二種是『始陬終涂』的十二月名。見於楚帛書、《離騷》賦及《爾雅·釋天》。東晉郭璞給《爾雅》作注時，就認爲十二月名之『事義皆所未詳通者，故闕而不論』。清郝懿行《爾雅義疏》嘗詳爲訓釋，其中不少穿鑿附會之説，此姑不論。這裏要指出的是，從帛書的圖像、月名及釋語，聯係到《易》的卦象、卦名和卦辭，推測楚帛書大概亦是古代術數家用來卜筮占時以預測人事吉凶的巫術品，所以帛書釋語對月名的解釋才帶有如此濃厚的術數家用語的色彩。即以屈原《離騷》自述生日『攝提貞於孟陬兮，惟庚寅吾以降』而論，他説自己生於太歲在寅的攝提格之年，孟陬之月，庚寅之日，得陰陽之正中，所以時日最吉云云，亦不乏術數家用語的氣味。再説，帛書圖像以十二種神獸配十二月名，與後世術數家以十二種動物配十二地支的所謂『十二生肖』①立意正同。後世的十二生肖或即由此發展演化而來，亦有可能。從帛書之四時方位與月次排列，可知其以建寅之取（陬）月爲歲首，與夏曆相合。所以，我們不妨把《爾雅・釋天》『始陬終涂』的十二月名看成是夏曆十二個月的別名，這十二個月名的流行範圍與使用夏曆的地區大致相當，楚用夏曆，故楚帛書及楚辭《離騷》也採用夏曆的月名。

第三種就是代月名，最早見於《左傳》莊公四年及宣公十二年，又見於鄂君啓節和昭固墓楚簡以及秦簡《日書》等。『秦楚月名對照表』中有刑夷、夏杘、紡月、爂月、獻馬、冬夕、屈夕、援夕八個名目。不過這些名目的具體含義如何，目前尚不十分清楚。春秋戰國間列國使用代月名頗爲流行，齊國就有咸月（齊國差𦉜）、𩞁月（陳猷釜）和禝月（子禾子釜）等月名，郭沫若先生謂『咸、𩞁、禝等均月之異名，唯不知孰爲孰月』②。今天我們得以判明楚代月名之『孰爲孰月』，就不能不歸功於秦簡《日書》所提供的綫索了。

五、昭固墓楚簡干支之驗證

下面，我們試就昭固墓竹簡的記時程序加以整理條貫，以便進一步驗證上面推斷的代月名是否正確，請看下列諸簡：

---

① 王充《論衡・物勢》：子爲鼠、丑爲牛、寅爲虎、卯爲兔、辰爲龍、巳爲蛇、午爲馬、未爲羊、申爲猴、酉爲鷄、戌爲犬、亥爲猪。古代術數以十二獸配十二地支（亦稱十二辰），以其人之生年定其所屬，叫『十二生肖』，亦叫『十二相屬』。

② 見《兩周金文辭大系考釋》第202頁。

（一）⿱刍勿⿰𨸏耳王於莪郢之歲，𠛂𡰥之月，癸未之日……

（二）☐⿰𨸏耳王於莪〔郢之歲，𠛂〕𡰥之月，癸亥之日……

（三）☐⿱刍勿⿰𨸏耳王〔於〕莪郢之歲，⿱艹𡕥月癸丑……

（四）𡕥月丙辰之日……

（五）𡕥月丁巳之日……

（六）☐於莪郢之歲，獻馬之月，乙酉之日……

（七）獻馬之月，乙酉之日……

以上（一）、（二）、（三）、（六）四簡中，代月名與『莪郢之歲』同時出現在同一段簡上，證明『𠛂𡰥之月』、『𡕥月』、『獻馬之月』是同一年裏的三個月，它們中間并沒有跨越年度的月份。從（一）至（七）簡中，記日干支與代月名同時出現在同一段簡上，說明這些記日干支確定無疑地屬於當月内的固有日期。我們試將這些干支作爲相對定點以驗證當月内的干支序列，如果這些記日干支均能分別在相應的月份内入列，則可證明所排的干支序列是基本正確的，否則便不正確。

現在，我們先以『𠛂𡰥之月』作爲驗證的起點，順次推定『𡕥月』和『獻馬之月』的月内干支。

如何確定『𠛂𡰥之月』的月内干支呢？

首先必須確定𠛂𡰥之月的干支序列。從（一）（二）兩簡已知𠛂𡰥之月的固有日期有癸未與癸亥兩天，自癸未至癸亥爲四十天，時間超出一個月，當然不可能是𠛂𡰥之月的月内干支序列，自癸亥至癸未爲二十天，雖不足一月天數，當是⿱刑日𡰥之月月內干支的一部分。因此，可確定癸亥至癸未爲⿱刑日𡰥之月的月內干支序列。

其次爲確定⿱刑日𡰥之月的朔晦。如果孤立地就⿱刑日𡰥一個月來安排朔晦，則有多種不同的排列方案，例如以癸未爲月晦，逆推至癸亥爲月初九，甲寅爲月朔。但按這樣排定下來的干支序列推算，𡨦月及獻馬之月的月內固有日期無一得以入列。由此證明這一排列方案實際上并不存在。經過反復試排，不斷調整，最後排定以癸亥爲⿱刑日𡰥之月月朔，癸未爲月二十一，壬辰爲月晦，則竹簡綴以月份的記日干支，均可在相應的月份內入列，由此反證⿱刑日𡰥之月的干支序列是基本可靠的。

⿱刑日𡰥之月（正月）干支表

									癸亥
甲子	乙丑	丙寅	丁卯	戊辰	己巳	庚午	辛未	壬申	癸酉
甲戌	乙亥	丙子	丁丑	戊寅	己卯	庚辰	辛巳	壬午	癸未
甲申	乙酉	丙戌	丁亥	戊子	己丑	庚寅	辛卯	壬辰	

我們再以⿱刑日𡰥之月的干支序列爲基點，順次推移，除去二月至七月（按大小月相間計算）共一百七十七天，可得各月份起訖干支（即月朔、月晦）如下：

二月至七月干支簡表

月份	起止干支	月內天數	合計天數
二月	自癸巳至辛酉	二十九天	合計一七七天
三月	自壬戌至辛卯	三十天	
四月	自壬辰至庚申	二十九天	
五月	自辛酉至庚寅	三十天	
六月	自辛卯至己未	二十九天	
七月	自庚申至乙丑	三十天	

至此，我們可以進而推定貣月及獻馬之月的月內干支如下：

貣月（八月）干支表

						庚寅	辛卯	壬辰	癸巳
甲午	乙未	丙申	丁酉	戊戌	己亥	庚子	辛丑	壬寅	癸卯
甲辰	乙巳	丙午	丁未	戊申	己酉	庚戌	辛亥	壬子	癸丑
甲寅	乙卯	丙辰	丁巳	戊午					

獻馬之月（九月）干支表

					己未	庚申	辛酉	壬戌	癸亥
甲子	乙丑	丙寅	丁卯	戊辰	己巳	庚午	辛未	壬申	癸酉
甲戌	乙亥	丙子	丁丑	戊寅	己卯	庚辰	辛巳	壬午	癸未
甲申	**乙酉**	丙戌	丁亥	戊子					

這樣編排的結果，𤰔𡰥之月、夐月和獻馬之月的月內固有日期（表中用粗黑字表示者）皆可全部入列，如合符節，由此反證癸亥爲𤰔𡰥月朔當大體不誤。即使與實際會有出入，但相去必不太遠①。至於簡文中多數干支錯見於某些月份，則須參照其他條件方能確定其歸屬。所以，上列『𤰔𡰥之月干支表』、『夐月干支表』及『獻馬之月干支表』還可作爲恢復望山昭固墓竹簡編次的參考。通過初步驗證，我們更加堅信楚簡與秦簡《日書》的楚代月名是一致的。『𤰔𡰥之月』之爲『刑夷』、『獻馬之月』之即『獻馬』，固無可移易，而『夐月』之即『爨月』，也同樣是可信的了。

---

①『夐月干支表』月內固有日期丙辰、丁巳之次爲戊午晦，說明當月朔尚可向前移動一天。以此復驗整個干支序列，則壬戌爲𤰔𡰥之月朔，原竹簡綴以記日干支之固有日期亦可在相應月份內全數入列，由此證明𤰔𡰥之月朔唯有壬戌、癸亥兩天可供選擇，其餘日期均不可能。

六、關於昭固墓楚簡的年代

現在，我們再根據竹簡本身的記時資料，進一步考察昭固墓楚簡的具體年代。

如前所述，這批竹簡用干支記日，代月名記月，以特殊事件記年。簡文屢言『……䎽王於𢦏郢之歲』，正是這批竹簡實際年代最可靠的標記。

『芻䎽王於𢦏郢之歲』爲例，『於𢦏郢』之前當有一主動賓語結構的短句充當主要成分。因此簡文『芻』可能是人名，在句中作主語；『䎽』即『聞』字，此處讀爲『問』，作謂語；『王』作賓語。『𢦏郢』之『𢦏』讀爲哉，義同初、始。史載楚文王『始都郢』，『𢦏郢』或指楚文王始都之郢城。度其文意，大概是説一個名叫某芻的人在郢城與楚王舉行過某種具有特殊意義的聘問活動，故記事者才鄭重其事地用以爲記年。竹簡上段恰已斷離，其完整意思無從得知。以鄂君啓節開頭『大司馬邵陽敗晋師於襄陵之歲』

上面我們根據竹簡的記時資料，逐步推演出各個月份的月内干支序列（即表三至表六）。現將每月之朔日干支順次編排，可得『芻䎽王於𢦏郢之歲』的曆朔如次表：

楚簡『芻䎽王於𢦏郢之歲』曆朔表

月次	正	二	三	四	五	六	七	八	九	十	十一	十二
代月名	型𡰥	夏𡰥	紡月					爨月	獻馬	冬夕	屈夕	援夕
月朔	癸亥	癸巳	壬戌	壬辰	辛酉	辛卯	庚申	庚寅	己未	己丑	己未	戊子

根據《秦楚月名對照表》，楚簡『𦖞王於栽郢之歲』曆朔可換寫爲秦曆，得當年秦曆曆朔如下表：

秦曆曆朔表

月次	十	十一	十二	正	二	三	四	五	六	七	八	九
月朔	乙未	甲子	癸巳	癸亥	癸巳	壬戌	壬辰	辛酉	辛卯	庚申	庚寅	己未

這一年還可以用周曆表示。周曆建子，比夏曆早兩個月，則『𦖞王於栽郢之歲』在周曆之曆朔當如下表：

周曆曆朔表

月次	正	二	三	四	五	六	七	八	九	十	十一	十二
月朔	甲子	癸巳	癸亥	癸巳	壬戌	壬辰	辛酉	辛卯	庚申	庚寅	己未	己丑

據清人汪曰禎《歷代長術輯要》所列『朔閏表』，戰國時期自周元王元年至周赧王五十九年（前475—前256年）二百二十年間，周曆正月朔爲甲子，即與上列『周曆曆朔表』相同者，計有如下五個年份。

戰國時期周曆正月朔爲『甲子』之年份

歲次	周曆月朔	閏月	周紀年	秦紀年	楚紀年	紀元
乙亥	正月甲子朔	閏十二月	貞定王三年	厲共公十年	惠王二十三年	前四四六年
丙午	正月甲子朔		考王六年	躁公八年	惠王五十四年	前四三五年
壬申	正月甲子朔	閏十二月	威烈王十七年	簡公六年	簡王二十三年	前四〇九年
乙巳	正月甲子朔	閏三月	慎靚王元年	惠文王後元九年	懷王十三年	前三一六年
丙子	正月甲子朔		赧王三十年	昭襄王二十二年	頃襄王三十四年	前二八五年

由於這批竹簡在記載墓主昭固祭祀先祖時，多次出現柬大王、聖王、悳王的名號，據朱德熙、裘錫圭兩位先生的考證，簡文中柬大王、聖王、悳王即《史記·楚世家》的簡王、聲王及悼王。所以，儘管上表中歲次乙亥、丙午、壬申三年的曆朔與竹簡相合，但都在簡王及其以前，當然不是這批竹簡的年代。乙巳年年代雖在悼王之後，却是閏年，且閏在三月，故四月以後之曆數亦與竹簡不合。唯有『丙子年』之月朔既與竹簡完全合轍，年代亦後於簡王、聲王和悼王。因此，我們有理由認爲『丙子年』就是楚簡『……䣄王於莪郢之歲』的具體年代。現將二者列表對照如下：

『丙子年』與『䣽王於戠郢之歲』歷朔對照表

丙子年				……芻䣽王於戠郢之歲		
秦昭王二十二年		周赧王三十年		楚頃襄王十四年		
月次	月朔	月次	月朔	月次	月名	月朔
秦十（建亥）	乙未					
十一	甲子	周正（建子）	甲子			
十二		二	癸巳			
正	癸亥	三		楚正（建寅）	型㞋	癸亥
二		四	二	夏㞋	癸巳	
三	壬戌	五	壬戌	三	紡月	壬戌
四		六		四		壬辰
五		七	辛酉	五		辛酉
六	辛卯	八		六		辛卯
七		九	庚申	七		庚申
八	庚寅	十		八	𡩜月	庚寅
九		十一	己未	九	獻馬	己未
		十二		十	冬夕	己丑
				十一	屈夕	己未
				十二	援夕	戊子
見汪曰禎《長術輯要》卷三				據昭固墓楚簡推定		

按汪曰禎《歷代長術輯要》卷三第七頁（四部備要本）『丙子年』爲周赧王三十年，當秦昭襄王二十二年，查《史記·六國年表》，是年爲楚頃襄王十四年。因此，可以進一步推定昭固墓楚簡的具體年代，即『郘豋王於栽郢之歲』爲楚頃襄王十四年，也就是公元前二百八十五年。這便是我們從竹簡曆朔本身得出的初步結論。

一九七七年九月初稿，一九七九年九月修改

附記：本文蒙湖北省博物館提供有關竹簡資料，謹志謝忱。

（原載《中山大學學報》1980 年第 1 期）

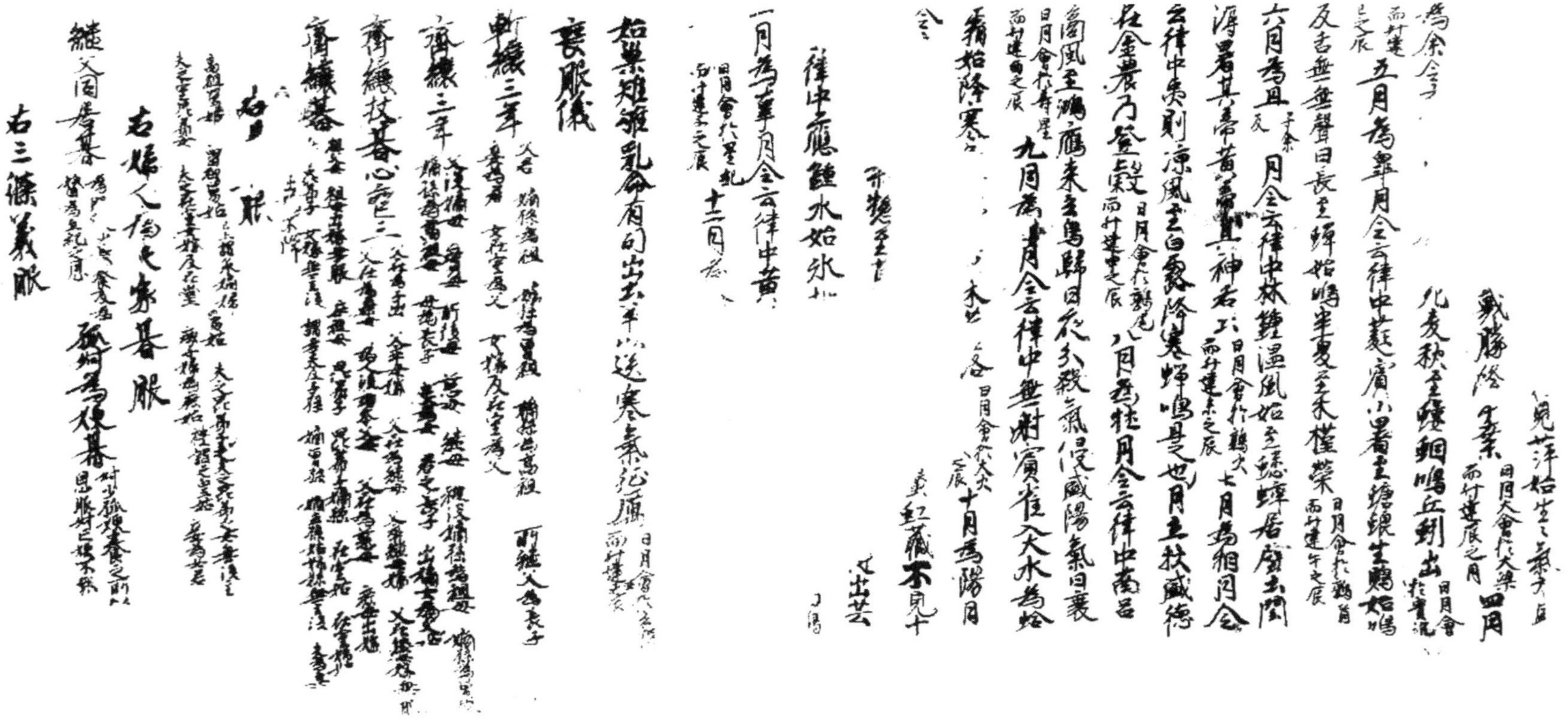

唐《月令》中十二月名（饒宗頤教授據法藏敦煌卷P4024與P4042綴合）

戰國楚地簡帛文字書法淺析

一、楚地簡帛文字概述

在造紙術發明之前，人類長期用竹木簡牘和縑帛作爲書寫的材料。《墨子・明鬼》篇説：『書之竹帛，傳遺後世子孫。』指的就是這種寫在簡帛上的文字。可見竹簡和帛書在我國有着悠久的歷史。20世紀40年代在湖南長沙發現了楚帛書；50年代以來先後在湖南、湖北和河南等地發現了大批楚簡，其時代大多屬於戰國中晚期之交，書寫年代大概比《墨子》稍晚。

1942年在長沙東郊子彈庫楚墓中被盗掘出來的楚帛書，除一件基本完整之外，其餘皆爲殘片。據殘片上的朱書、墨書和朱欄、墨欄以及字體的大小判斷，該墓原有的帛書起碼有五件以上。① 其中，基本完整的楚帛書（現藏美國華盛頓賽克勒美術館），據早期臨寫本所見僅459字，還不足帛書原文的一半。後來用濾色鏡拍攝的全色照片，比肉眼察看實物還多認出214字。60年代用紅外綫拍攝的照片又比全色照片可多認出242字。目前我們見到的楚帛書紅外綫

① 李零：《楚帛書的再認識》，載《中國文化》第10期，1994年。

照片，除縑帛本身受到嚴重破壞（斷裂或磨損過甚）者外，帛書上原有的筆劃墨迹都可以清晰地顯示出來。估計帛書原文在950字左右。①

埋藏地下二千多年的楚帛書，其寬度略大於縱長，上書蠅頭小字，四隅及外圍繪有青、赤、白、黑的四木和十二彩色圖像，是一幅圖文并茂的古代墨書真迹。整幅帛面由三部分文字和二組圖像所構成，中間兩部分文字順序顛倒，各自爲篇；外圍文字與十二圖像相配，分列四方，隨帛書邊緣循回旋轉。經學者研究，已確知帛書四周的十二圖像象徵十二個月的月神，神像下注神名和職司，兼記該月的行事宜忌。帛書的邊文與中心的正文應是一個整體。邊文用於占驗時日的休咎，屬於帛書的實用部分；中心相互顛倒的正文旨在説明四時的形成與天象的變異。一主四時之常度故作正書（八行）；一主天象的變異故作倒書。一正一倒，常變異趣。正文是邊文占驗時日休咎的依據，其中涉及楚先人的傳説和富有南方色彩的神話，應屬於楚人天文雜占的内容，其思想則與戰國『陰陽家者流』爲近。

從長沙楚帛書出土十年後的1952年起，長沙市郊區連續發現了三批戰國楚簡。因爲這是自晋太康二年（281年）汲冢發現竹書以來的重要發現，所以備受考古學界的重視。半個世紀以來，先後在湖南的長沙、常德、慈利，湖北的江陵、隨縣、荆門，河南的信陽、新蔡等地，發現二十多批楚國的竹簡，簡數將近一萬號（約有半數爲殘簡），總計達十萬字以上。就其内容而言，大體上可以分成四大類。

① 饒宗頤、曾憲通：《楚帛書》，香港：中華書局1985年版。又見《楚地出土文獻三種研究》，北京：中華書局1993年版。

一是遺策。遺策就是隨葬器物的清單，一般以墓主生前喜愛之物或親朋贈賻爲主，入葬時用竹簡登記造策，如五里牌簡記器物名稱且記放置處所，信陽簡將器物歸類登記，如記『集緒之器』、『樂人之器』、『其木器』等，還有説明某組器物用途的，如包山簡的『相遝之器所以行』，隨縣曾侯墓竹簡記載大量用於葬儀的車馬及其配件等。遺策所記器物往往可與出土物相核對，從中可以瞭解當時的名物制度。殉葬品及其放置方式往往與禮俗有關，它從一個側面折射出當時的等級制度和社會習俗。

二是檔案文書。例如常德夕陽坡出土載有楚王歲禄書的簡文，包山楚簡中有署爲《集書》、《集書言》、《受期》、《疋獄》等的法律文書，九店楚簡有《日書》等。九店日書是目前發現的最早選擇時日吉凶的數術著作，其中有不少内容與睡虎地秦簡日書相同，證明秦簡日書的部分内容是屬於楚人的。①

三是卜筮禱祠的記録。内容多是卜問墓主人出入侍王、爵位晋升，以及疾病祭禱等。前後共發現四批，即望山簡墓主悼固，天星觀簡墓主潘勝，包山簡墓主昭𬶍和新蔡簡墓主平夜君成等。

四是先秦文獻典籍。以前楚簡中真正屬於竹書的并不多見。50 年代信陽長臺關簡發現《墨子》佚文，可惜殘碎過甚；80 年代發現的慈利楚簡可能與吴越古史有關，但至今尚未發表。90 年代以來，在湖北荊門才有大批竹書發現，其中郭店楚簡有 16 種古籍，上海博物館購藏楚簡多達 90 餘種古籍，兩處所出古書在百種以上，是 20 世紀最重要的考古發現，其中除少

① 湖北省文物考古研究所、北京大學中文系編：《九店楚簡》，中華書局 2000 年版，第 2 頁。

數有傳本行世外，絶大多數是失傳了二千多年的先秦文獻和典籍，彌足珍貴。

以上四類簡文中的前三類都是流行於楚地的日常應用通行體，除了寫手個人的風格之外，大體上有端莊與草率兩大流别。端莊者用筆圓轉内斂，篆意較濃；草率者筆帶波挑，時露隸態。兩者相兼而混成一體者，則以包山簡所見尤甚。至於郭店竹書的字體則比較複雜。根據周鳳五先生的研究，在16種古寫本中，大抵可以分爲四類：第一類爲楚國簡牘的標準字體，《老子》及《太一生水》等9篇屬之；第二類爲出自齊魯儒家經典，但已被楚國所『馴化』，而帶有鳥蟲書的筆勢，爲兩漢以下所見『古文』之所本，《性自命出》及《成之聞之》等四篇屬之；第三類與服虔所見的『古文篆書』相吻合，應當比較接近戰國時齊魯儒家經典的原始面貌，《語叢》一、二、三屬之；第四類保留齊國文字的特徵較多，可能爲當時楚國學者新近自齊魯傳抄的儒家經典，《唐虞之道》與《忠信之道》屬之。① 可見，楚國簡帛文字的書體與簡帛的内容性質密切相關。大抵屬於日常應用的文體，多用當地流行的通行書體書寫；屬於當時傳抄的古書，則往往與古書的來源和轉寫的先後有關。周鳳五先生揭示了楚地所傳的儒家經典具有齊魯書體的特徵是值得我們重視的。

二、戰國楚地簡帛文字的特點

從以上所見的簡帛文字來看，所有的文字都是用毛筆蘸墨手寫在簡帛上的。它們在一定程度上反映了戰國中晚期之間流行於現今湖南、湖北和河南一帶的楚文字的基本概貌及其實際使

① 周鳳五：《楚簡文字的書法史意義》，臺灣『中研院』第三届國際漢學會議論文，2000年7月。

用的情況，從語言文字學的角度考察，有如下幾個特點。

（一）俗體字大量涌現

俗體字中，有一部分是減省了筆畫或偏旁部件的，有些是借用簡單的字來代替的，甚至還有另造新字的。如（馬，仰4）、（爲，帛丙），只保留最具特徵的馬鬃和象鼻部分，其軀體則用『』來代替。（鼎，貞，五1）鼎足部分戰國時訛變爲『火』，上从『卜』者本是貞字，簡文此處借貞爲鼎，與金文同。（也，五）此字不見於《說文》而同於秦刻石，簡文借也爲匜。（⿱竹斤，仰8.35）此乃策的新造字。《老子》第二十七章：『善數者無籌策』，馬王堆帛書甲本《老子》作：『善數者不以梼⿱竹析』，乙本作『善數者不用梼⿱竹斤』，可見⿱竹析、⿱竹斤都是策字。中山王方壺『⿱才車（載）之⿱竹外（簡）⿱竹斨』，『使其老⿱竹斨賞仲父』，二『⿱竹斨』字當同於『⿱竹析』。片爲半木，从木从斤之析字，與从片从斤之斨用意正同，可見⿱竹斨即⿱竹析字。作⿱竹斤者乃⿱竹斨字之省。仰天湖簡『一⿱竹斤楫』（仰35），『⿱竹斤』亦當是⿱竹斨字之省。它們都是策字的異體，不過其造字方法是會意而非形聲。這類新造的俗體雖然不多，但都有規律可尋。

俗體字中增加羨畫羨符的現象最爲常見。羨畫一般是在長橫之上（或下）益以短橫。羨畫在上者，如，（不，帛丙）、（杯，五10）、（正，帛丙）、（征，帛甲）、（天，帛甲）、（而，帛甲）、（丙，帛丙）、（可，帛丙）、（師，帛丙）、（百，帛乙）、（侯，帛丙）、（長，五13）、（中，五15）、（其，帛乙）、（下，帛乙）、（雨，帛乙）、（電，帛乙）、（雲，帛乙）、（帝，帛乙）、（童，帛乙）、（霆，（福，帛乙）、（酒，帛乙）、（莊，帛乙）、（職，帛乙）、（雹，帛甲）、

帛甲）、（處，帛甲）、（奠，帛甲）、（平，帛甲）、（復，帛甲）、（章，帛甲）、（動，帛甲）、（龍，帛丙）、（瀧，帛甲）、（霝，帛甲）、（旁，帛甲）、（弼，帛甲）、（婁，縷字所从，仰34）、（辰，帛乙）、（反，成之聞之12）、（取，語一72）、（疾，成之聞之12）、（兩，信2.02）等。羨畫在下者，如（至，帛甲）、（室，帛丙）、（銍，仰18）、（組，仰19）、（并，包153）、（立，緇衣3）、（上，老甲3）、（堂，性自命出19）、（亞，性自命出48）等。也有羨畫旁出者，如（凡，帛乙）、（風，帛甲）、（春，帛乙）、（晉，六德30）、（茖，窮達以時13）、（退，魯穆公2）、（虔，語三71）等。還有上下俱加羨畫的，如（亞，包145反）是。

增益的羨符主要有口、日、爪、宀和㫃等幾個。增口旁的如（青，帛甲）、（青，精字所從，帛甲）、（單，帛甲）、（紀，帛乙）、（婁，帛乙）、（繇，帛乙）、（丙，帛丙）等。凡增益的『日』旁於字中無義者，可能是羨符『口』的繁飾，如櫃字既作（仰35），同簡又寫作。『僉』字作偏旁用時已增畫作（綸字所从，仰15），在『鐱』字中復增日作，與金文鄦（鄦子簠）又作〓（蔡大師鼎）同例。增『爪』旁的有（家，帛丙）字，簡文中用爲嫁；望山楚簡家字寫法與仰天湖簡同，還有室字也从爪作『〓』；近出包山楚簡和郭店楚簡卒字也寫作『〓』，當屬同類現象。增『宀』的如（中，六德12）、（目，五行45）、（晒，語四7）等，有趣的是，家字增羨符爪之後還可以再增『宀』作（五行29）。增㫃者如（湯，帛乙）讀爲蕩。㫃爲羨符於金文中常見，如斬作〓，稻作〓，中山王器銘文的也作施，古作〓。這種情況一直延續到秦代，如睡虎地秦簡《公車司馬獵律》

遂作旞等。至於帛書中（春）、（夏）、（秋）、（冬）、（辰）、（晨）諸字皆從日作，則不能以羨符觀之；這些字之所以从日，大概是表示它們與天象有關，可視爲時間詞的專字。

俗體字中還有一些異體（含繁簡體）并存的現象。如（骨，仰6）又作（仰3），組又作纉，蘆又作蘆，又作等。仰天湖簡4之『絵純絵緒』同見於簡21，而簡41則作『鉩純絵緒』，上絵字寫作鉩。絵爲从糸金聲，聲符在右，在簡文中用爲錦字；錦字聲符則在左。絵字寫作鉩雖然僅此一見，但聲符在右改爲在左，可能與錦字聲符在左的結構有關。檢《説文》絵是紟的籀文，訓『衣系也』。然則簡文以絵爲錦乃屬假借，以鉩爲錦則是更換形旁的異體關係。其他同文異體的字還有：四字作（帛甲）、（帛甲）、（五4）、（性自命出9）、（唐虞之道26）；五字作（帛乙）、（仰25）；共字作（帛甲）、（仰32）；黄字作（帛甲）、（仰20）；青字作（帛甲）、（精字所從，帛甲）、（語三44）、（静字所從，老甲5）；步字作（帛甲）、（帛甲）；成字作（帛丙）、（城字所從，帛丙）；繇字作，又作（并帛乙），又作（語一10）；疑字作（緇衣4）、（語二49）；目字作（五行47）、（唐虞之道26）、（五行45）等。『虍』作爲偏旁在楚帛書中均作形，而仰天湖簡分別寫作、、、、、等形，頗見歧異。在時代、地域相同的情況下，出現上述種種不同的寫法，特別是同一書手筆下寫出種種結體互異的字，這種現象除了説明書手刻意求異的心態之外，當時社會上存在着大量的異體字，當是無可争辯的事實。

（二）地域性特徵非常明顯

上面提到的許多簡帛文字，都帶有某些地區性的特徵。尤其是簡帛中一些特殊的寫法和用法，其地區性特色更加明顯，見諸楚帛書的還有：（歲）、（得）、（事）、（皆）、（箙）、（在）、（既）、（倉）、（亯）、（無）、（迿）、（襄）、（兄）、（見）、（義）、（曆）、（禍）、（廢）、（備）、（動）、（處）、（陵）、（未）、（地）、（者）、（湯）、（失）、（李）、（禼）、（融）等。見諸楚簡的有：（笞）、（衣）、（組）、（金）、（笲）、（僴）、（羸）、（盁）、（薑）、（蔡）、（中）、（手）等。這些結構特殊的書體，一見即可知其爲楚地文字。同樣，帛文『絽絀』用爲『盈縮』，『德匿』用作『側匿』；簡文『縸』之用爲『裡』，『紷』之用作『錦』，也都是楚地所特有的。下面再舉三組字例加以説明。

1.

上三例均見於楚帛書。彼此形體極爲相似，但却是三個不同的字。第一例爲身字，是在人形腹部加一指事性符號，指示其處爲中身之身。或以爲即《詩·大明》『大任有身（懷孕）』之身，字像婦人懷子之形。信陽楚簡和古璽文『身』字皆如此作。帛文『土身亡翼』是指一種李（理）星的形狀。

第二例是允字，據《説文》，允字从儿㠯聲。古文人、儿同字，人與身作爲偏旁用時也每相通，如信字中山王方壺作䚱，易人爲身，郭店簡多見之，可以爲證。帛文『日月允生』，『允』在此爲假設之詞，意謂『日月如生』。

第三例是個帶足形的允字，也就是夋字。人形帶足的現象在古文字中習見，如夏、憂、𡕒等皆是。金文允字作（不其簋）、（中山王壺），訛足形爲女旁。帛文此字人下仍保留足形，就是夋字的前身。可見允、夋本來是同一字，由於字形的差異，《説文》遂分而爲二；但二字確是同源。帛文『帝夋乃爲日月之行』，帝夋即文獻中的帝俊。據《山海經·大荒南經》的記載，帝俊之妻羲和生十日，帝俊之妻常羲生月十有二。這裏的日月可能與十干、十二支的記日記月法有關。可見帝俊確與日月大有關係。

2. 

上四例分別見於楚帛書和包山簡。過去由於左側的鳥形没有辨認出來，以致有關帛文一直未得確釋。曾侯乙墓編鐘銘文缺字作（裘錫圭、李家浩釋），包山楚簡鷄字作，所从鳥旁與帛文如出一轍。

第一例爲鳥頭下从木，即梟字。《説文·木部》：『梟，不孝鳥也。日至捕梟磔之。从鳥頭在木上。』楚人忌梟，以爲不祥，故於日至之日捕梟磔之。此與楚俗有關。帛文云『不訓於邦』，故『有梟内（納）於上下』。意謂邦有不訓（順），故用梟爲祭，納於上下神祇。包山楚簡食品中有『梟二箕』，與庶鷄、熬鷄同列。梟既可用於食，亦可用於祭。《漢書·郊祀志》有『祀上帝，用一梟』。當是楚俗的孑遺。

第二例是個从鳥从戈的鳶字，戈弋古文常訛混，隸書或寫作鳶，是一種善於擊殺的鷙鳥。帛文『鳶衛（帥）』云云，意指善於擊殺之統帥。

第三例是個从鳥从異的字，當是翼字的異體。帛文『土身亡鷍』，大概是指一種有光無芒的李星。

第四例是鳴字。包山《疋獄》簡95號云，邵無戠之州人某控告郲之𠯆鼦邑人某某殺人。𠯆字右旁似鳥形，从鳥从口乃鳴字；鼦字从鼠瓜聲，楚簡偏旁每以鼠代豸或犬，故鼦當是狐字。鳴狐爲楚之邑名，地望待考。包山簡194『集脰（厨）鳴夜』之鳴字作𪀸，乃此字之反書，簡文在此用作人名。

3．長𨓚、長䌊與相𨓚

包山《受期》簡有『長𢩦公』和『長遲正』之稱。按𢩦乃遲字之省，長遲在此用爲地名，即今湖南長沙之古稱，包山簡2.78鄜字从邑，更是地名的專字。

長沙五里牌簡有多處『在長𢩦』的記録，見於簡13、14和18之下半段，與他簡下半段作『在匚䧢』者同例。『在匚䧢』與『在長𢩦』都是記載該簡上半段所記隨葬器物在椁室中的處所。『匚䧢』即《莊子》的『胠篋』，本指箱篋之兩旁，在此當指考古工作者習慣所稱的『邊厢』，是則五里牌簡之『長𢩦』决非地名，而應指一與邊厢相當的處所。包山簡259—264是一組記載隨葬器物的遣策。第一簡簡首有『相遲之器所以行』的標記，是標明用於出行的器物放置在椁室中的具體位置。根據包山二號墓墓主頭東足西的葬式，可知位於椁室之南北者應即考古學上的『邊厢』，而位於椁室之東西者則分别爲『頭厢』和『尾厢』（或稱『脚厢』）。又據《包山楚簡》『出土器物登記表』，簡259－264放置於棺椁之西室，正是考古學所稱之尾厢。據此，包山簡文所謂的『相遲』應同於五里牌簡文的『長𢩦』，在此皆當讀爲『厢稍』，與考古學上之『尾厢』或『脚厢』正相吻合。楚簡用字的這種細微差異，可能與楚地内部的方音或書寫習慣有關。

楚簡的遲字，楚帛書作𨓚（九店楚簡同），保留形符『尾』而省去聲符『少』，用作徙字；然徙字睡虎地秦簡作，《孫臏兵法》作，只保留聲符『少』而省去『尾』。二者實皆遲字之分化。由此證明李家浩同志認爲篆文的『徙』字本當從『少』得聲是非常正確的。①

（三）許多字形與『古文』一脈相承

一般認爲，漢代《說文》中的古文，魏正始《三字石經》中的古文，以及北宋郭忠恕《汗簡》和夏竦《古文四聲韻》所收的古文，都是從戰國時期東方六國的文字輾轉傳鈔下來的。從《汗簡》的書名還可以看出，郭氏認爲這些古文主要來源於古代的竹簡文字。現在，我們將楚地出土的簡帛文字與《說文》古文一系的材料相比較，便可發現二者相同相通之處甚多，證明它們的確有着非常密切的關係。例如：

正	《說文》古文		楚帛書乙	
共	《說文》古文		楚帛書甲	
[illegible]	《說文》古文		楚帛書乙	
退	《說文》古文		楚帛書乙	
西	《說文》古文		楚帛書乙	
恒	《說文》古文		楚帛書乙	

① 見《九店楚簡》第70頁注［四八］。

音	《説文》古文	楚帛書丙
州	《説文》古文	楚帛書甲
侯	《説文》古文	楚帛書丙
長	《説文》古文	楚帛書丙
其	《説文》古文	楚帛書丙
衛	《説文》古文	楚帛書丙
氣	《汗簡》	楚帛書甲
色	《説文》古文	語叢一110
絶	《説文》古文	老子乙4
道	《汗簡》	老子甲6
達	《古文四聲韵》	老子甲8
目	《古文四聲韵》	唐虞之道26
淫	《古文四聲韵》	尊德義16
昆	《汗簡》	六德29
手	《説文》古文	五行45
戚	《三體石經》古文	六德48

從以上各例可以看出，古文一系的形體與簡帛文字有着驚人的雷同。有的字，雖然二者不完全吻合，也可以借助古文一系的材料使不認識的簡帛文字獲得確解。例如，根據《説文》古文巨字作□，而釋簡文的□（仰35）爲柜，釋□（同上簡）爲梠；據《説文》堯字古文作□，而釋帛書乙之□爲堯字之省；據《説文》婁字古文作□，可釋帛書乙之□爲婁，釋仰天湖簡之□爲縷而讀爲屨；據《説文》𣶒字古文作□，可釋帛書乙之□爲𣶒，即淵；二者只有封口與開口之别。據《説文》倉字古文作□，可釋帛書丙之□爲倉，『□』在字中爲飾筆；據《説文》禼古文作□，可釋帛書乙之□爲禼，可與秦簡害字作禼或㝈互證；據《説文》殺之古文第一體作□，可釋帛書丙之□爲殺，古文『介』乃聲符；據《説文》牙古文作□，可釋□（仰9）爲□，即梳字。據《説文》雹字古文作□，可釋帛書甲之□爲从靁省，包省聲，即雹字的異構。帛文『雹虘』即『庖戲』，也就是伏犧。據《説文》墉字古文作□，可釋帛書甲之□爲从墉从蟲省聲，與融字同，故□即融字。帛文『炎帝乃命祝融』，與歷史傳説以祝融爲炎帝之佐完全吻合。

另一方面，我們還可以利用地下出土的簡帛文字來校正傳鈔古文，説明古文材料的真實情況，糾正古文在傳鈔過程中的訛誤等。如《説文》斷字古文作□，帛書甲剸字作□，可見□即□之變，古文乃借剸爲斷。《説文》築字古文作□，毒字古文作□。而帛書丙築字作□，可見古文所从之□、□乃□之形訛。古文借築爲毒。《説文》得字古文作□，从見从又，帛書得字作□，从手持貝，可證古文誤貝爲見，則古文可據帛書而正。帛書亂字作□，與《説文》䜌之古文□形近。據古文，可證帛書□爲□之訛；據帛書，可知古文借亂爲䜌。帛書丙型字作□，字从土从刑，刑又从井得聲。《説文》荆之古文作□，誤井爲□；篆文荆作□，刑作□，則又誤井爲幵矣。帛書乙恒字作□，《説文》古文同帛書。二字皆从夕作。金文恒字作□（曶鼎），則從月作。古夕、月同字，許慎以『如月之恒』説之，知帛文、古文所从乃月字。然篆文作□，誤月爲舟。桓之古文也作□，則涉篆文而訛。金文亘正从月作□。帛書乙備字作□，中山王壺作□，子備璋戟作□。葡本象矢箙之形，壺、戟二文右上尚存古誼，下部變爲女形并施□爲飾，由此可以判明《説文》備古文作□訛變的軌迹。帛文風字作□，从虫凡聲，爲小篆所本。但風字何以从虫？《説文》古文又何以从日作□？過去一直不明其理據。近將帛文之□與古文之□，同南宮中鼎之□合觀，始悟□、□乃由□所分化。□雖不見於古文字，然由□簡化爲□乃情理中事。漢夏承碑作□，孟孝琚碑作□，均爲□之變體，并可作爲□字曾經流行的旁證。將南宮中鼎文與甲骨文□（粹 831）字加以比照，知□實爲鳳尾花紋益以『凡』爲聲符，爲鳳字之省體。聲符『□』之下，古文取其尾飾□之□而爲□字，帛文取其尾飾□之□而爲□字，若合符節。由此可見，風字自甲骨文時代直至楷書，皆借鳳字爲之，本與虫、日無涉，許慎以『風動蟲生，故蟲八日而化』曲爲之解，是不足爲據的。

三、楚國簡帛文字的書寫風格

20 世紀 30 年代，胡小石先生作《齊楚古金表》，開始對齊楚金文書法流派的研究。他説：『齊楚兩者同出於殷，用筆皆纖勁而多長，其結體多取縱勢。所異者，齊書寬博，其季也，筆善平直而流爲莊嚴；楚書流麗，其季也，筆多冤曲而流爲奇詭。』其後在《古文變遷論》中又説：『古文有方筆圓筆，齊楚皆屬圓筆。齊楚大體温厚圓轉，或取縱勢，或取横勢。

齊楚二派，各極其變。』①胡氏指出楚系書體的用筆、結體和流變，大體可信，但僅限於銅器銘文而已。40年代以來，楚地陸續出土了大批文物，其中以手書墨迹的簡帛文字最爲大宗，已引起廣大學者的重視；但對簡帛文字書法的研究，相對來說，著作還不太多。80年代初馬國權先生作《戰國楚竹簡文字略説》②，就長沙、信陽、望山三地出土楚簡文字詳加論列。馬先生説，信陽簡字均修長，筆畫匀細工整；望山簡一略呈長形，一略帶扁平，結構均基本匀稱；長沙簡字形平扁，筆道寬厚，用筆均較草率。他還指出，竹簡文字與楚帛書的結構風格均相吻合。80年代中，饒宗頤先生作《楚帛書之書法藝術》③。饒先生從放大十二倍的楚帛書照片中潛心領悟照片真迹的用筆體勢，并在摹寫中仔細體察、琢磨，故能對帛書的用筆書法提出獨到的見解。根據他的研究，帛書字體介於篆隸之間，形體扁平，用筆圓中帶方，書寫特點是横寫先作縱勢，收筆略帶垂鈎，縱寫故作欹斜，整個結體以不平不直取態，故能挺勁秀峻，精妙絶倫。去年，周鳳五先生發表《楚簡文字的書法史意義》④，强調毛筆的特性對於文字與書法的應用及其所呈現的風格具有關鍵的作用，并以包山楚簡與郭店楚簡爲例，説明它們在書法史上的意義。上文已論及，此不贅。

---

① 見《説文古文考》油印本附録，中國社會科學院歷史研究所重印，1979年。又《胡小石論文集·古文變遷論》，上海古籍出版社1982年版。

② 馬國權：《戰國楚竹簡文字略説》，《古文字研究》第三輯，中華書局1980年版，第153～159頁。

③ 見《楚地出土文獻三種研究》，中華書局1993年版，第341～342頁。

④ 周鳳五：《楚簡文字的書法史意義》，臺灣『中研院』第三届國際漢學會議論文，2000年7月。

綜觀戰國時期楚系文字的書寫風格，大抵中期及其以前，筆畫匀稱而形體修長，結體圓轉流麗，富於變化而不失整齊美觀，手寫體與鑄刻文字差異不大。曾侯乙墓的竹簡文字與編鐘銘文比較接近；信陽竹簡文字與𨚕篙編鐘銘文的格調也基本一致。中期以後，簡帛的手寫體逐漸占主導地位，并直接影響了銅器銘刻，俗體字大量流行起來。由於手寫文字草率急就的特性導致用筆和結體産生了明顯的變化。至晚期文字體勢漸趨簡略，字形扁平，甚至出現波磔挑法，成爲後世隸書的濫觴。就楚地出土簡帛所見，這一時期文字的書寫風格確具特色，值得注意者有如下幾點。

（一）起筆重而收筆輕，筆道富有彈性

簡帛文字同其他古文字比較，最明顯的不同是没有以往甲骨文和金文的『刀筆味』，而代之以頭粗尾細或豐中鋭末的筆道。這是由當時使用毛筆的特性所使然的。目前已發現的戰國毛筆都是長鋒細腰的形制，『這樣的形制，要書寫成環弧較多的古文字，寫起來筆畫便自然富有彈性，形成起處稍尖、中間偏前較粗、收筆處特尖的綫條效果』①。這種綫條的夸張形式，漢人稱之爲『蝌蚪書』；後人更仿效蝌蚪之名而故作蝌蚪之形，極盡夸張之能事，但它源於先秦的簡帛文字當是可信的。

① 參黄錫全《楚系文字略論》，載《華夏考古》1990年第3期。又載《古文字論叢》，臺北：藝文印書館1999年版。

（二）用筆方圓兼備，靈活多變

簡帛文字用筆圓中有方，縱横兼具，十分靈活。横寫先作縱勢，收筆略呈垂鈎。如三字作□，隹字作□，方字作□，戈字作□，堯字作□，福字作□。這種用筆在漢代篆書中仍有保留，如開母廟石闕一作□，袁敞碑二作□，少室石闕三作□，袁安碑五作□，皆承襲楚風。對稱斜筆也往往取内引帶鈎之勢，如而字作□，禹字作□，燥字作□，家字作□，衣字作□，免字作□等，筆法婉轉多變，達到出神入化的地步。

（三）結體不平不直，内圓外方

帛書結體通篇扁平。楚簡文字結體則或扁或長，其扁者不及半厘米（如□字），其長者達二厘米以上（如鑊字），錯落有致。帛書横勢多於縱勢，縱横交錯，故作欹斜，構成不平不直的體態，如□、□、□、□等，儘管整個結體以環弧綫條爲主，却顯得内圓而外方，令人有奇詭之感。

（四）波勢挑法已見端倪

楚地戰國簡帛文已孕育着波勢挑法的雛形，如帛書乙字作□，仰天湖簡純字作□，末筆有明顯的波勢。帛書于字作□，乃字作□，月字作□，明字作□，下一筆即爲挑法。尤其是仰天湖簡某些縱筆往往帶有上提的挑鈎，如□、□、□、□等，包山楚簡、九店楚簡等也有比較突出的例子，如□、□、□、□等，這些已開後世挑鈎的先河。郭沫若先生説：楚帛書文字

『體式簡略，形體扁平，接近於後來的隸書』①。饒宗頤先生認爲：『帛書結體在篆隸之間，形體爲古文，而行筆則爲隸勢。』② 裘錫圭先生在論述隸書的形成時指出：『如果秦没有統一全中國，六國文字的俗體（以楚帛書和齊陶文爲例——引者注）遲早也是會演變成類似隸書的新字體的。』③

（五）長文宏篇講究行款布局

如前所述，楚帛書是迄今所見最早一幅圖文并茂的墨書真迹。其行款布局十分講究，設計别出心裁，構圖耐人尋味。正中二篇文字分别爲八行和十三行，互爲顛倒；雖然没有馬王堆帛書的朱絲欄，却行列整齊，字與字之間的間隔十分勻稱，堪稱絶妙。兩篇各自分爲三節，每節分别以□號隔開。周邊十二節文字隨月神圖像循回旋轉，每節之末也以□號爲標志。合文則二字占一格書寫。通篇設計别具匠心，爲戰國晚期長篇題銘有代表性的形制，具有極高的藝術價值。當代書畫家倘能見之，定會嘆爲觀止也。

附記： 多年前，湖南省博物館周世榮先生與西泠印社有編輯出版《湖南出土文物與書法藝術》一書之議，約筆者撰寫《湖南楚帛書與楚簡文字書法淺析》一文。後因故未果，此稿

---

① 郭沫若：《古代文字之辯證的發展》，載《考古學報》1972 年第 3 期。
② 《楚地出土文獻三種研究》，中華書局 1993 年版，第 341 ～ 342 頁。
③ 裘錫圭：《文字學概要》，商務印書館 1988 年版，第 69 頁。

置篋中久矣。今欣逢『百年來簡帛發現與研究暨長沙吴簡國際學術研討會』在長沙召開，因檢出舊稿，將範圍稍加拓展，略事更張，益以新知，由斯鵬學棣補書各類古體，并改從今題，幸方家指正焉。

楚帛書神話系統試説

1942年秋，在湖南長沙子彈庫的一座楚墓中，出土了好幾種書於縑帛上的古代文本，其中保存較爲完好的是一幅構圖奇特、上書蠅頭小字近千文的楚帛書。由於這幅帛書的内容十分奥秘，故自出土以來，學者們從不間斷地對它進行探索和研究。目前，雖然某些細節尚待進一步理清，但人們終於可以透過那古奥的文辭瞭解楚帛書的大致内容了。帛書的文字包括甲、乙、丙三篇：甲篇（8行）位於帛書的中間，主要描述四時和曆法形成的過程，稱爲『四時』篇；乙篇（13行）文字正好與甲篇順序顛倒，講的是天象變化與地上災異的關係，宣揚『天象是則』的思想，故稱爲『天象』篇；丙篇文字隨周邊十二個月神循環往返，周而復始。帛文於每個月名之下，説明當月的行事宜忌，稱爲『月忌』篇。三篇分别反映天上、社會和人間，前後聯成一個有機的整體，體現『天人感應』的思想。其主宰者則是乙篇所反復强調的『帝』和『神』。甲篇和丙篇則涉及多位古史傳説中的神話人物，包括甲篇的雹戲、女媧、四神、炎帝、祝融、帝俊、共攻（工）和夸步（父）；丙篇的少昊和句龍；而以甲篇的雹戲和女媧以及他們所生的四子作爲整個神話世界的主體。下面，試就帛書的有關文辭，結合伏羲、女媧等傳説資料，加以梳理和研究，以揭示帛書所見的神話體系，并就正於各位方家。

一、楚帛書的雹戲、女媧與四子

現將帛書《四時》篇中與雹戲、女媧以及他們所生四子的有關文句摘録如下（爲方便印刷，釋文摘取其成句者采用寬式標記）：

曰古［天］熊雹戲，出自□霆，處于⿰月⿱寽𡈼□，厥□俋俋，夢夢墨墨，亡章弼弼，□每（？）水□，風雨是於。

乃娶且徙□子之子曰女媧。

是生子四……四神相戈，乃步以爲歲，是惟四時。長曰青榦，二曰朱四單［檀］，三曰翏黃難［橪］，四曰溾墨榦。

雹戲

雹字從金祥恒先生釋（見《楚繒書『雹戲』解》）。雹戲即今本《周易·繫辭》的包犧。陸德明《經典釋文·周易繫辭》下第八云：『包，本作庖，孟、京作伏；犧字又作羲，孟、京作戲。』《説文》：『賈侍中説此犧非古字。』，張揖《字詁》：『羲古字，戲今字。』從帛書作『戲』字觀之，知賈説是而張非。後來一般通用『伏羲』的寫法。

『□熊』乃包犧之號。傳包犧之號有『黃熊』（《帝王世紀》）及『有熊』（《易緯·乾鑿度》）二説，然上字皆與帛文殘畫不類。疑殘文是『天』字，或古有『天熊包犧』之稱。下文有包犧所出之氏及所處之地，可惜關鍵之字適殘泐，無從得知。帛書言包犧降生之時，天地尚未成形，夢夢墨墨，一片混沌，與《淮南子·俶真訓》謂『至伏羲氏，其道昧昧芒芒』正相吻合。

考包犧故事，最早見於《周易·繫辭》下：

古者包犧氏之王天下也，仰則觀象於天，俯則觀法於地。觀鳥獸之文與地之宜，近取諸身，遠取諸物。於是始作八卦，以通神明之德，以類萬物之情。作結繩而爲網罟，以佃以漁。蓋取諸『離』。

後出諸書則諸多演繹，踵事增華，如云：

伏犧氏，燧人子也，因風而生，故風姓。（《古三墳》）

雷澤中有雷神，龍身而人頭，鼓其腹。（《山海經·海内東經》）郭璞注引《河圖》云：大迹在雷澤，華胥履之而生伏犧。（《詩含神露》同）

仇夷山四絶孤立，太昊之治，伏犧生處。（《御覽》七八引《遁甲開山圖》）

伏犧人頭蛇身，以十月四日人定時生。（《御覽》七八引《帝王譜》）

庖犧氏、女媧氏、神農氏、夏后氏，蛇身人面，牛首虎鼻，此非人之道而有大聖之德。（《列子·黄帝篇》）

伏犧氏有龍馬負圖之瑞，故以農紀官。（《通鑒外紀》）

包犧氏始受木德。（《漢書·郊祀志》）

伏犧氏以木德王天下。（《御覽》七八引《春秋內事》）

天地開闢，五緯各在其方，至伏犧乃合，故以爲元。（同上）

太昊帝庖犧氏，風姓也，蛇身人首，有聖德，都陳，作瑟三十六絃。燧人氏沒，庖犧氏代之，繼天而生，首德於木，爲百王先。帝出於震，未有所因，故位在東方，主春，象日之明，是稱太昊。制嫁娶之禮。取犧牲以充庖厨，故號曰庖犧。（《御覽》七八引《皇王世紀》）

以上所引，包犧之名雖頗多歧異，然皆名異實同；身世事迹所記亦復有異同。這些都是古史傳説本身的性質所决定的，是普遍存在的現象。至於蛇身人面，牛首虎鼻云云，則純屬神話。

女媧

『女媧』的『媧』帛文本从王从曰出聲，从『出』得聲的字古與『媧』音極近，例可通假，故讀爲女媧（此從何琳儀釋）。《四時》篇的女媧有如下幾點值得注意：

一是女媧之上有『某子之子』的字樣，説明女媧所從出，雖因『某』字殘去，不明所出，但它至少説明女媧與包犧所出不同，由此可見，《路史·後紀》卷二引《風俗通》所謂『女媧，伏羲之妹』的説法是另有所本的。

二是『乃娶』的『娶』字，它表明女媧是包犧正式『娶』來的媳婦，他們二人不是兄妹關係，而是夫妻關係。傳説包犧『制嫁娶之禮』於此可以得到印證。

三是『娶』下的『且徙』二字，它意味着女媧與包犧結爲夫婦之後，有過遷徙活動，這同人類早期的生活環境是密切相關的。

四是女媧與包犧結爲夫婦之後還生下四個兒子，并且各有自己的名字，這是過去的記載所没有的。從帛書可以看到，『四子』在包犧、女媧的創世活動中發揮了重要的作用。

五是『女媧』之名最早見於屈原《楚辭・天問》篇，楚帛書與《楚辭》關於女媧的記載，當屬同源，它反映有關包犧、女媧的神話傳説，在楚國有很深厚的土壤。

相傳女媧是創造人類的女神，她用黄色泥土摶成了人類（見《風俗通義》），并且在天崩地塌洪水泛濫的時候，煉成了五色石塊修補蒼天，《淮南子・覽冥訓》有一則關於女媧補天的故事：

> 往古之時，四極廢，九州裂。天不兼覆，地不周載。火爁炎而不滅，水浩洋而不息……於是女媧鍊五色石以補蒼天，斷鰲足以立四極，殺黑龍以濟冀州，積蘆灰以止淫水。蒼天補，四極正，淫水涸，冀州平。……考其功烈，上際九天，下契黄壚，名聲被後世，光暉重萬物。

《淮南子》女媧補天故事中有『四極廢』、『定四極』、『四極正』；楚帛書有『奠三天』、『奠四極』。補天故事中有『九州裂』、『冀州平』；楚帛書有『九州不平』、『山陵備𡵂』。補天故事中有『上際九天，下契黄壚』；楚帛書有『非九天則大𡵂，毋敢冒天靈』。文意和語氣都極其相似。

四子

楚帛書的四子即四時之神，故亦稱爲『四時』或『四神』。他們的名字分別叫青榦、朱檈檀、翯黃橪和溾墨榦。（四木之名據饒宗頤先生釋）在帛書裏，他們協助包犧和女媧，開天闢地，化育萬物：袪除凶厲，斬殺猛獸的是他們；跋涉山陵，疏通山谷的也是他們；爲山川四海命名，調和燥氣、滄氣，采青木、赤木、黃木、白木、墨木即五木之精的還是他們；規測天蓋，在天地之間上下騰傳，以及奠三天、奠四極的更是他們。

從《四時》篇以上的内容可以看出，由包犧、女媧及由他們所生的四神，組成一個神通廣大的創世家族。他們從迷蒙一片、晦明難分的渾沌世界中，定立天道，補天修地，化育萬物，建立年歲，形成春、夏、秋、冬，輪流轉換。宇宙和人間，開始正常地運行。

二、《武梁祠畫像》的啓示

現在，讓我們從現存最早刊刻包犧、女媧故事的漢《武梁祠畫像》中，考察它與楚帛書的神話故事之間存在着怎樣的關係。

《武梁祠畫像》有兩處圖像與包犧、女媧及其所生的四子有關。一處在第二石第二層：此層上有山形横列，第一段畫二人，右爲包犧，冠上方下圓，左手平舉，右手執矩。下身鱗尾環繞向左。左爲女媧，面殘泐。身同包犧，尾亦環繞與右相交。中間一小兒，向右，手曳二人之袖，兩足卷起。左有隸書榜題一行十六字云：『伏戲倉精，初造王業，畫卦結繩，以理海内。』另一處在左石室第四石第三層：一男人執矩向右，一婦人執干（似規）形器向左，身皆如蛇，其尾相交向上。中間二小兒有翼，尾亦相交，兩手相向搏。又左右二人皆蛇尾有翼，及有雲鳥擁之。一榜無字。疑是包犧、女媧及其所生之四子。（見附圖）只要我們將《武梁祠畫像》中的伏戲、女媧和四子的圖像，同《四時》篇的雹戲、女媧及其所生四子的內容加以比照，便不難發現，它們所描述的是同樣的題材，而且，從中可以得到不少啓示：

附圖：伏羲女媧與四子

其一，包犧、女媧人身龍尾相互交合的畫像，是戰國秦漢以來普遍流行的神話作品，其同樣畫像應見於戰國時期的楚國。漢王逸注《楚辭・天問》云：屈原『見楚有先王之廟及公卿祠堂，圖畫天地山川神靈，琦瑋僪佹，及古賢聖怪物行事』。因而向天發問，作《天問》篇，其詞有云：『登立爲帝，孰道尚之？女媧有體，孰制匠之？』王注：『言伏羲始畫八卦，脩行道德，萬民登以爲帝，誰開導而尊尚之也？』又注云：『傳言女媧人頭蛇身，一日七十化，其體如此，誰所制匠而圖之乎？』宋洪興祖嘗獻疑曰：『「登立爲帝」，逸以爲伏羲，未知何據？』瞿中溶釋之曰：『楚先王之廟及公卿祠堂畫天地山川神靈……其畫必有伏羲并有女媧，故逸云然。』并舉王延壽《魯靈光殿賦》有『伏羲鱗身，女媧蛇軀』以證之。（見《畫像考》一·七）又馬邦林《漢碑録文》謂『往在蘭山，見古墓中兩石柱刻羲皇、媧皇、農皇及堯、舜像，伏羲亦鱗身，兩形尾交；又予家西寨裏，伏羲陵前石刻畫像亦兩形并列，人首，一男一女，龍身尾交。予意古之圖畫羲、媧者皆類此。』（《漢碑録文》一·四三）可見，人首龍身交尾的伏羲、女媧畫像由來已久，他們是無法分開的連體，故屈原舉其一即可賅其二。瞿氏以女媧前句之『登位爲帝』屬之於包犧很有見地，也符合屈詩和逸注的本意。

其二，從伏羲手執矩尺，女媧手執規形器的圖像來看，他們應是共造天地的創世之神。在古人的心目中，天圓而地方，而規儀和矩尺則分别是圖畫圓形和方形的工具，故用伏羲、女媧手執規矩來隱喻他們是營造天地的主神是非常巧妙的。伏羲、女媧創世主的傳説來源於古老的苗族。據人類學者的實地調查，苗族傳説中認爲苗族人全出於伏羲和女媧。他們本爲兄妹（或姐弟），遭遇洪水，人烟斷絶，僅存此二人。他們配爲夫婦，綿延人類（參芮逸夫《苗族洪水故事與伏羲女媧的傳説》）。按照苗人的説法，伏羲和女媧就是人類最早的祖先。苗族傳説中的男女始祖與漢族古書記載中的始祖居然同名，這不會是偶然的巧合。漢族古書中最早提到伏羲與開闢天地有關的是《莊子·大宗師》，篇中把豨韋氏和伏羲氏排在衆聖人的最前面，用『挈天地，襲母氣』六個字來形容開闢天地時的情境。由於女媧一名女希，故有學者懷疑開頭的豨韋氏也許和女媧有關（參徐旭生《古史的傳説時代》頁239）。苗人説他們最初出於伏羲和女媧，《淮南子・覽冥訓》的説法同他們很相似，《周易・繫辭》雖然没有談及女媧，但包犧是最古的帝，同苗族傳説的意思也可以説是相近的。在這方面，有一歷史現象值得注意，就是在戰國中葉楚國的勢力深入湖南以後，苗族的傳説逐漸輸入華夏。首先受它影響的是莊子一派的人，莊周既然是南方人，且他游心遠古，苗族的傳説正好投合他的嗜好。《楚辭・天問》篇的作者屈原是南方人，在他的作品裏本來就吸收了不少苗文化的有益成分，對於先王廟和公卿祠堂裏這種反映邃古神話的壁畫，更是他遠搜近討的對象。屈原看到壁畫上那伏戲、女媧的畫像而不禁向天發問是很自然的。發現於子彈庫的長沙楚帛書，正是在這樣的歷史和文化背景下産生的。楚帛書中的伏羲作『雹犧』，女媧作『女瑎』，『瑎』从『出』聲，與苗族傳説中男子叫 bu-i，女子叫 ku-eh，古音十分接近。伏羲、女媧的傳説在楚國的流行情況，據古籍所見，戰國早期還不見踪影，當是戰國中期以後的事，這同楚帛書的年代是相吻合的。現在看來，楚帛書吸收苗族的傳説是有所選擇并加以改造的，它把苗族傳説中的伏羲、女媧是兄妹結爲夫婦的關係，改爲由不同所出而結成的夫妻關係，顯然是受到漢族傳統思想的影響的。

其三，圖像中，伏羲、女媧上下共有四個兒子，即他們所生的四子。古書有帝堯命四子掌管四季的記載。《尚書・堯典》：『乃命羲和』。傳云：『重黎之後，羲氏、和氏世掌天地四時之官。』又引馬云：『羲氏掌天官，和氏掌地官，四子掌四時。』下文分别叙述四子之職，即春分神羲仲宅暘谷，以正仲春；夏至神羲叔宅南交，以正仲夏；秋分神和仲宅昧谷，以正仲秋；冬至神和叔宅幽都，以正仲冬。四神分别住在東、南、西、北很遠的地方，分管着春分、夏至、秋分和冬至。所以，所謂四子，實際上是分管四季的分至之神。帛書四神分别以四色之木命名，即春分神青榦，夏至神朱檃檀，秋分神翯黄難，冬至神溾墨榦，分别以青、朱、翯

（白）、墨，配東方的暘谷，南方的南交，西方的昧谷和北方的幽都，正好與四方配色一一對應。帛書云：『四神相戈，步以爲歲。』楚文字戈與弋常相混，弋讀爲代。意思是説：四神分掌春、夏、秋、冬，遞相交替，推步四時以成歲。這可以作爲四神即分至之神的最好注脚。至於四神因何以木爲名，是否與伏羲『首德於木，爲百王先』有關？帛書以四色命四木之名，是否與帛書四隅繪有施色之木有關？凡此種種，尚須進一步研究。

三、帶楚系神話色彩的南方諸神

在楚帛書的神話世界中，除上述雹戲、女媧和四神之外，還有炎帝、祝融、帝俊、共工、夸父、少昊和句龍。其相關文辭有如下四組：

第一組

炎帝乃命祝融，以四神降。奠三天，□思敦，奠四極。

《史記·五帝本紀》以黄帝代炎帝而興；《潛夫論·五德志》以炎帝神農氏代伏羲氏而起。戰國以後講『月令』的書，如《吕氏春秋·十二紀》、《禮記·月令篇》、《淮南子·天文訓》等，皆以炎帝、祝融作爲南方、夏季的帝和神，如《吕氏春秋·夏三紀》云：『其日丙丁，其帝炎帝，其神祝融。』高誘注：『丙丁，火日也。黄帝少典之子，姓姜氏，以火德王天下，是爲炎帝，號曰神農。死托祀於南方，爲火德之帝。』炎帝是戰國以後按照五行觀念以五色配五方的南方之神，亦就是後來流行的赤帝。銀雀山漢簡《孫子兵法》佚文有《黄帝伐四帝》篇，中有『赤帝』，『赤帝』乃『炎帝』之訛，古文字炎、赤二字形近易混。帛書將炎帝、祝融與四神聯繫起來，四神爲伏羲之子，這使炎帝繼伏羲而起之説更有説服力。《楚辭·遠游》：『指炎神而直馳兮，吾將往乎南疑。』屈原心儀炎帝而隨之南馳九疑，亦説明炎帝確是南方之神。在帛書裏，祝融似亦炎帝之佐，帛文説他受命於炎帝，遣四神把三天的軌道和四極的天柱固定下來。

第二組

帝俊乃爲日月之行

帝俊是傳説中一位十分煊赫的至上神，根據《山海經》的記載，他還是太陽和月亮的父親。因爲他有兩個妻子，一個叫羲和，一個叫常羲。『有羲和之國，有女子名曰羲和，方浴日於甘淵。羲和者，帝俊之妻，生十日。』（《大荒南經》）『有人反臂，名曰天虞，有女子方浴月。帝俊妻常羲，生月十有二，此始浴之。』（《大荒西經》）可見日和月都跟帝俊密切相關。但從『十日』和『十二月』的數字來看，似乎不是指日月天體本身，而是指記日記月的曆法。『十日』爲旬中之日，『十二月』爲歲中之月。《楚辭·天問》：『夜光何德，死則天育』，是説月死竟能復生。若依次『生月十有二』，就是一年。帛書上文，從言『未有日月』到言『日月允生』，都是指記日記月的曆法從無到有的過程。因爲如果没有記日記月的曆法，日和月之間的關係就無法確定，日月就不能正常運轉。反之，如果有了記日和記月的曆法，日月的運轉便井然有序，故帛文云『帝俊乃爲日月之行』。

第三組

共攻（工）、夸步（父），十日四時，□□神則閏。

文獻中的共工，一爲官名（見《尚書·堯典》）；一爲神名。《淮南子·地形訓》：『共工，景風之所生也。』高誘注：『共工，天神也，人面蛇身。』帛書之共工當屬後者。

『夸步』，劉信芳讀爲『跨步』，謂推步曆法。他指出：《山海經·大荒北經》所記『夸父追日景』之神話應源於『夸步』，追日影者，以晷儀跟踪觀測日影也。劉氏所説極是。但以夸父追日影源於『夸步』，不如將『夸步』直接讀爲夸父。考『步』爲魚部（一説爲鐸部）并母字，與魚部并母字的『父』字聲紐相同，韵部亦同（或爲陰入對轉），例可通假。很可能夸父之名即來源於夸步。若將帛文讀爲『夸父』，則追日影之事不言而自明。如此，帛書群神譜中又多了一位『夸父』的成員。據《山海經·大荒北經》記載，共工、夸父均爲祝融之裔脉，帛書將二者并提，亦在情理之中。

『十日』，古代有『十日并出』和『后羿射日』的傳説（見《淮南子·本經訓》），這是爲瞭解決傳説中的『十日』與現實中只有『一個太陽』的矛盾而産生的。古代還有『九日居下枝，一日居上枝』和『一日方至，一日方出』的傳説（《海外東經》及《大荒東經》），《楚辭·招魂》則云『十日代出』，其意思都是指十日輪流在天上出現。這傳説在馬王堆帛畫中得到了形象的體現。十日輪流出現一次，在曆法上就是一旬，是記日法的誕生。所以，饒宗頤先生謂『此處十日以指自甲至癸十干較合』是很正確的。然則《大荒西經》的常羲『生月十有二』，亦有可能是指自子至亥『十二支』的誕生。

『閏』是處理回歸年與具體曆法存在餘分的一種辦法，與曆法的精確性密切相關。帛文『□□神則閏』似乎説明當時已掌握了曆法置閏的辦法。總之，這條帛文中的『十日』、『四時』與『閏』，都與曆法有關。

第四組

曰余：不可作大事。少杲（昊）其□，句龍其□。取（娶）女爲邦笑。

此組帛文見於帛書丙篇邊文。少杲、句龍，從曹錦炎釋（見《楚帛書〈月令〉篇考釋》），二『其』字下均有缺文，曹氏擬補爲『少昊其帝，句龍其神』。《爾雅·釋天》四月爲余，知此組帛文應屬於四月。《左傳》成公二十九年『國之大事，在祀與戎。』此謂夏曆四月，不可從事兵戈戎伐及大型祭祀活動。少昊，金天氏。在『余』月中，少昊應屬於西方、秋季之帝，然其神爲蓐收，不是句龍，此條當另有來歷。句龍即后土，又叫社神，爲共工之子，《漢書·郊祀志》：『自共工氏霸九州，其子曰句龍，能平水土，死爲社祀。』帛文下半的大意是，由於少昊和句龍的緣故，四月娶女爲國人熟知之大忌，若犯忌則難免爲國人所譏。

綜上所述，在楚帛書所涉及的十三位神秘人物中，有半數來自苗蠻土著的傳説，是楚人勢力到達兩湖之後吸取本土文化的結果；另半數來自炎帝的後裔；他們都屬於南方之神。炎帝後裔祝融八姓的一支，經過悠長的歷史階段，南下到湖北江漢一帶，成爲後來的楚國。在這個遷移流徙的過程中，産生了許多互有血緣關係的氏族和富有神話色彩的傳説。見諸《山海經》的，如《海内經》云：『炎帝之妻赤水之子聽訞生炎居，炎居生節并，節并生戲器，戲器生祝融，祝融降處於江水，生共工，共工生術器，術器首方顛。是復土穰，以處江水。共工生后土，后土生噎鳴。噎鳴生歲十有二。』其中兩度提及祝融、術器處於『江水』，頗值得注意。又《大荒北經》云：『有人珥兩黄蛇，把兩黄蛇，名曰夸父。后土生信，信生夸父。夸父不量力，欲追日景，逮之於禺谷。將飲河而不足也，將走大澤，未至，死於此。』這就是著名的『夸父追日』的故事。據《山海經》的炎帝世系，與帛書有關諸神的世次爲：

炎帝——祝融——共工——后土（句龍）——夸父

蒙文通先生早就指出，『炎帝』、『祝融』、『共工』屬於江漢民族。今按之楚帛書中的神話傳説，結合《山海經》的記載，可謂真知灼見。至於帝俊和少昊二神，雖然找不到他們與楚族有任何直接的關係，但從楚帛書所見，他們屬於楚系神話世界中的人物，當是没有問題的。

參考文獻

［1］容庚．漢武梁祠畫像［M］．北京：哈佛燕京學社石印本，1936．

［2］芮逸夫．苗族洪水故事與伏羲、女媧的傳説［A］．人類學集刊（第1卷第1期）［C］．歷史語言研究所，1938．

［3］徐旭生．中國古史的傳説時代［M］．北京：科學出版社，1960.1．

［4］嚴一萍. 楚繒書新考[A]. 中國文字（第26冊）［C］. 1967.12.
［5］金祥恒. 楚繒書『雹戲』解[A]. 中國文字（第28冊）［C］. 1968.6.
［6］李學勤. 談祝融八姓[J]. 江漢考古, 1980（2）.
［7］何琳儀. 長沙帛書通釋[J]. 江漢考古, 1986（1－2）.
［8］饒宗頤. 楚帛書新證[A]. 楚地出土文獻三種研究[C]. 北京: 中華書局, 1993.8.
［9］劉信芳. 楚帛書解詁[A]. 中國文字（新21期）［C］. 1996.12.

（收入《曾憲通學術文集》第201～214頁，汕頭大學出版社，2002年7月；原載《新古典主義》第33～44頁，臺灣學生書局，2001年9月）

附圖

以下附圖採自饒宗頤、曾憲通著《楚地出土文獻三種研究》圖版之65～101頁，北京中華書局1993年8月

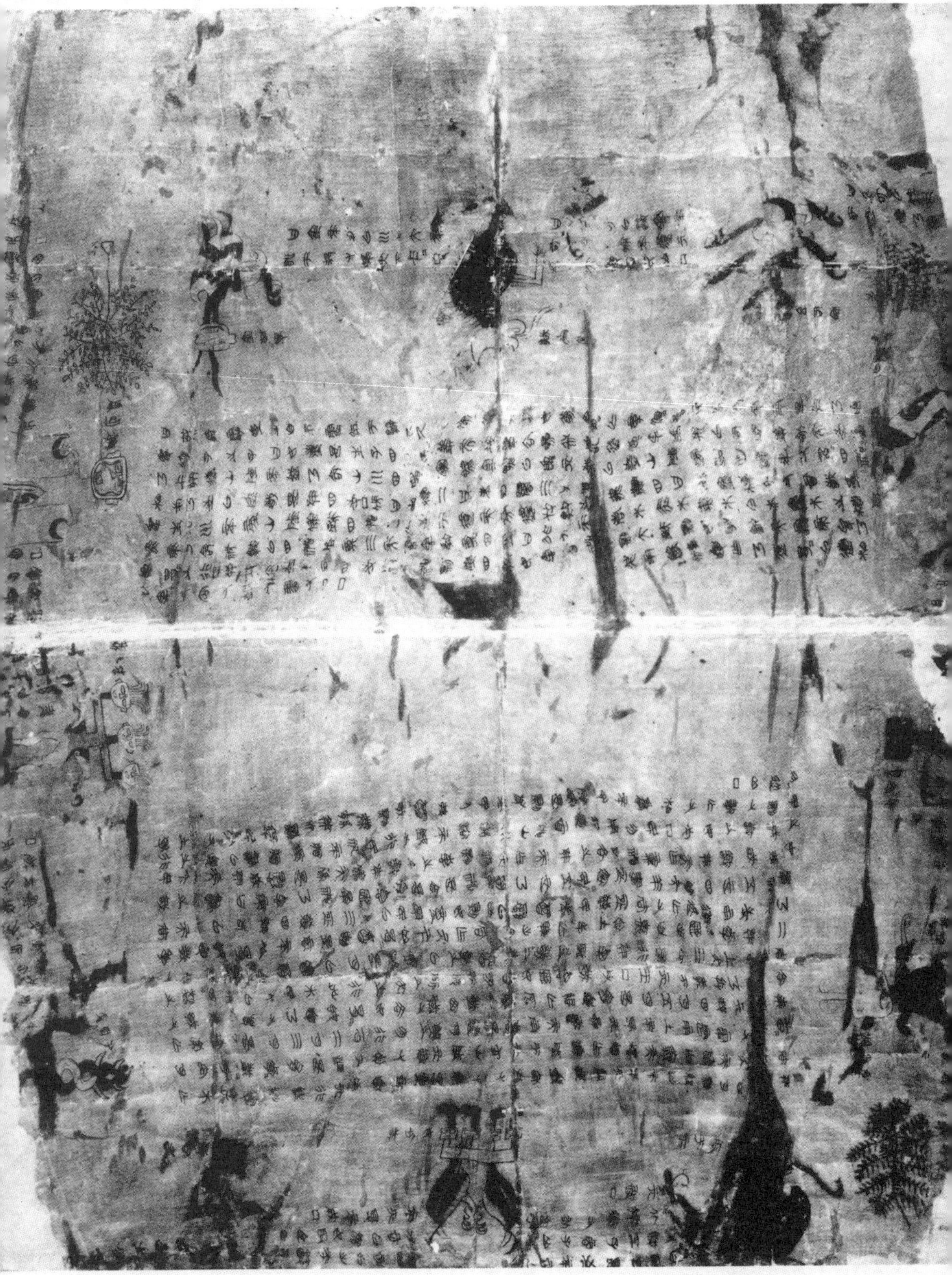

五六　楚帛書全圖一幅（縮版47％）

楚帛書全圖

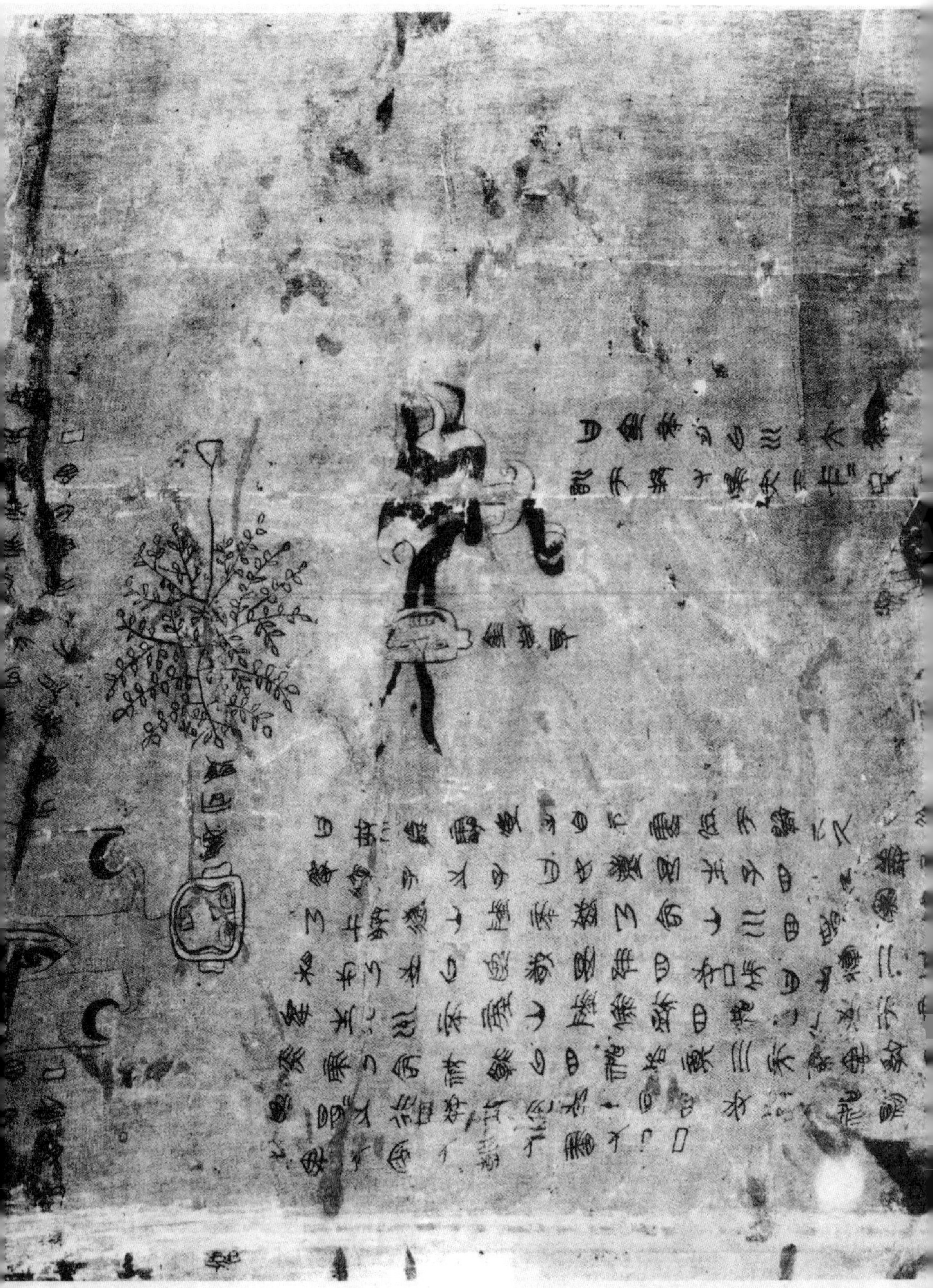

五七　楚帛書影本六幅疊印（縮版92％）　楚帛書影本六幅疊印

楚帛書影本六幅疊印（頁280—285）

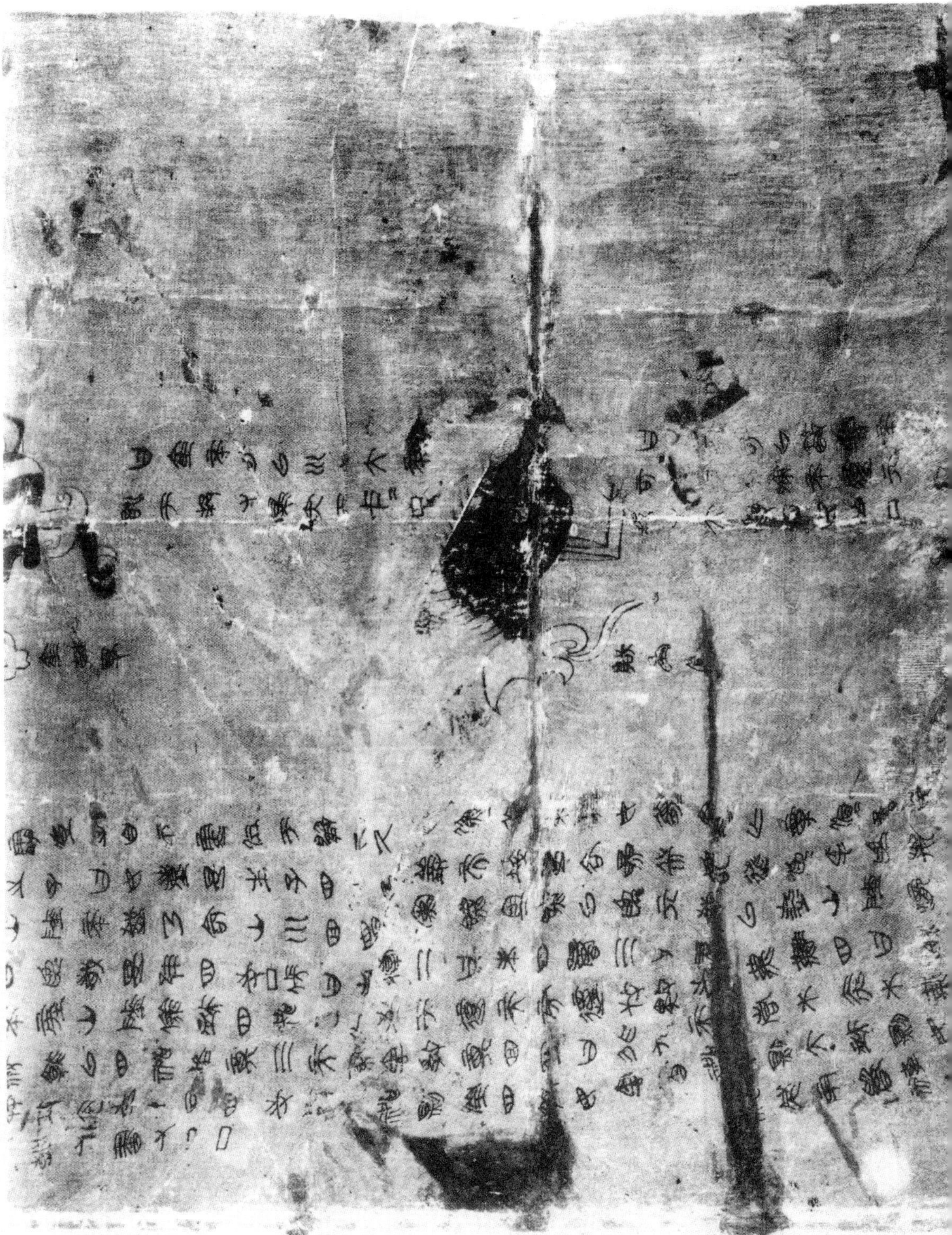

五八　楚帛書影本六幅疊印（縮版92％）

楚帛書影本六幅

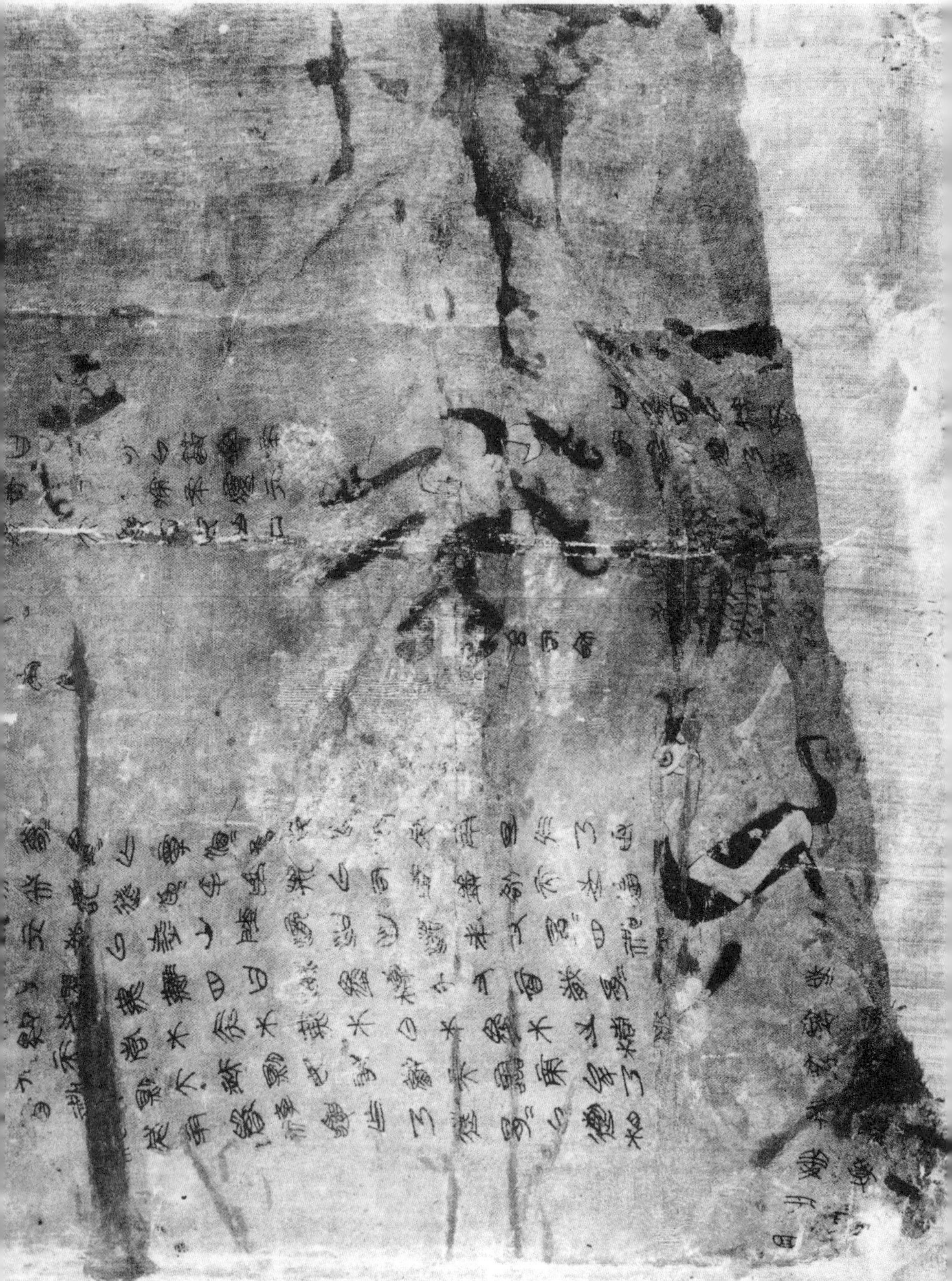

五九　楚帛書影本六幅叠印（縮版92％）　楚帛書影本六幅叠印之

　楚帛書影本六幅叠印(縮版92%)　楚帛書影本六

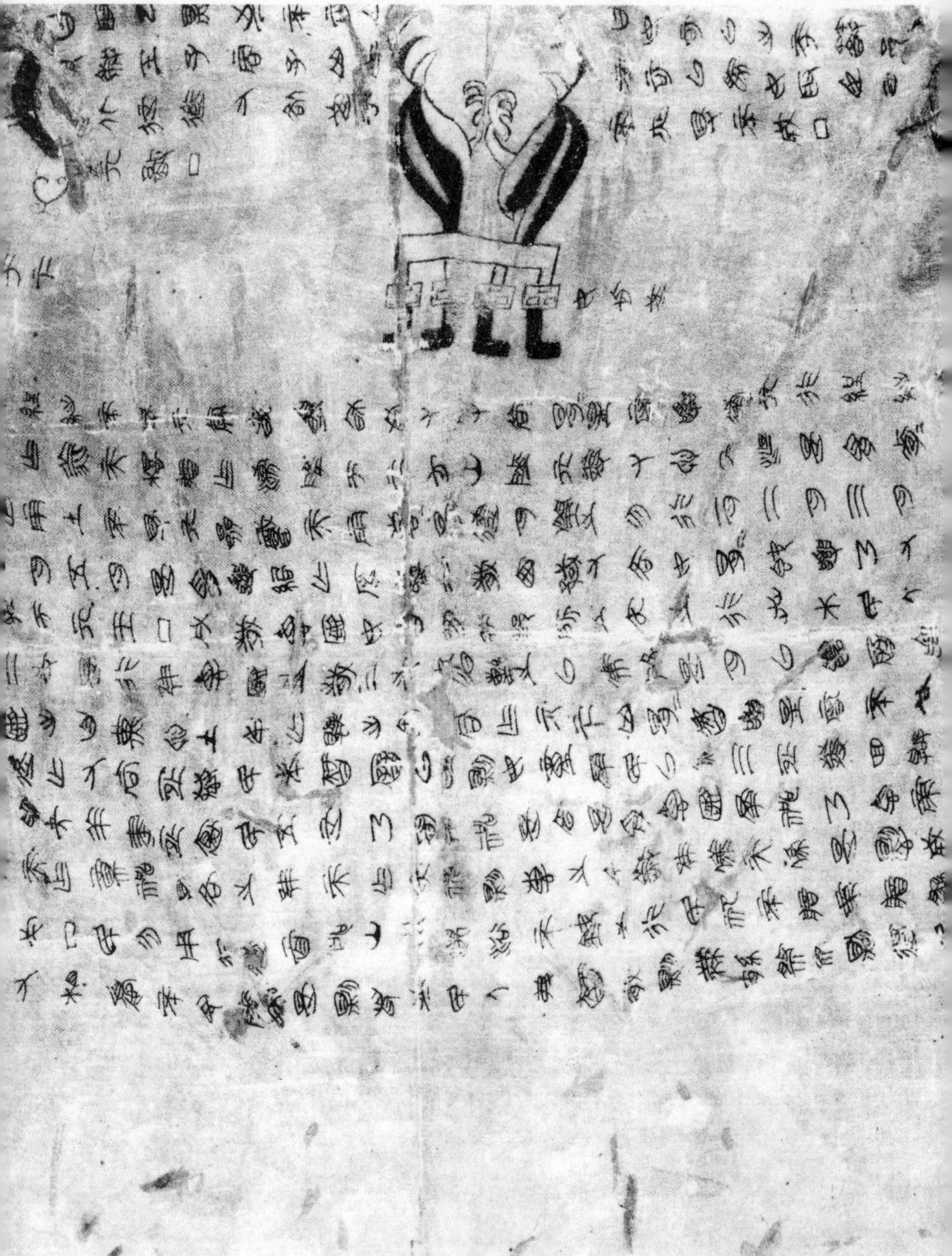

六一　楚帛書影本六幅疊印（縮版92％）

楚帛書影本六幅疊印

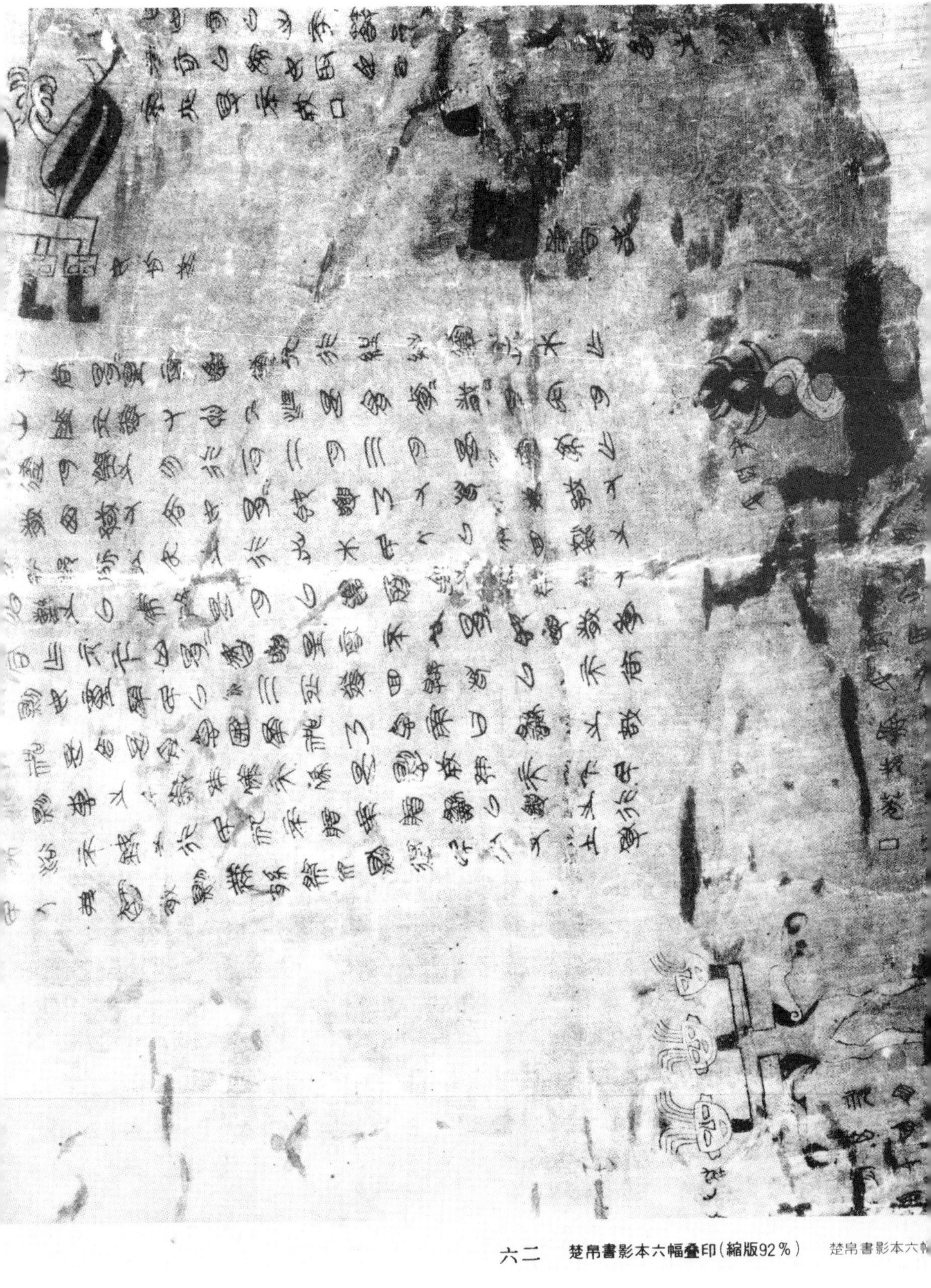

六二　楚帛書影本六幅疊印（縮版92％）　楚帛書影本六幅

楚帛書文字原形摹本（改正本）

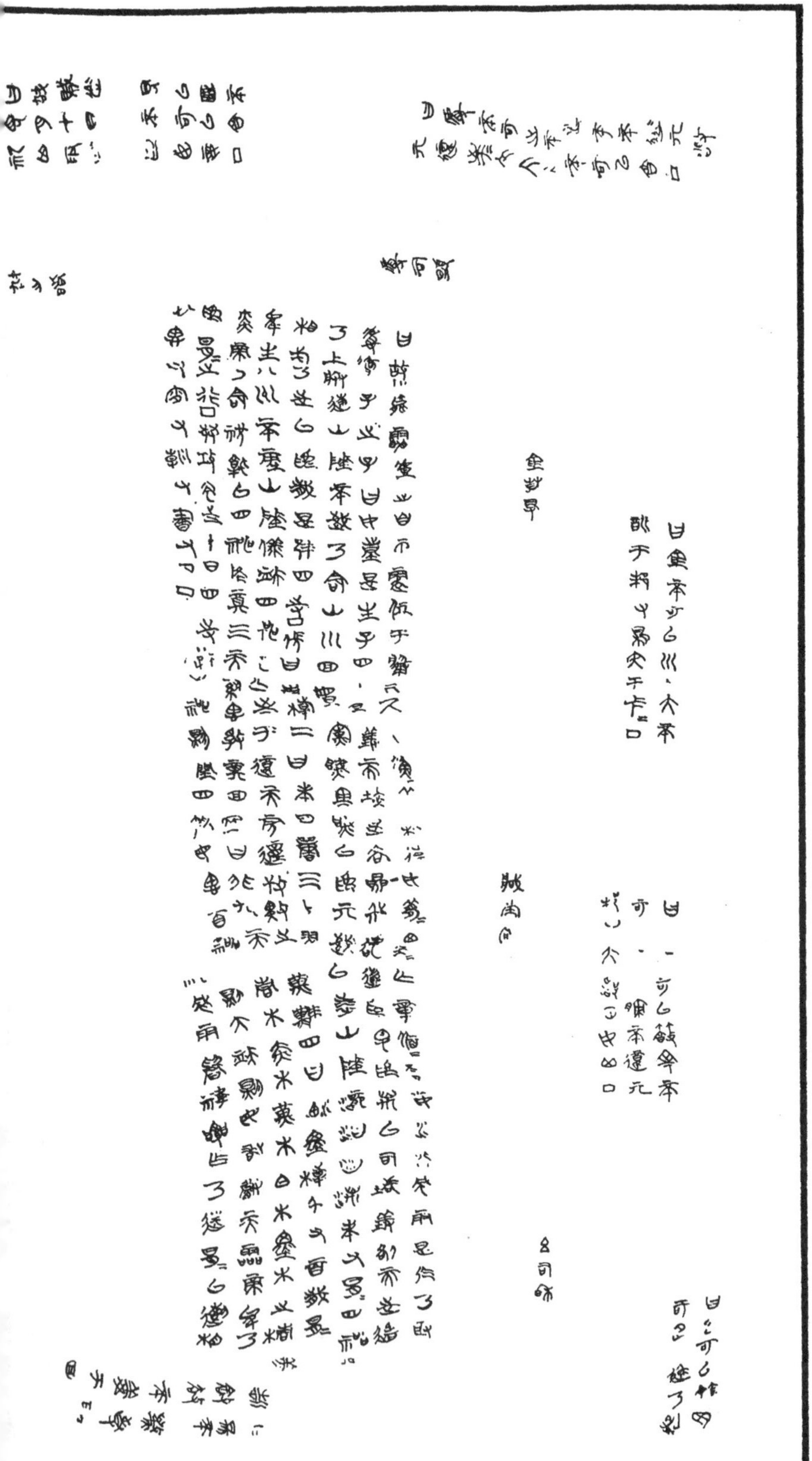

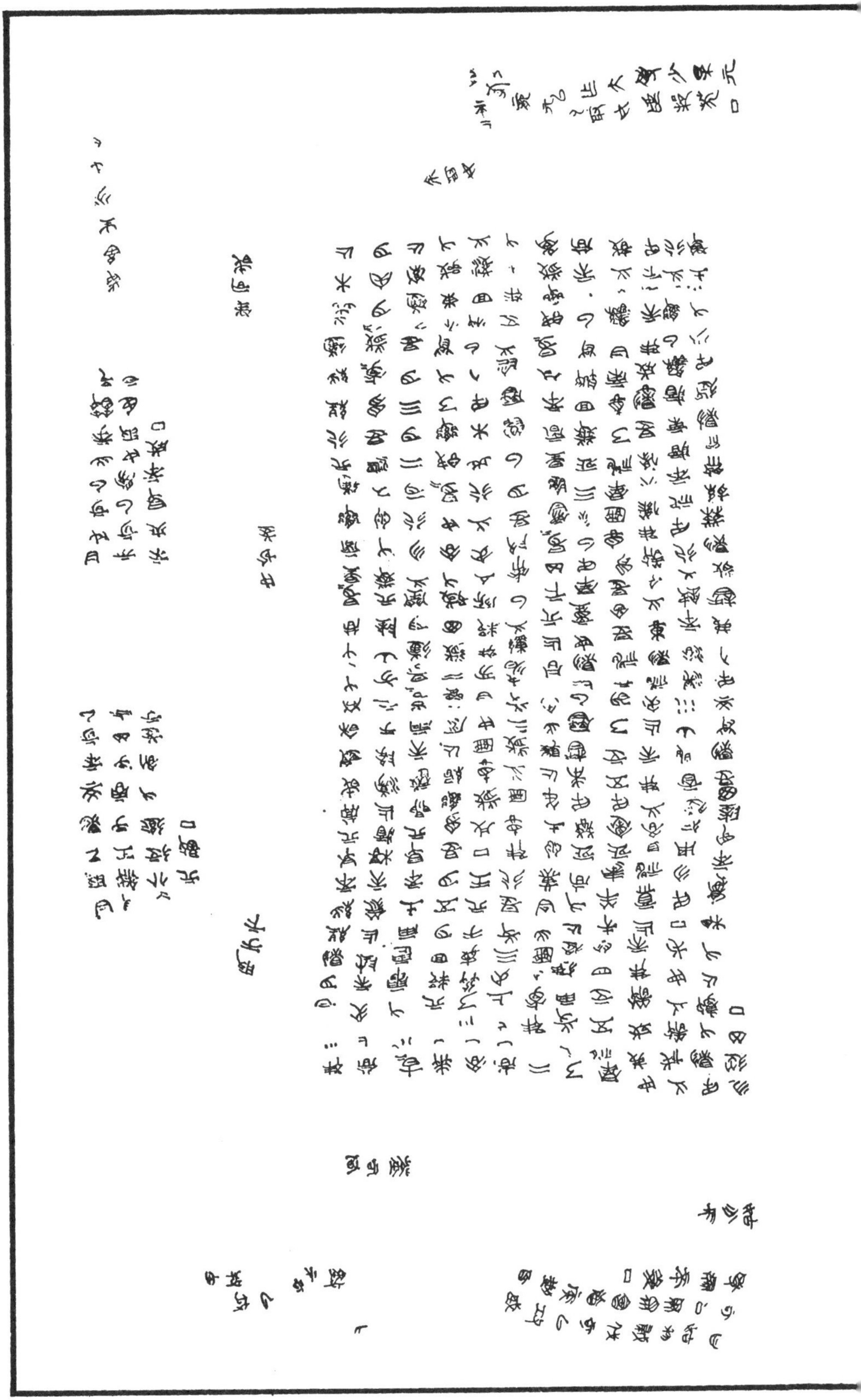

楚帛書文字新臨寫本附釋文

甲篇

曰故天龍雹盧出自口寔尻于饌口氒口魚=口口口母夢=墨=亡章弼=口每水口風雨是於乃取

虘遅口子之子曰女皇是生子四口是襄而域是各參柒灋逃為禹為萬以司堵襄咎而步達

乃上下朕連山陵不戠乃命山川四晉口熏熒百熒以為其戠以涉山陵瀧汩凼滿未有日月四神

相戈乃步以為歲是隹四寺口張曰青榦二曰朱四單三曰口黃難四曰口墨榦千又百歲日月

夋生九州不重山陵備㰲四神口作至于逷天旁遵扞斁之青木赤木黃木白木墨木之精

炎帝乃命祝融以四神降奠三天口思敦奠四亟曰非九天則大㰲則毋敢蔑天霝帝夋乃

為胃=之行口共攻夸步十日四寺口口神則閏四口毋思百神風雨辰禕亂作乃逆胃=以遡相

口思又宵又朝又晝又夕口

乙篇

隹☒☒□月則絓絀不得其當春夏昧畜又□尚=冒=星昏亂遊其行絓絀遊□卉木亡
尚□☒实天陞作羕天梧將作湯降于其方山陵其嬖又淵□汨是胃孛=歲=八?月内月
吉=谷☒又霆雹雨土不得其曑職天雨喜=是遊月閏之勿行一月二月三月是胃遊終亡
奉□☒其邦四月五月是胃亂紀亡厤□二?歲西戠又吝女冒=既亂乃又鼠实?東戠又
吝□☒乃兵害于其王□凡歲悳匿女曰亥隹邦所五实之行卉木民人以成四淺之
尚□☒上实三寺是行隹悳匿之歲三寺□繇之以素降是月以鄉厤為之正隹十又
二歲?隹孛悳匿出自黃淵土身亡鼳出内☒同作其下凶冒=昏亂星昏不同?冒=既亂歲季
乃□寺雨進退亡又尚𡉚恭民未智厤以為則毋童羣民以□三𡉚嬖四與鼠以□天尚
羣神五正四□堯羊建𡉚禍民五正乃明其神是高是胃悳匿羣神乃悳帝曰繇□之哉
母弗或敬隹天作䙴神則各之隹天作实神則悳之民敬隹備天像是惻成隹天□下民
之戒敬之毋弋□民勿用□□百神山川澫浴不欽□行民祀不牊帝將繇以亂□之行
民則又穀亡又相𧶠不見陵西是則鼠至民人弗智歲則無䋣祭祀則迲民少又□土事
勿從凶□

丙篇

取于下
曰取乙則至不可以
□殺壬子丙子凶作
□北征衛有咎武□
□其敗□

女□武
曰女可以出師籔邑
不可以家女取臣妾
不火得不成□

秉司春
〔曰秉〕……
妻畜生分女□

余取女
〔曰〕余不可以作大事少杲其
□□龍其□取女為邦芙□

欱出睹
曰欱殺衛□得以匿不
見月在□□不可以享
祀凶取□□為臣妾□

虡司顕
曰虡不可出師水師不逆其□
其逆至于其下□不可以享□

倉莫得
曰倉不可以川□大不
訢于邦有梟內于卡=□
臧□□
曰臧不可以籔室不
可以□師脨不遉其
邦有大亂取女凶□
玄司秋
曰玄可以籔?四
可□□遲乃□

昜□羕
曰昜不□燹事可□
折斂故不義于四□
姑分長
曰姑利戕伐可以攻威
可以聚眾會者侯型首
事璆不義□
荃司备
曰(荃)……
敘不可以攻……
□□……

楚帛書分段圖版（放大三・三倍）

甲篇

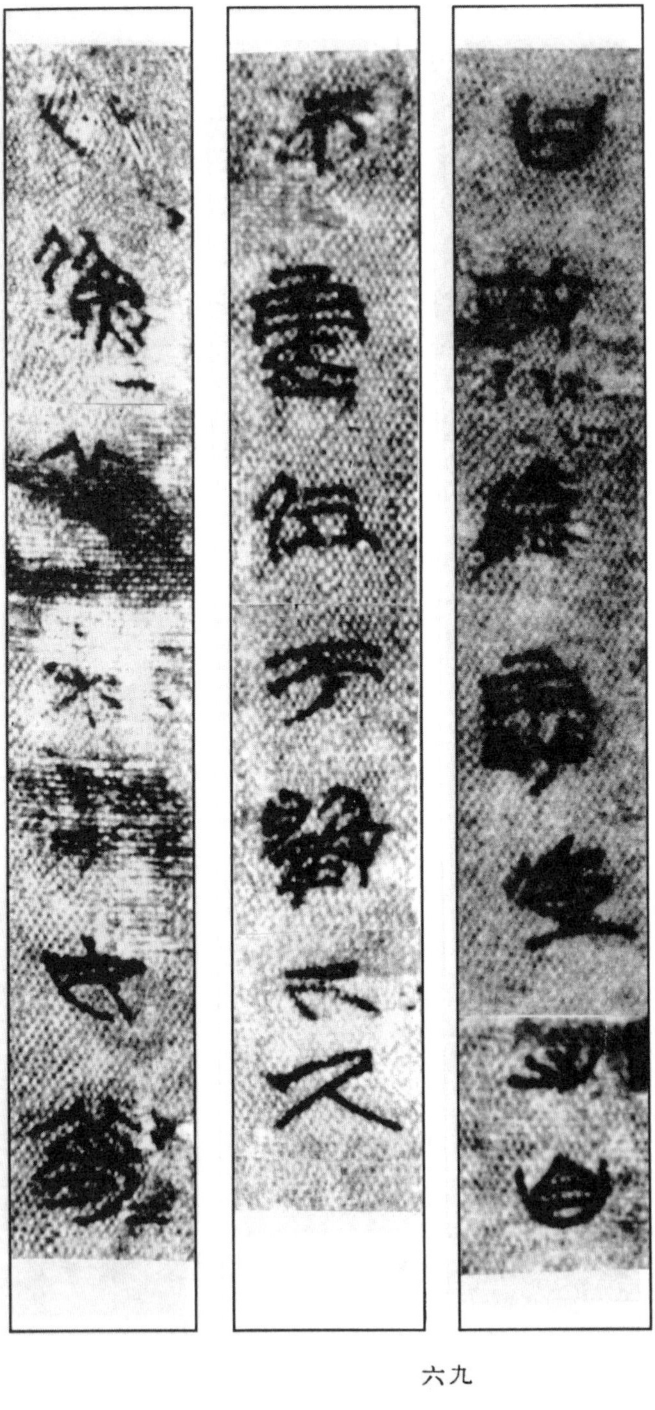

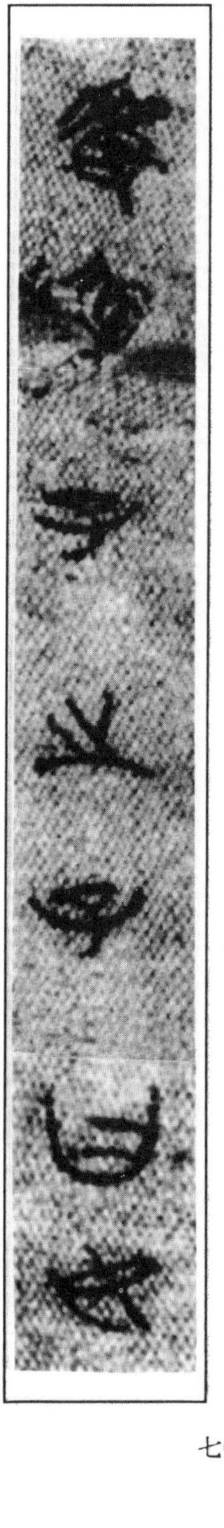

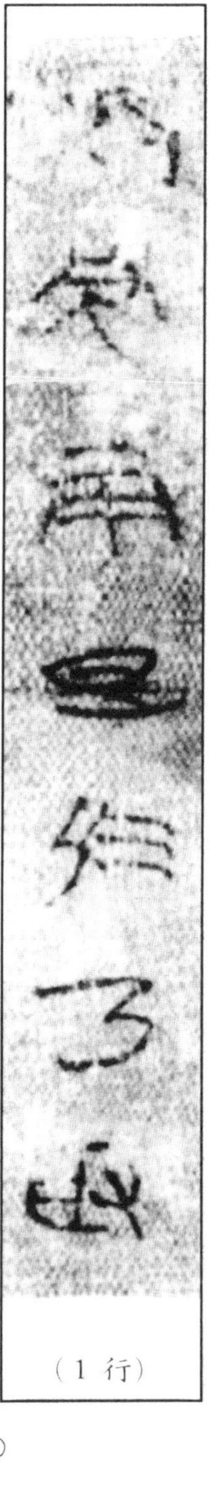

（1 行）

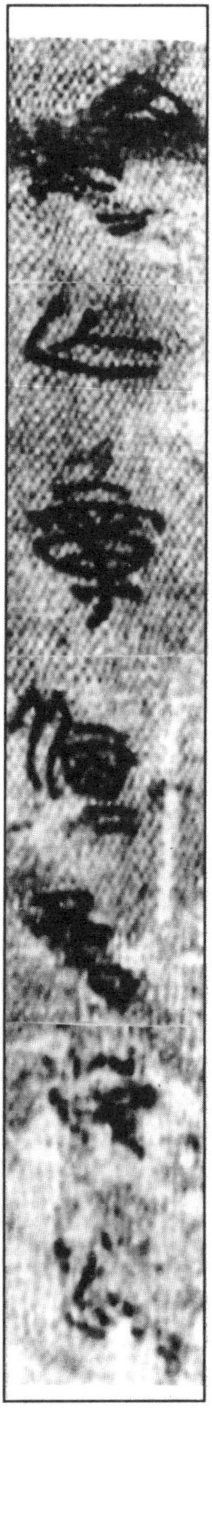

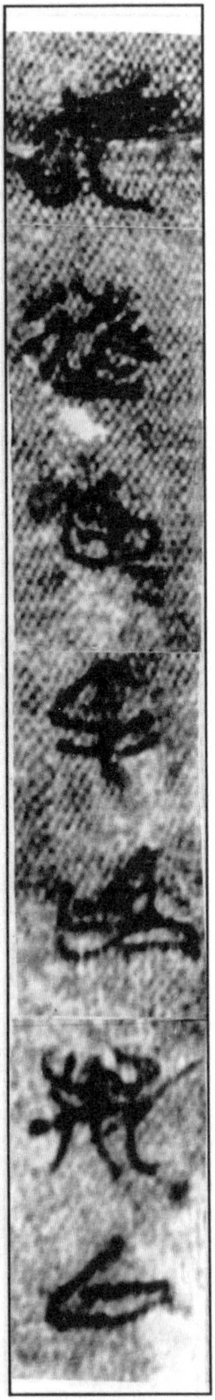

（2 行）

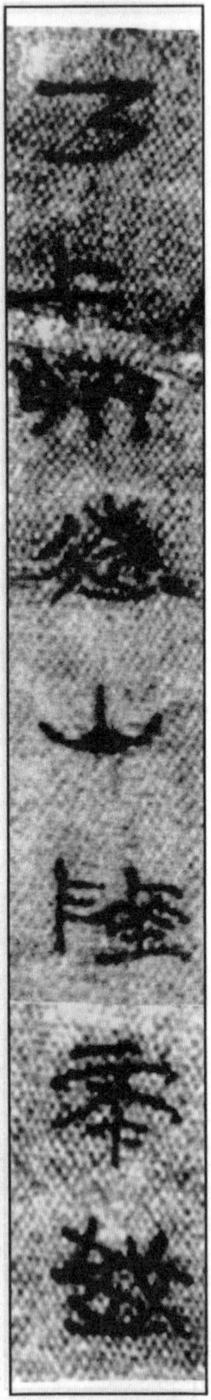

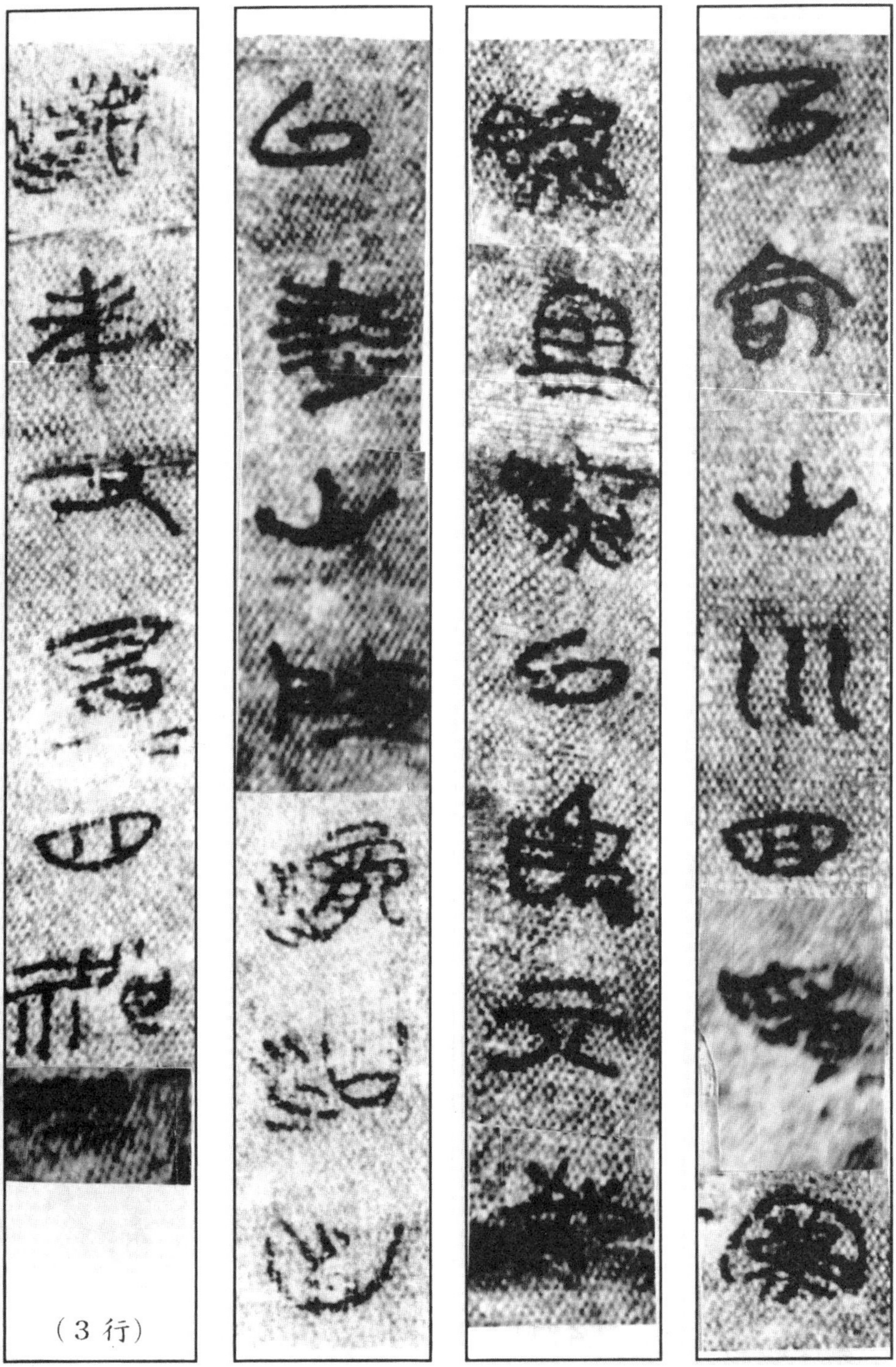

（3 行）

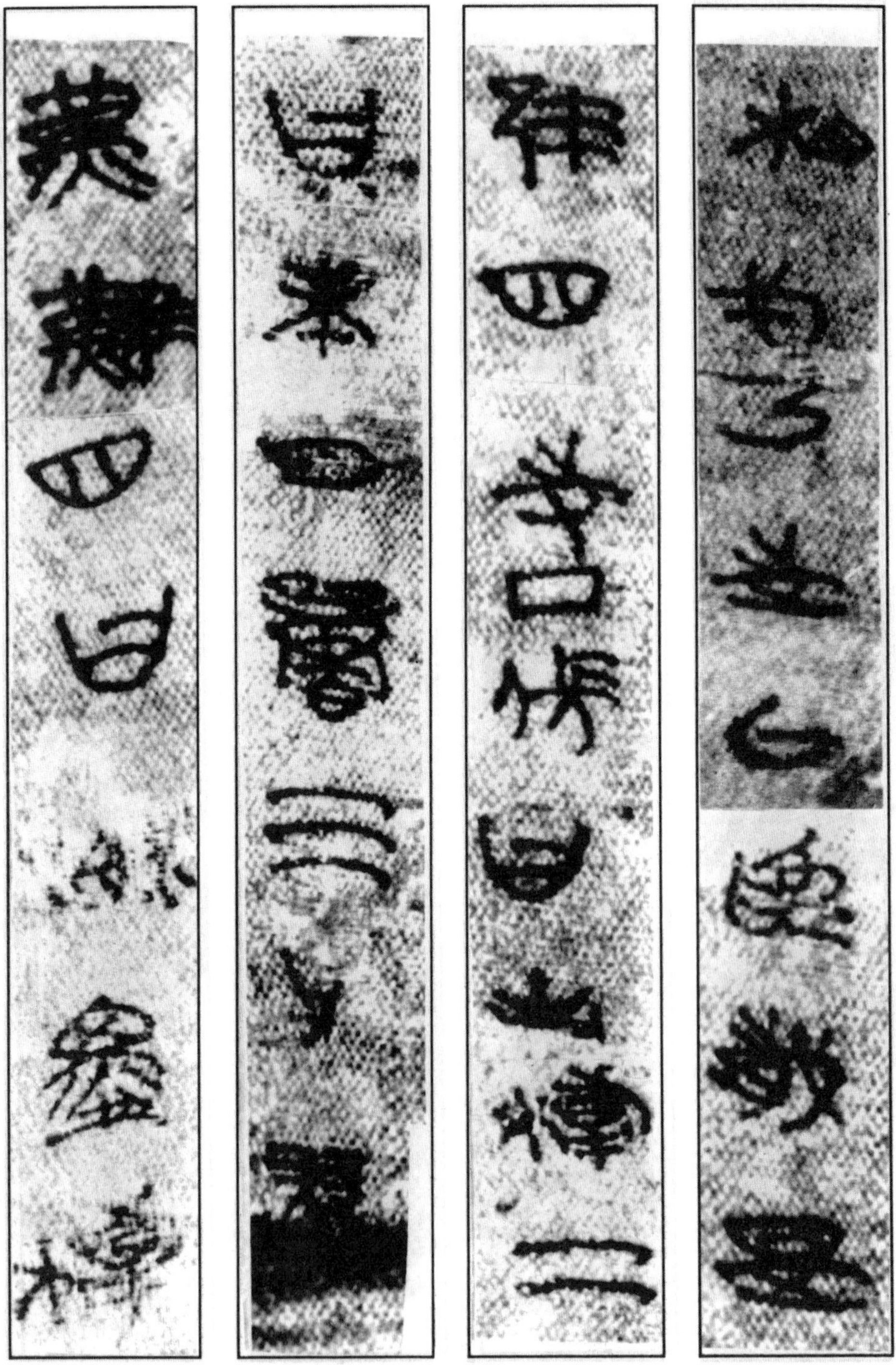

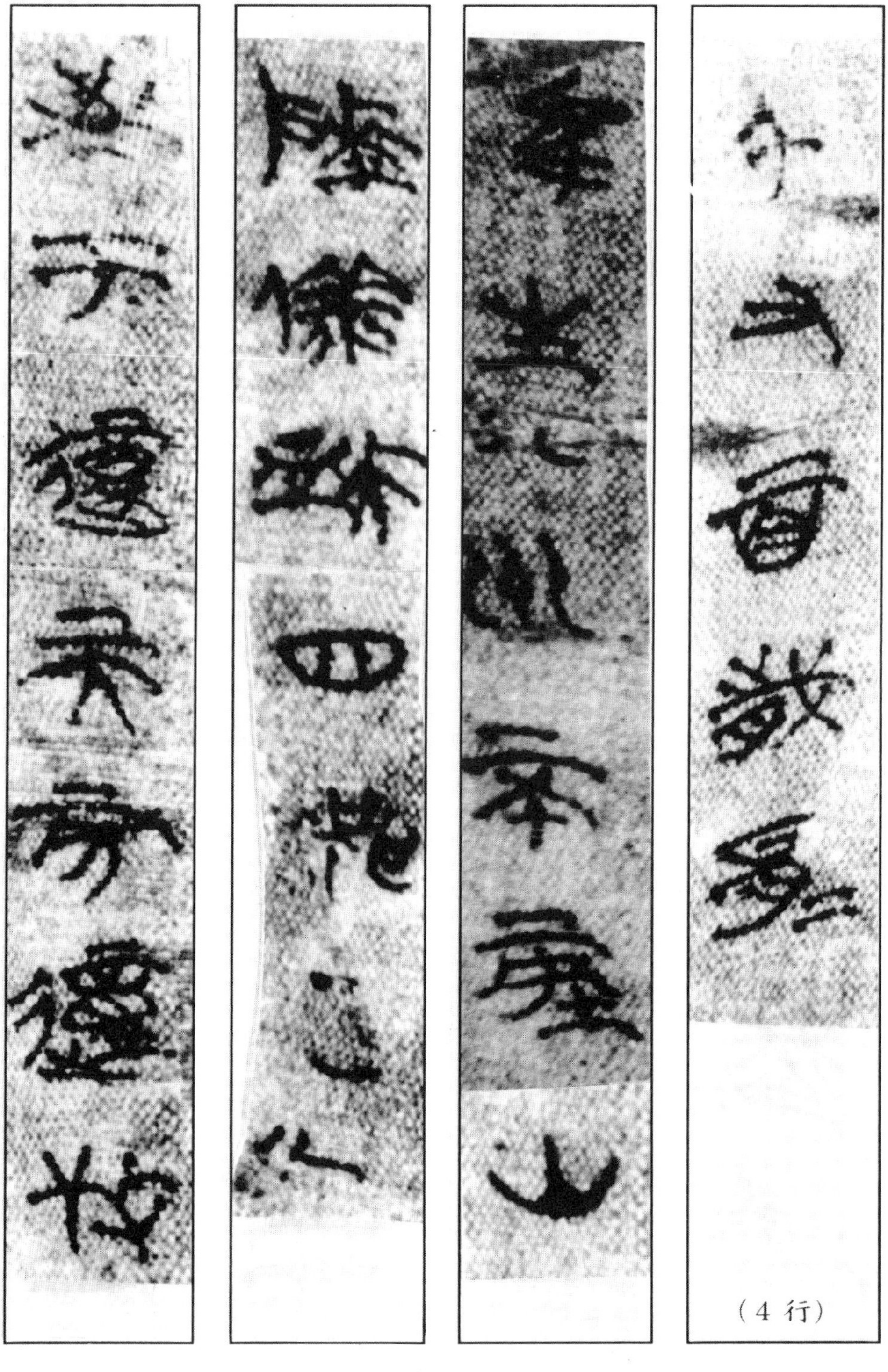

（4 行）

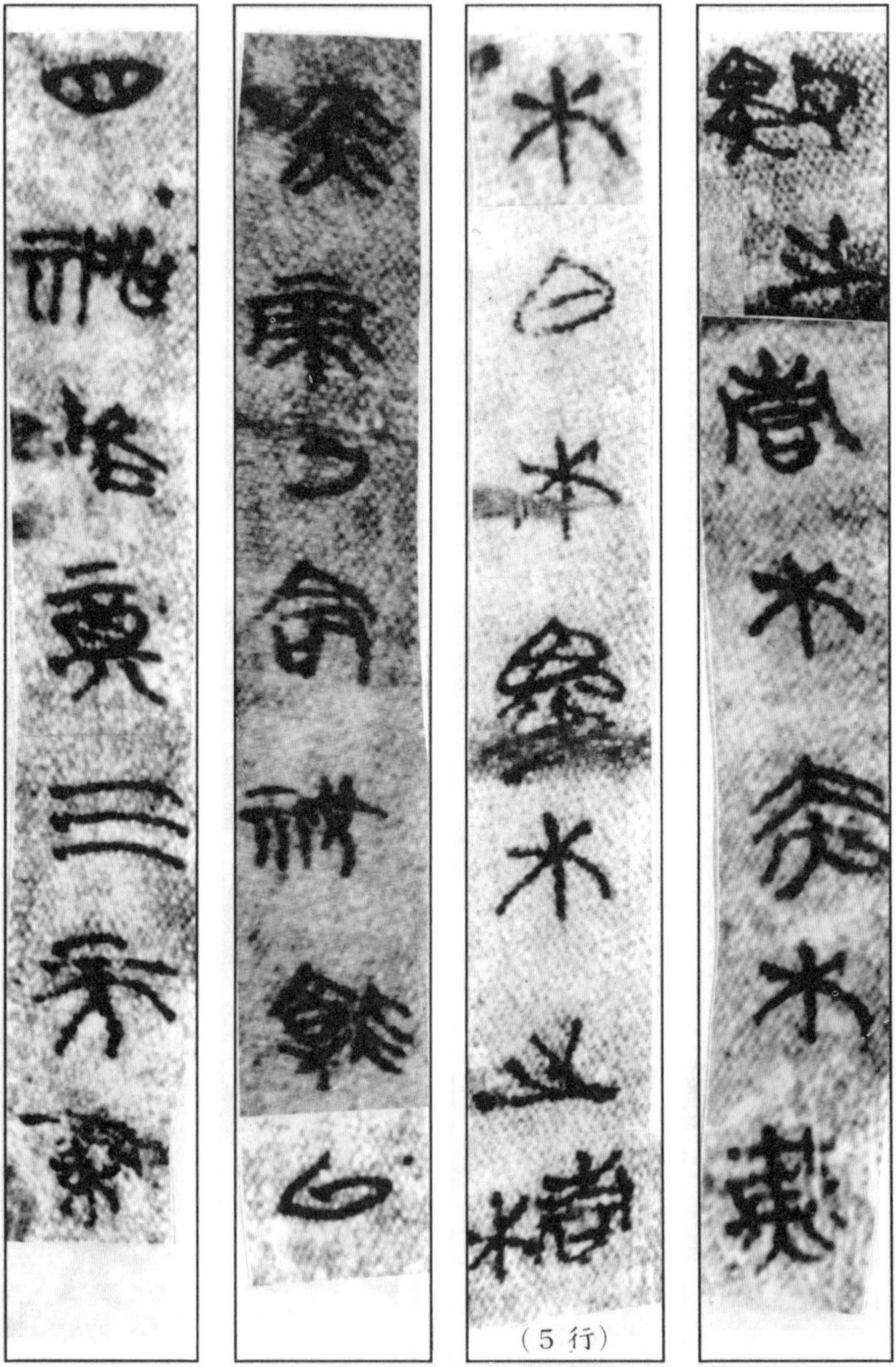

（5 行）

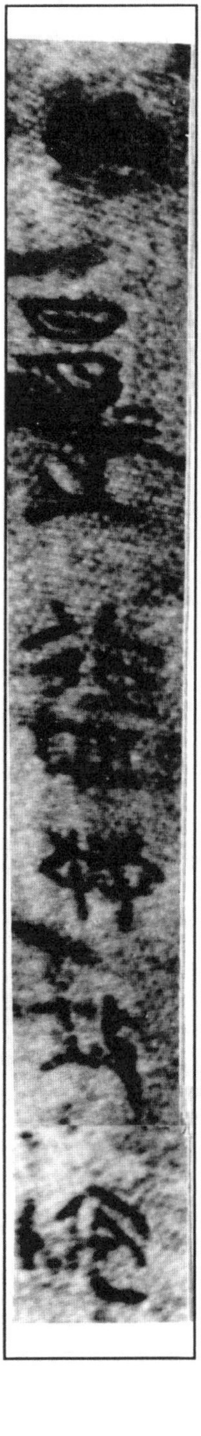

（6 行）

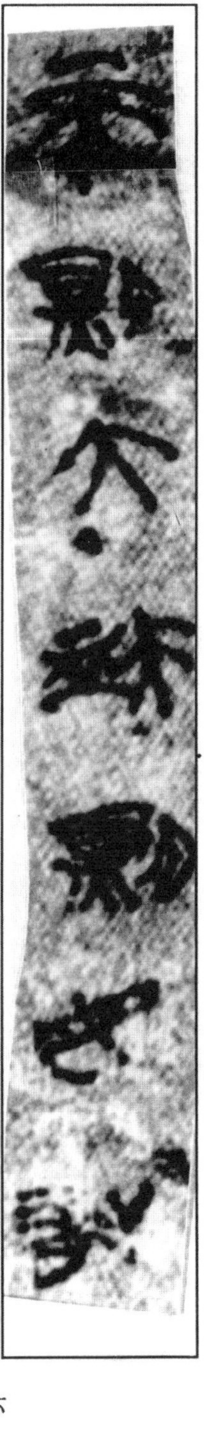

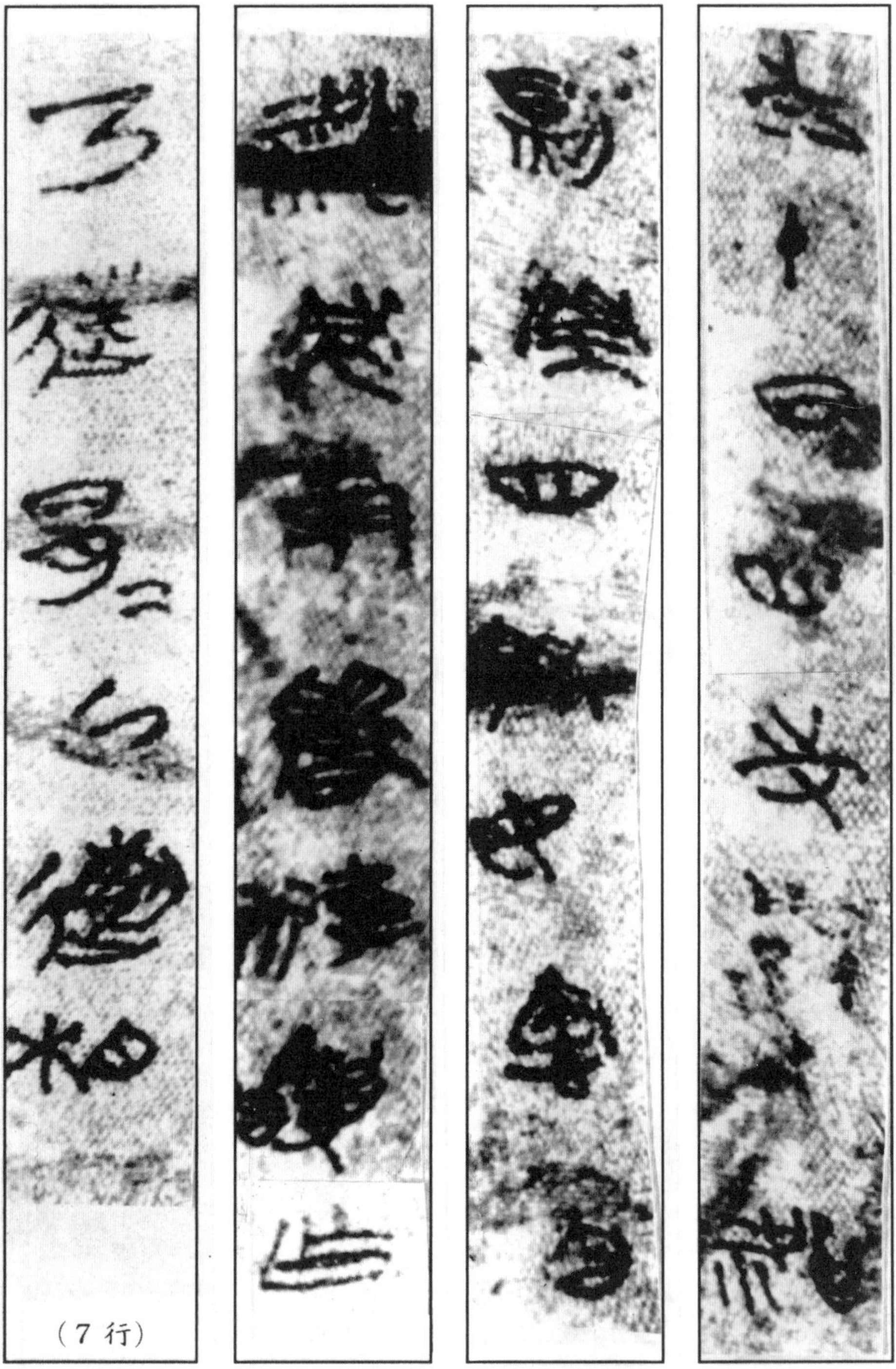

（7 行）

乙篇

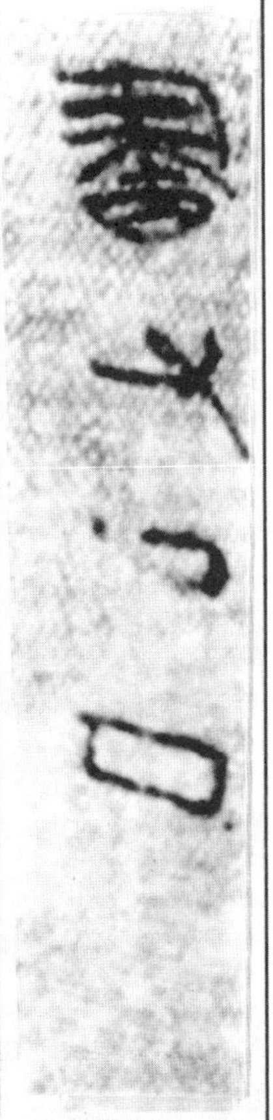

（8 行）

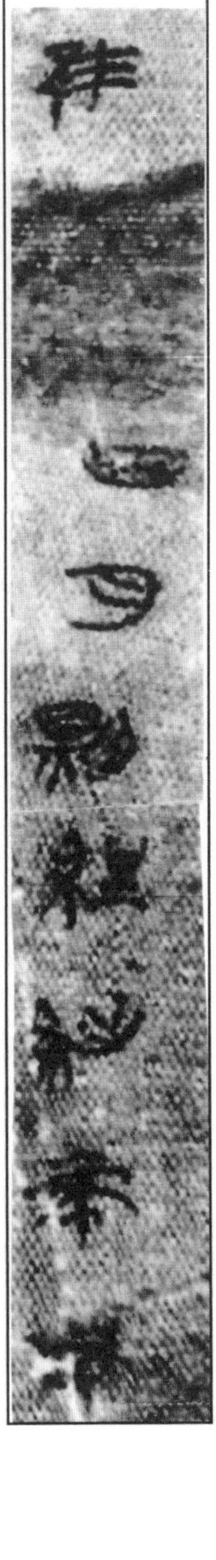

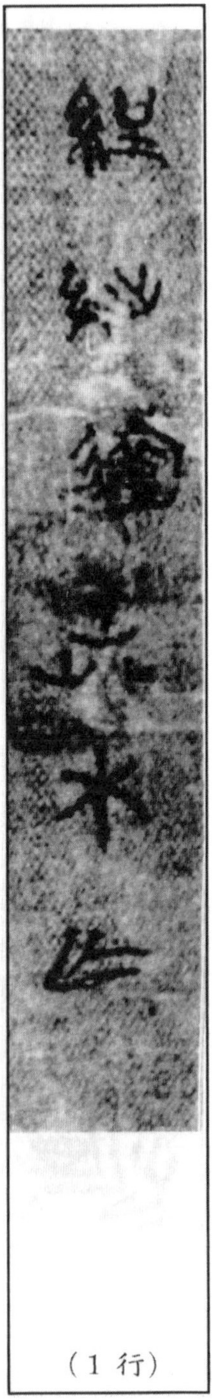

（1 行）

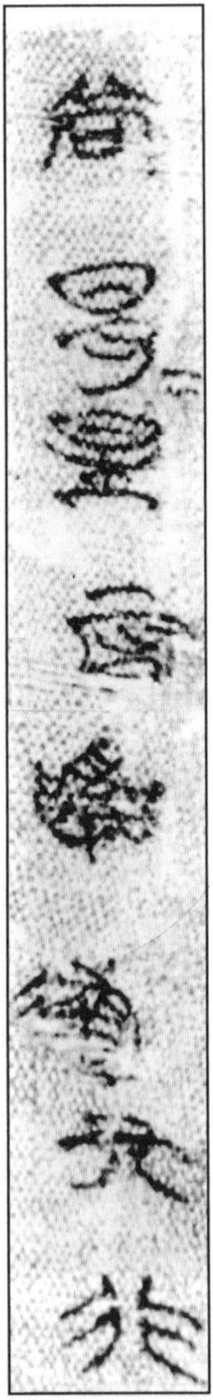

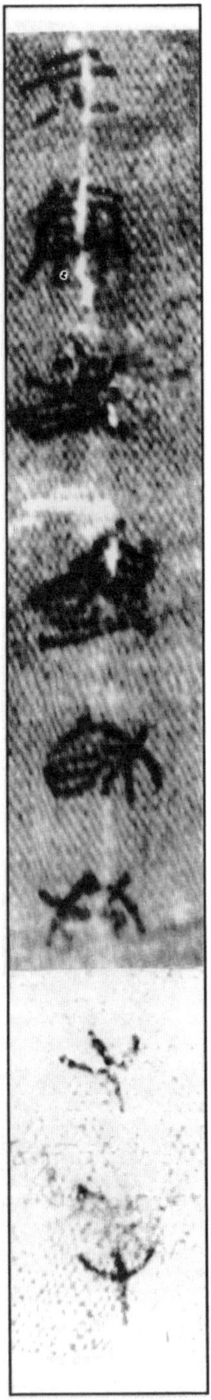

（2 行）

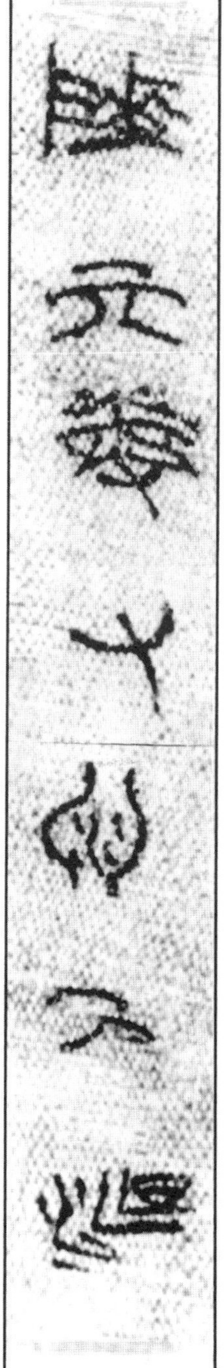

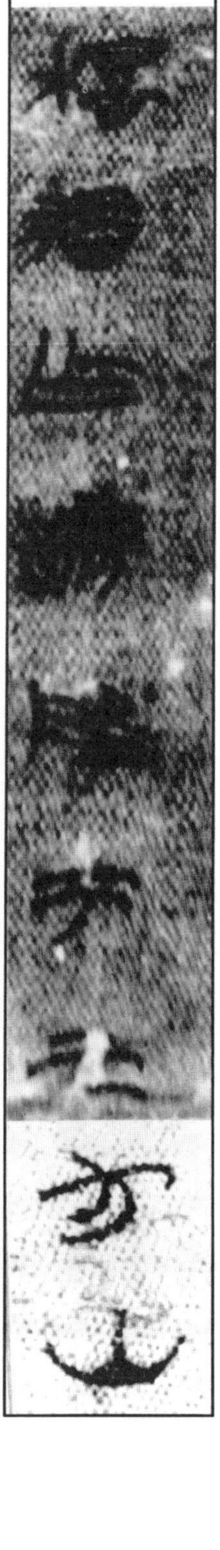

（3 行）

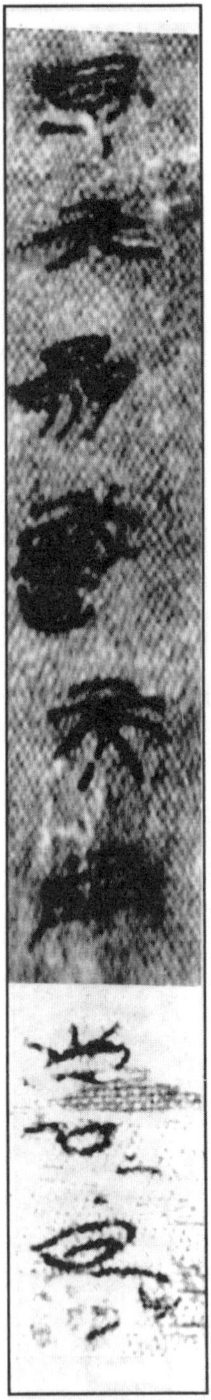

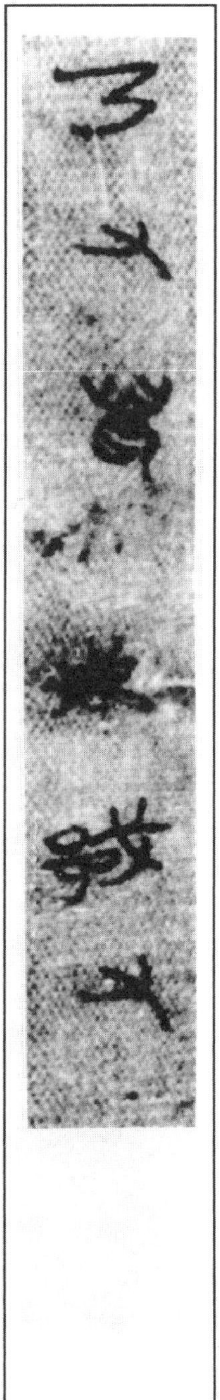

（4 行）

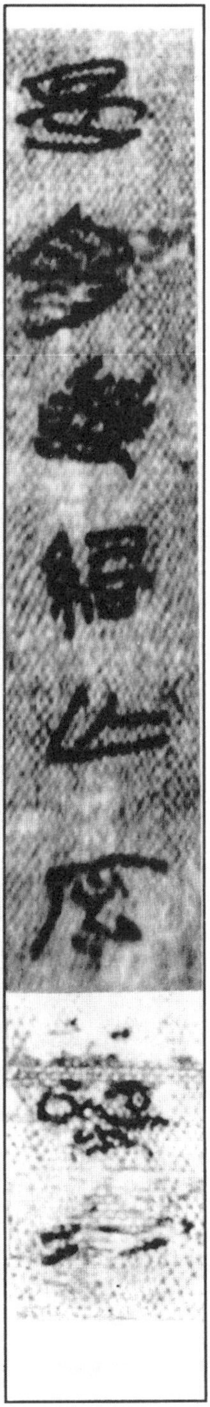

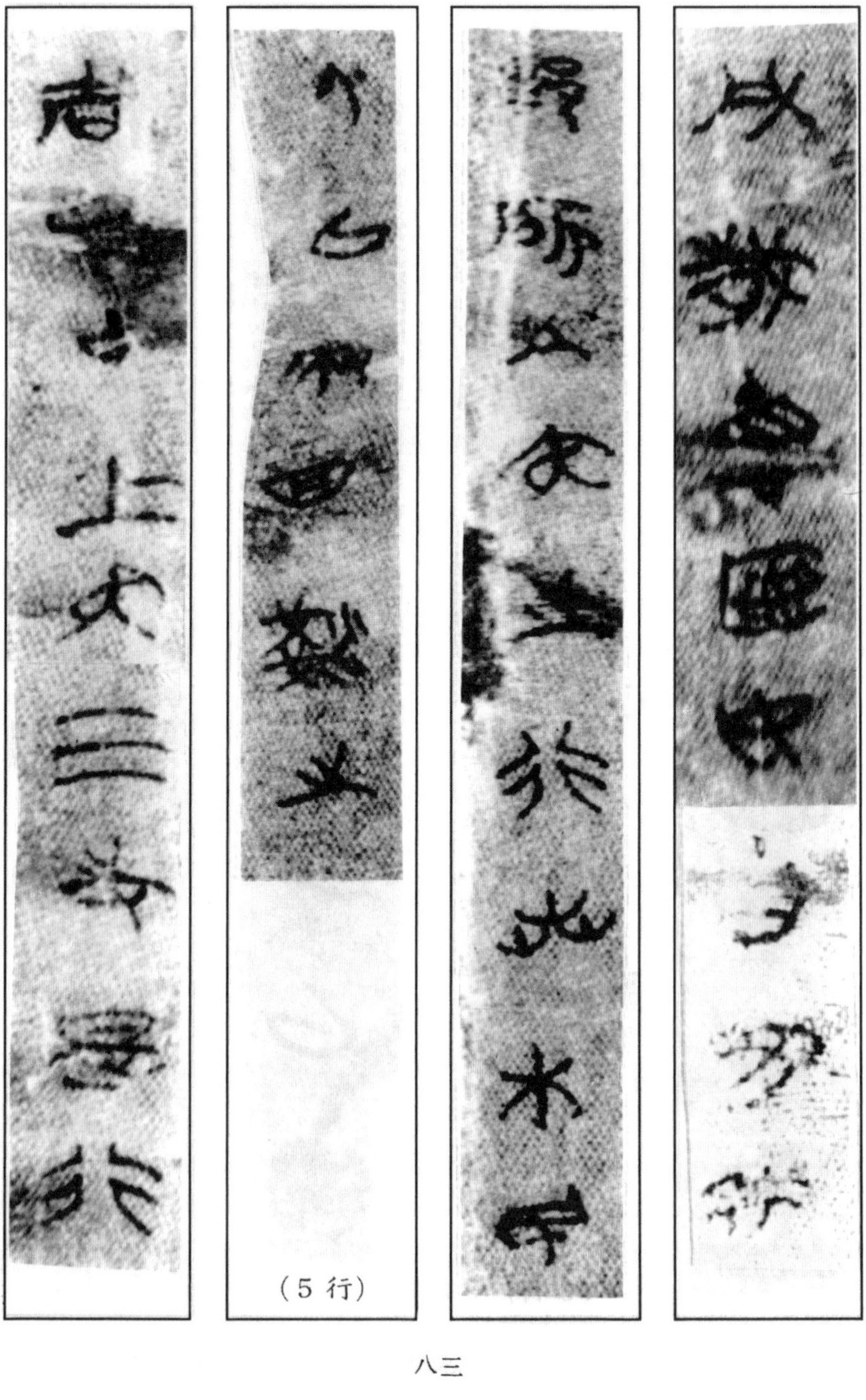

（5 行）

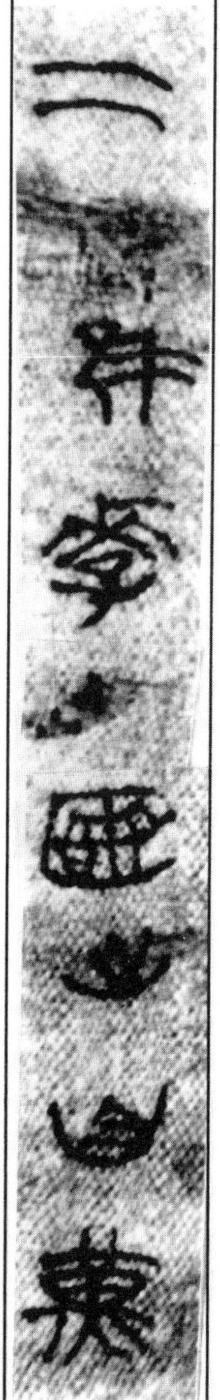

（6 行）

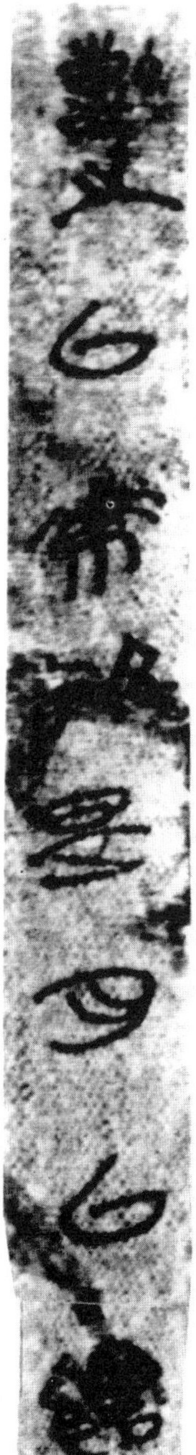

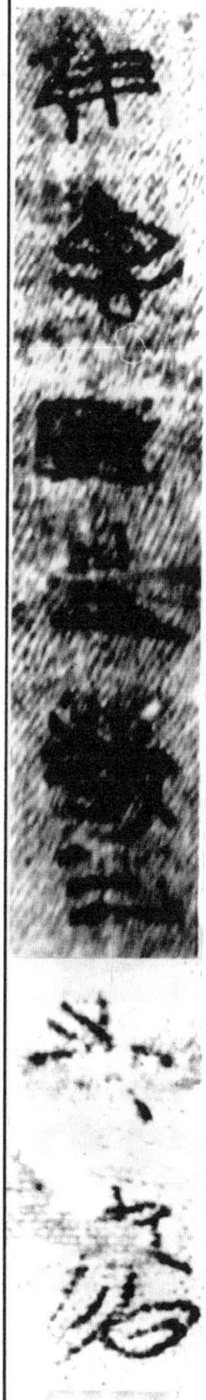

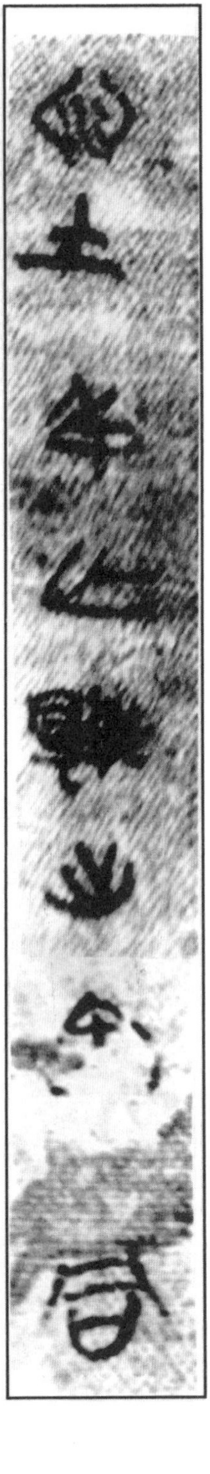

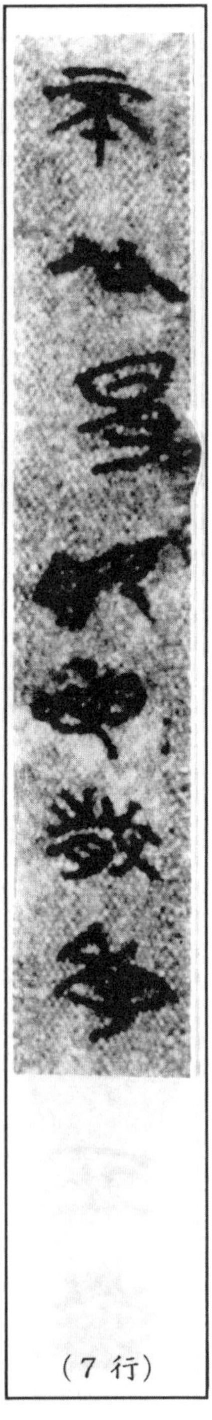

（7 行）

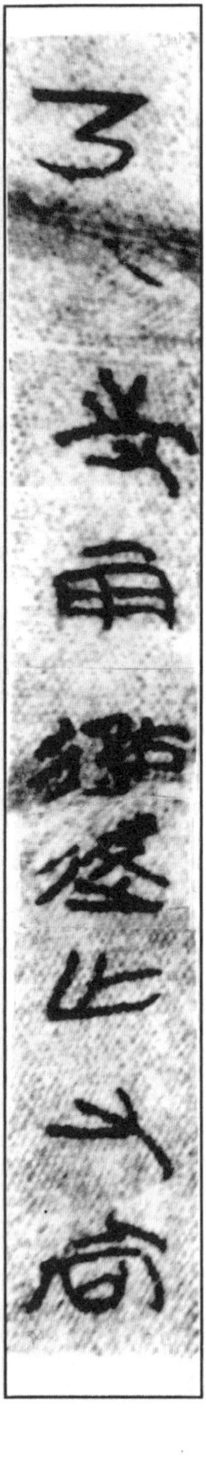

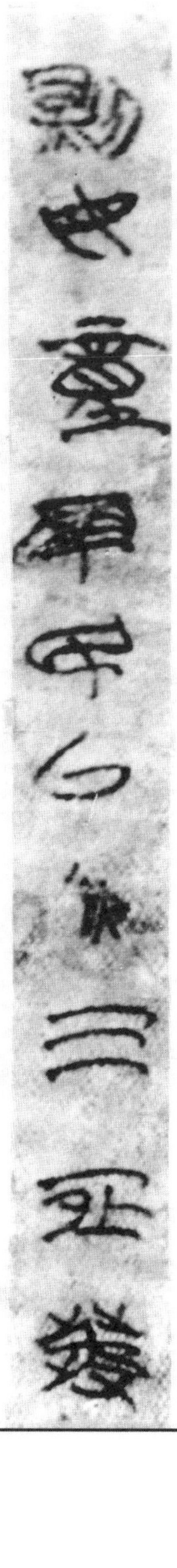

（8 行）

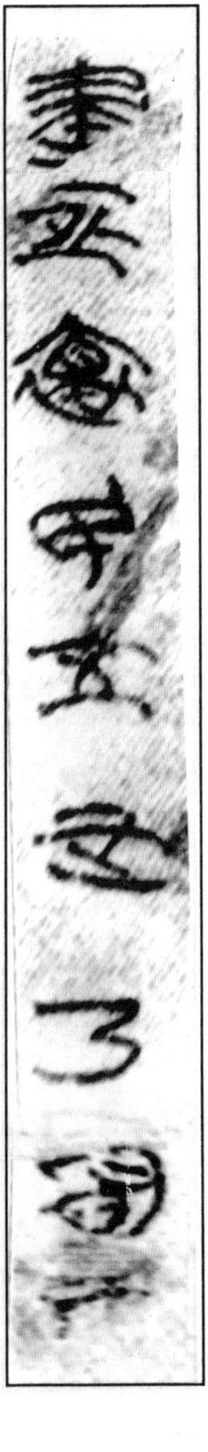

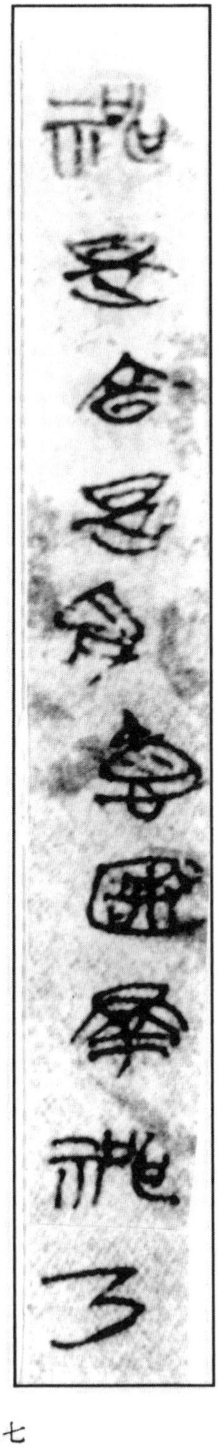

（9 行）

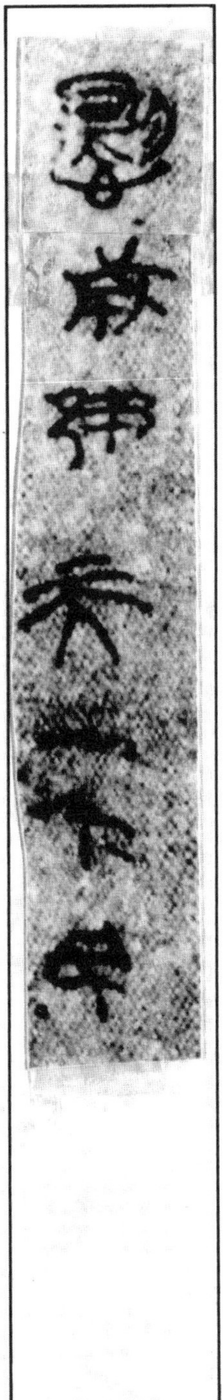

（10行）

（11行）

八九

(12行)

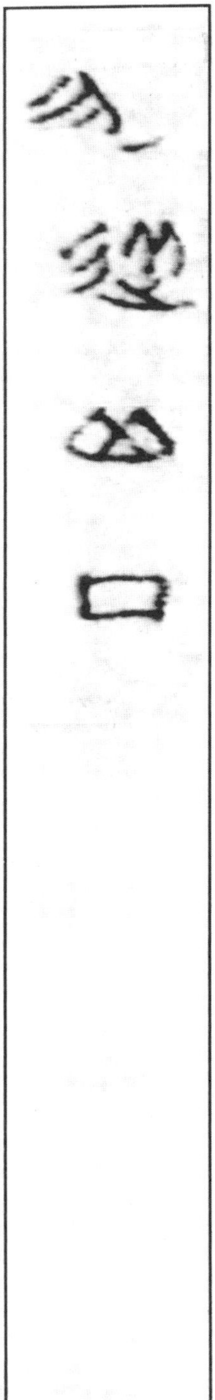

(13行)

丙篇

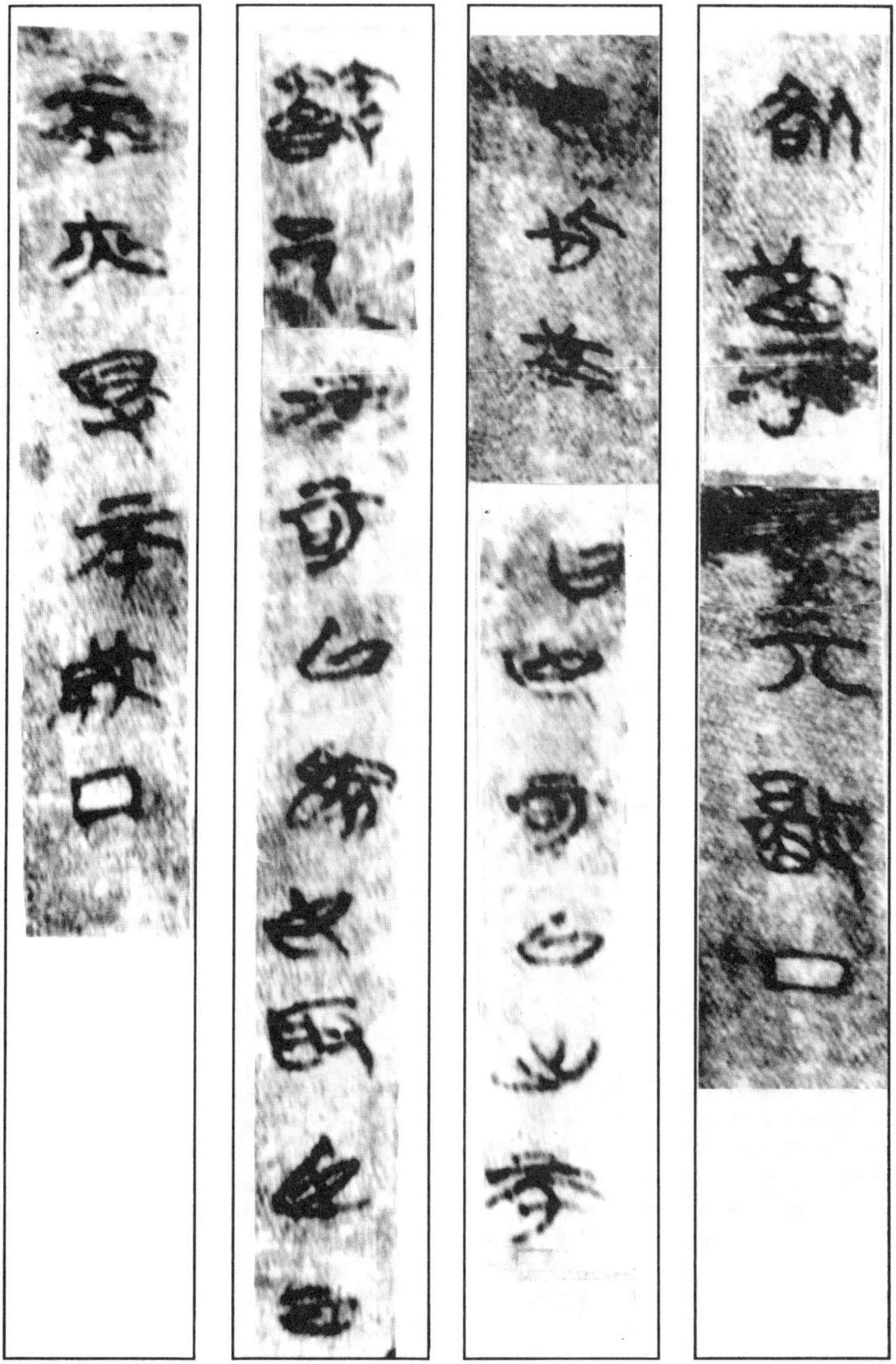

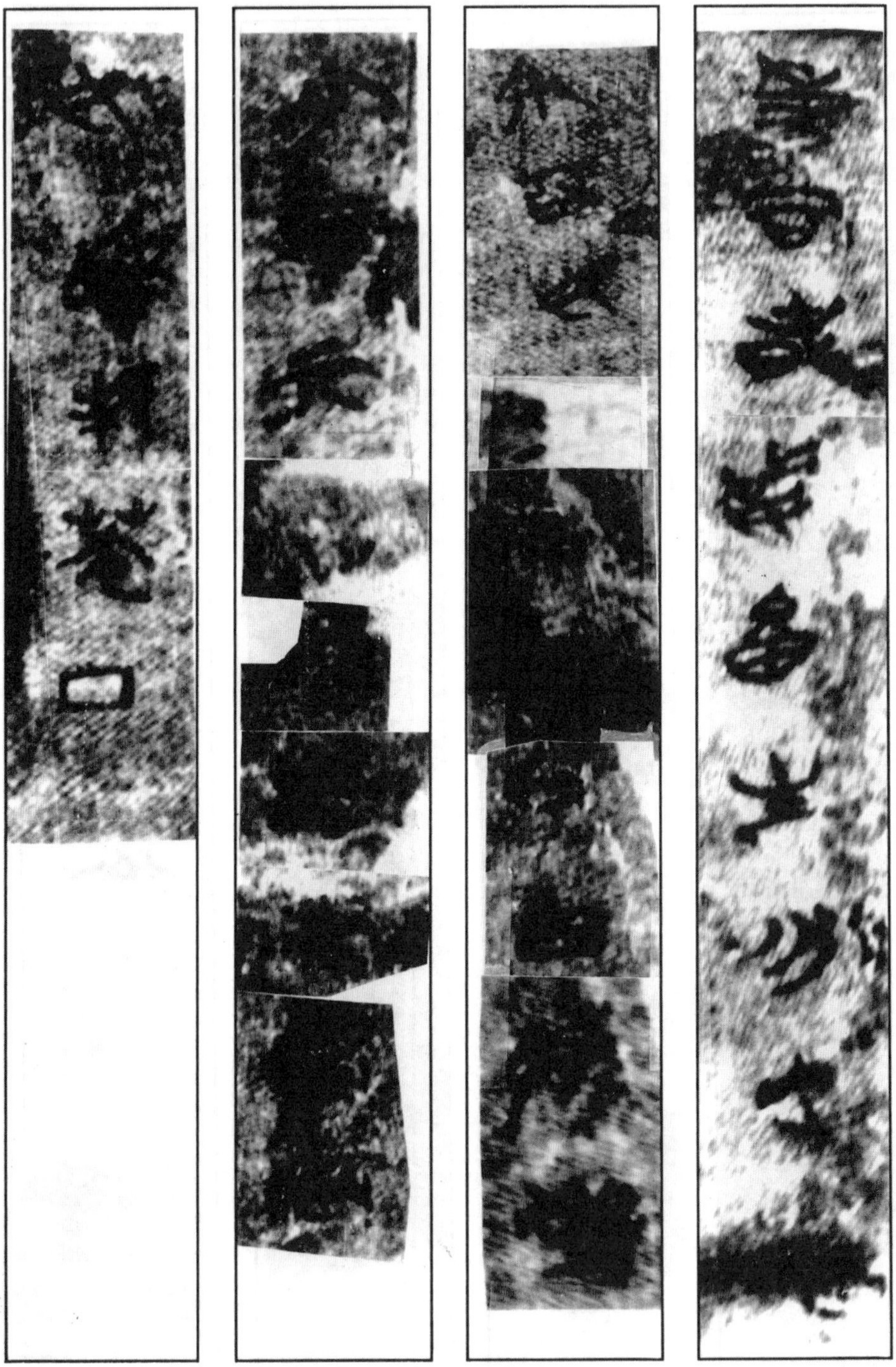

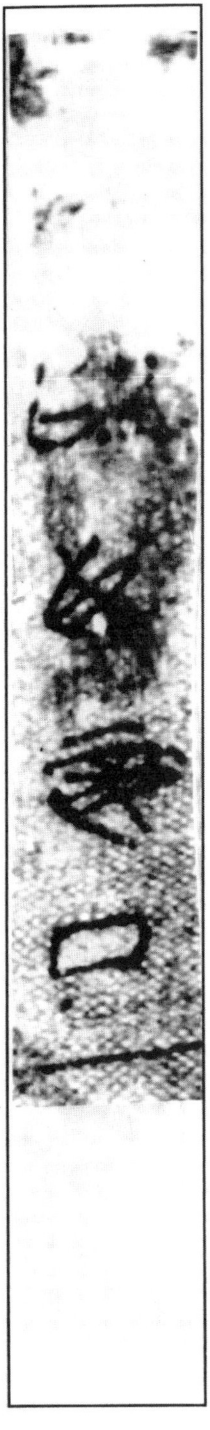

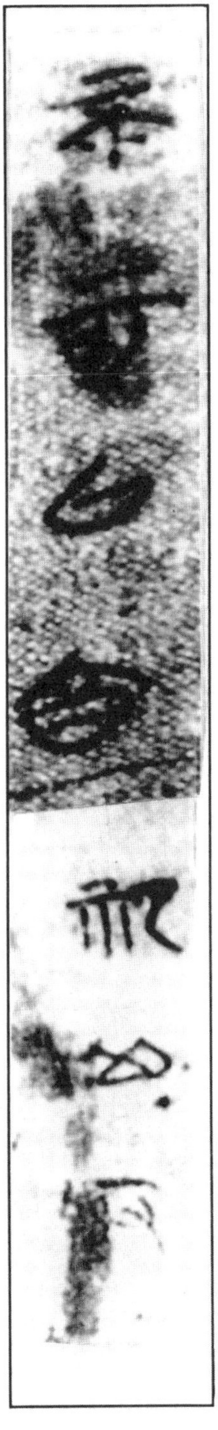

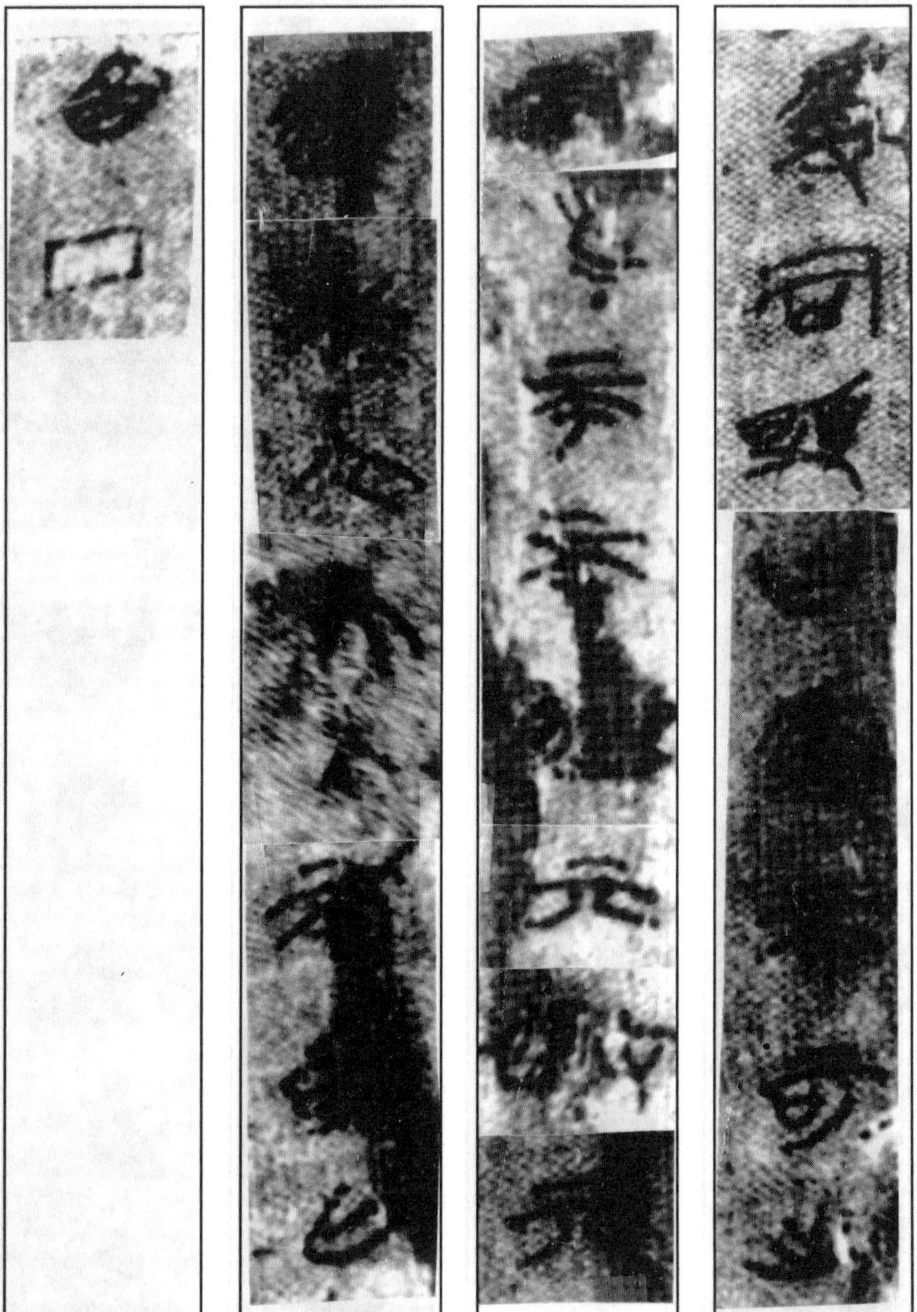

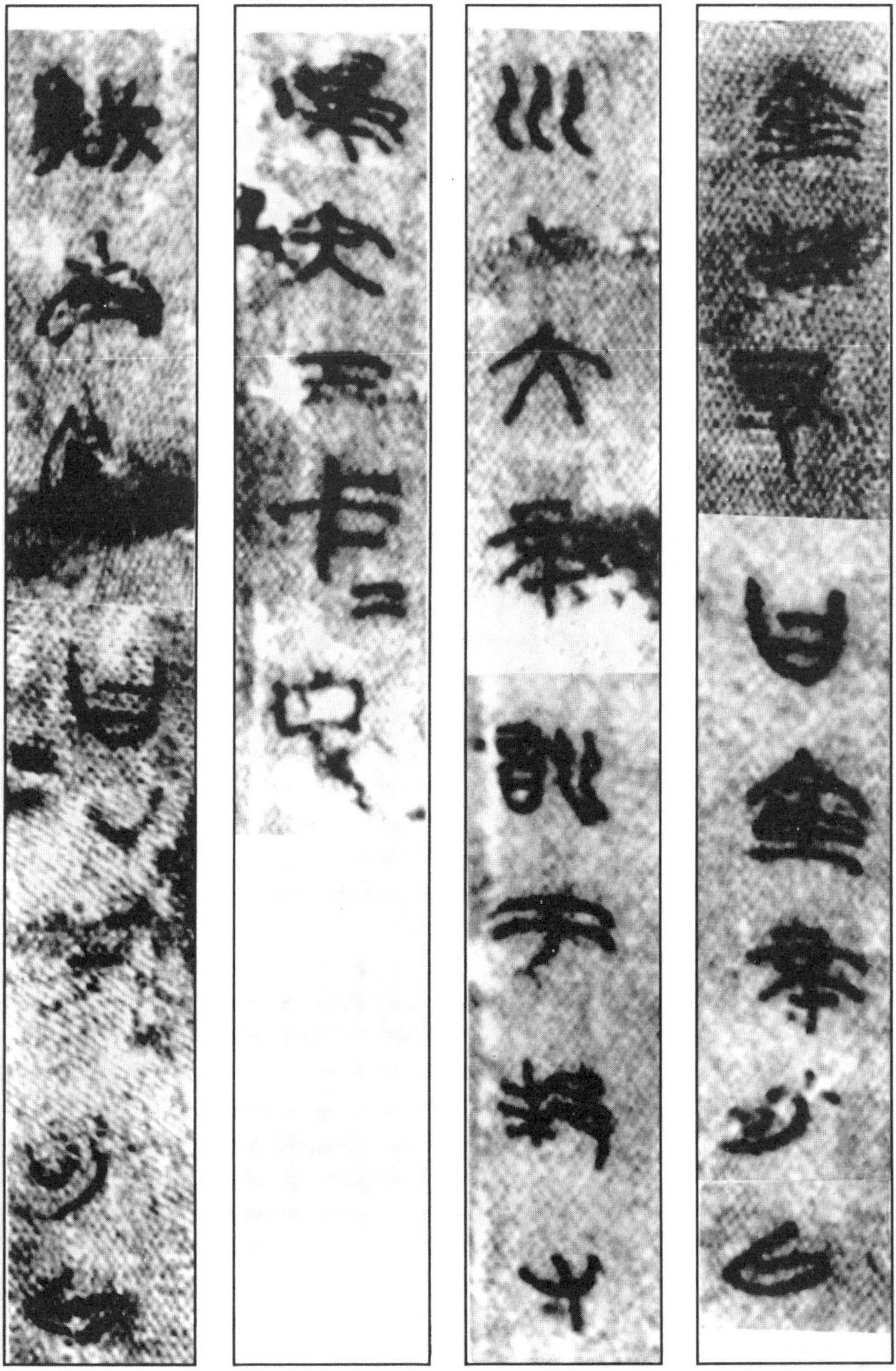

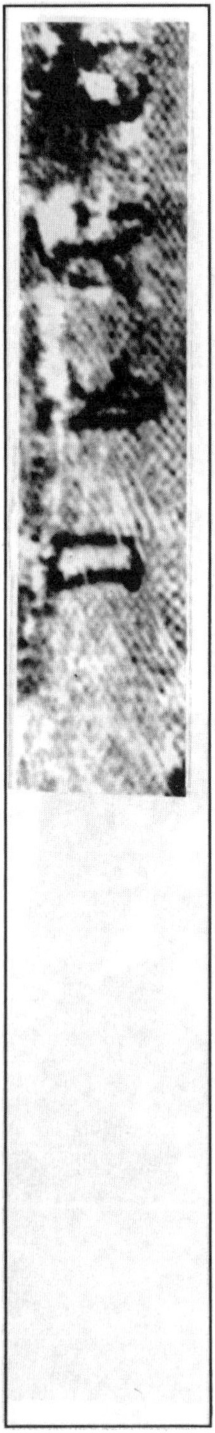

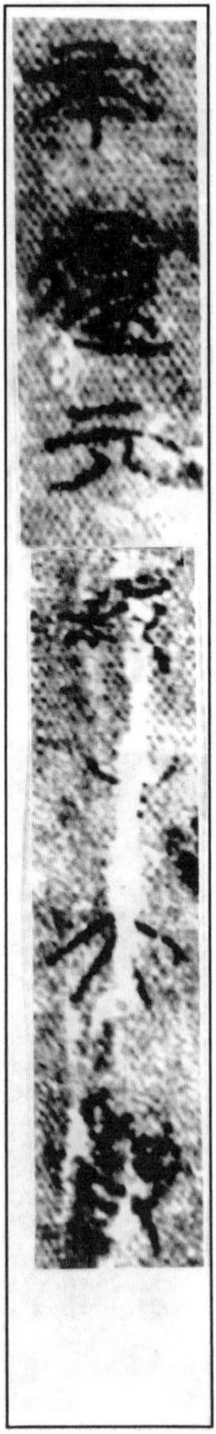

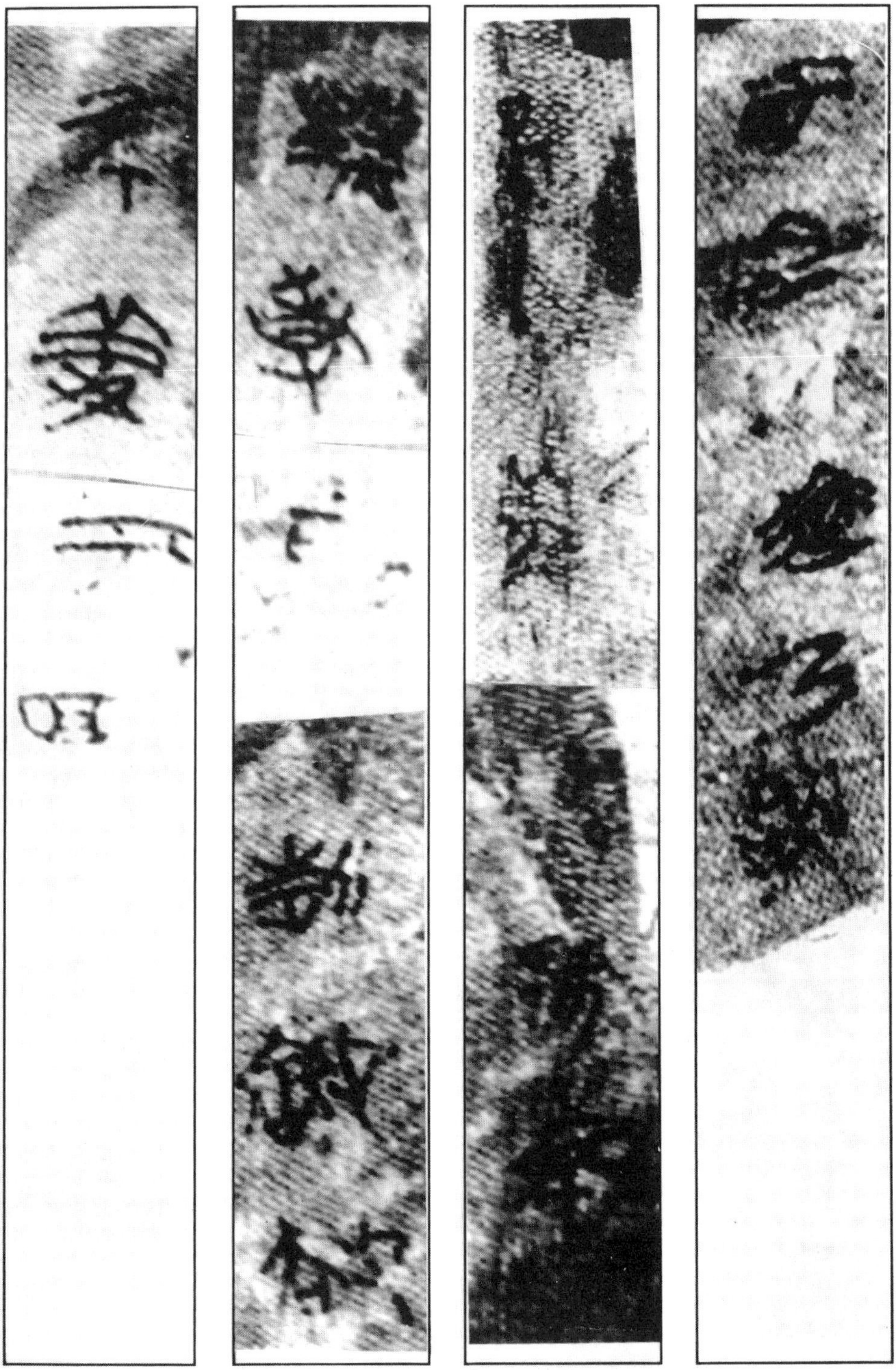

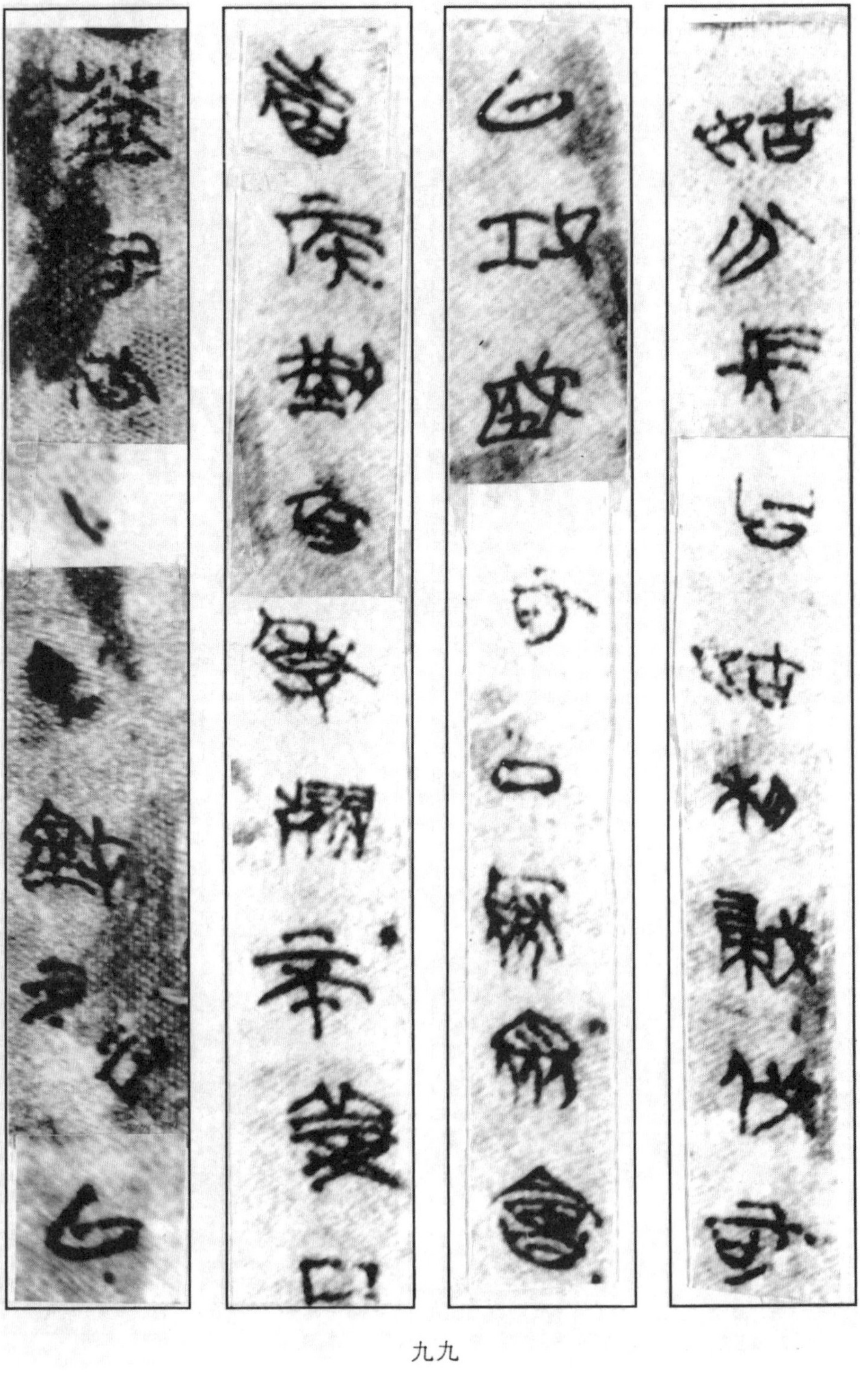

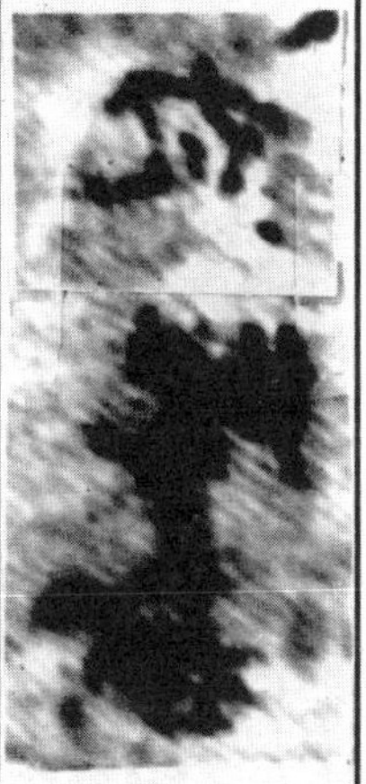

楚帛書局部附圖（放大十二倍）

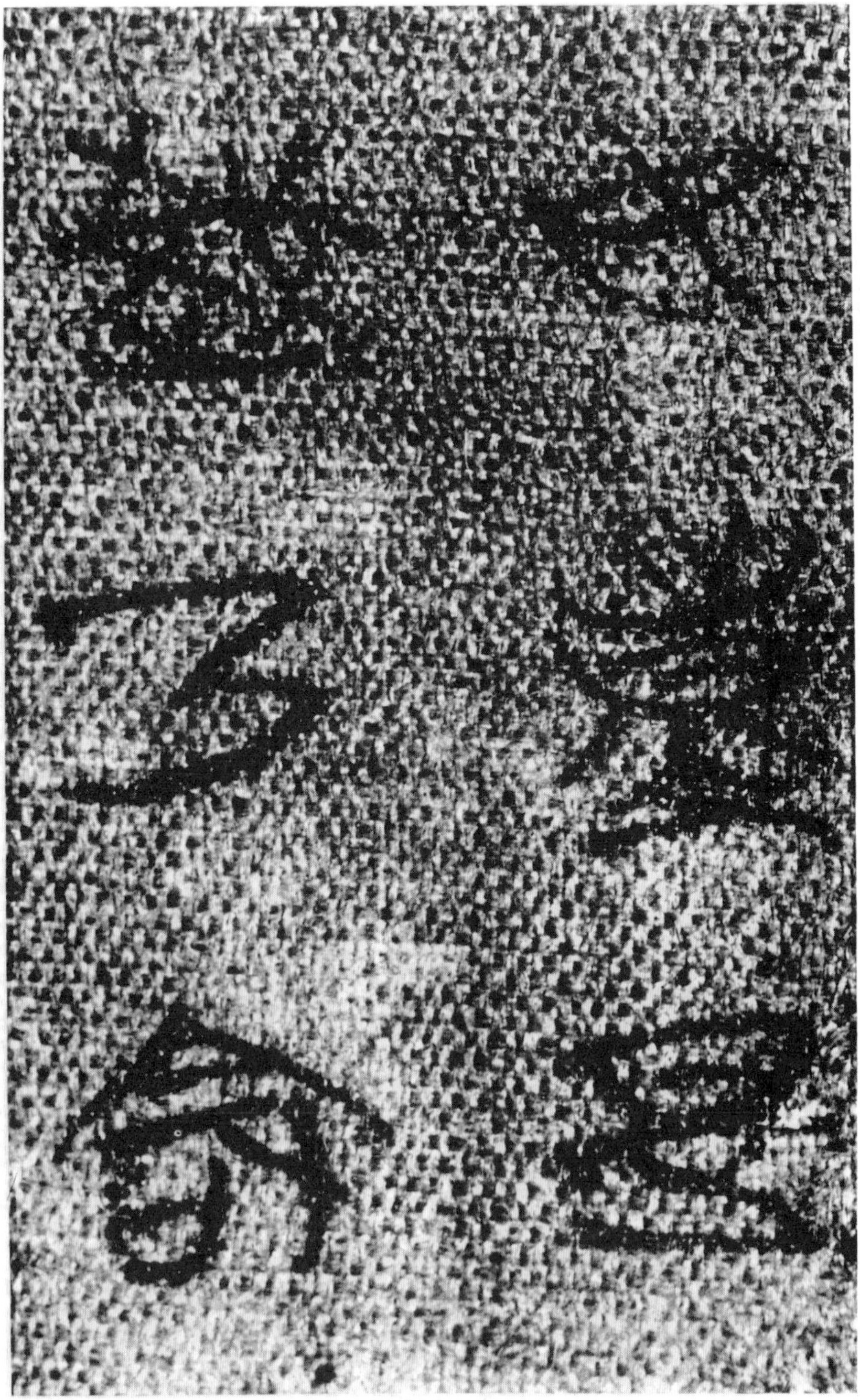

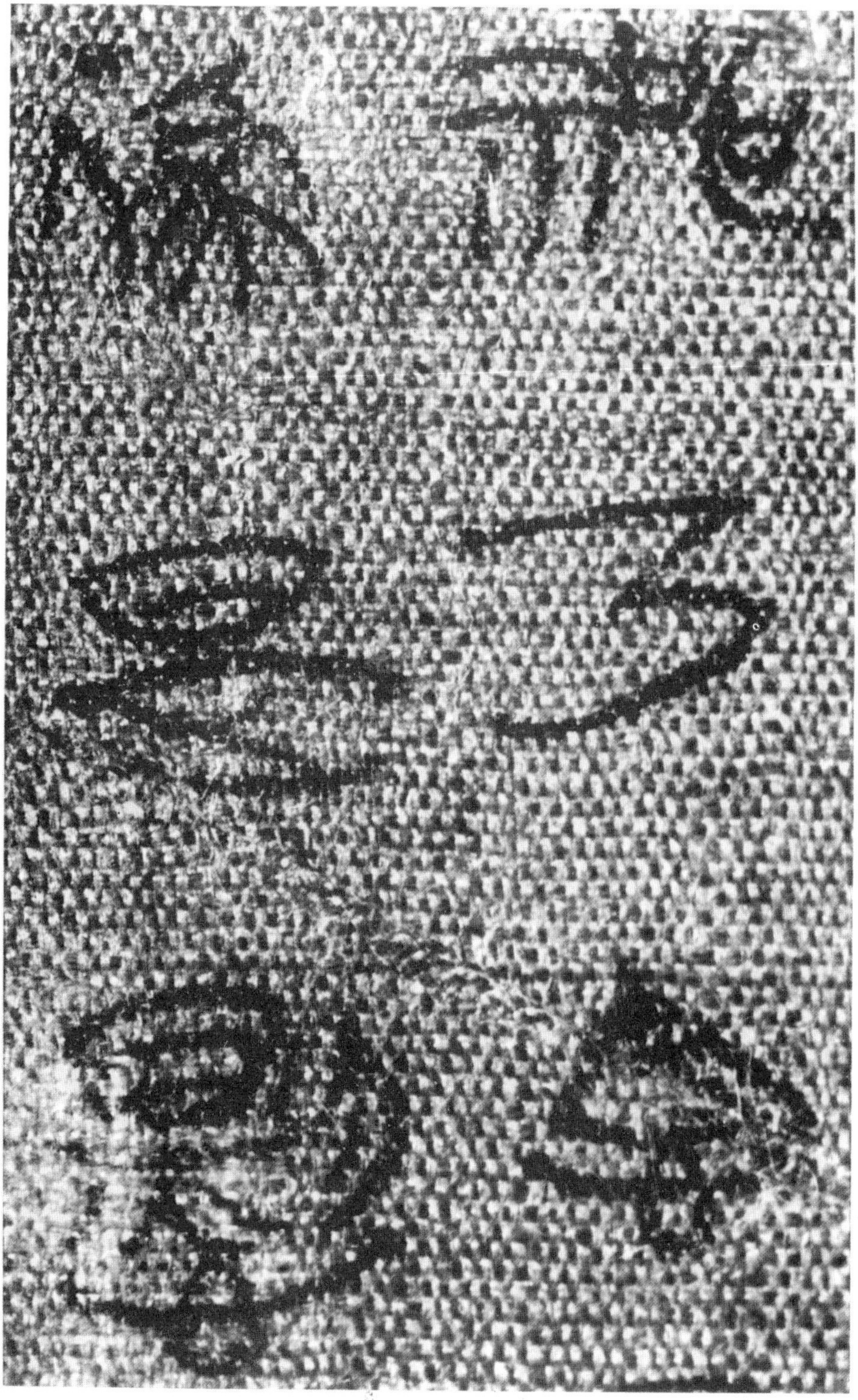

編後記

上世紀八十年代初，本人應香港中文大學之聘，任該校中國文化研究所訪問副研究員，在饒宗頤先生的指導下，從事『楚地出土文獻』的研究工作。當《雲夢秦簡日書研究》和《隨縣曾侯乙墓鐘磬銘辭研究》二書相繼完成之後，開始進入子課題『長沙楚帛書研究』的時候，正值長沙子彈庫楚帛書發現四十週年之際。故饒宗頤先生建議我羅集四十年來學術界研究楚帛書的著作簡目，并據以寫成《楚帛書研究四十年》的學術小史（即收入本書的《楚帛書研究述要》），進而匯集諸家考釋成《楚帛書文字編》（具見中華書局香港分局1985年9月出版的《楚帛書》）。

由於當時香港的出版物在内地不易看到，故北京中華書局建議饒宗頤先生將幾種著作略作修訂，在北京中華書局印行内地版。但饒先生當時實在没有時間將三書加以修訂。鑒於出土秦簡的雲夢原屬楚地，出土曾侯乙鐘磬的隨縣後也歸楚，而出土楚帛書的長沙則向來都是楚之重鎮，所以確定以《長沙楚帛書文字編》爲題獨立成書，其餘部分囊括爲《楚地出土文獻三種研究》，遂於1993年2月和8月先後由北京中華書局印行。2003年李守奎教授在《出土楚文字研究綜述》中指出，這一時期的楚帛書研究以曾憲通的《楚帛書研究述要》和《長沙楚帛書文字編》作結，前者是對楚帛書問世以來五十多年研究的綜述，文後附研究簡目甚便學者。後者則集中了當時的釋字水平。該《文字編》摹寫精美，收字齊全，體例嚴謹，不僅吸收了當時的最新成果，而且多有創見。（見《古籍整理研究學刊》2003年1期）。從李守奎教授的這段話，可以略窺學界評騭拙編之一斑。

本增訂版《長沙楚帛書文字編》分『上編』、『下編』和『圖版』三部分。『上編』採自北京中華書局於1993年2月出版的《長沙楚帛書文字編》和同年8月出版的《楚地出土文獻三種研究》中的《楚帛書研究述要》；『下編』採自中山大學出版社於2017年11月出版的《曾憲通自選集》中與楚帛書研究有關的篇章。『圖版』部分則採自《楚地出土文獻三種研究》中的有關圖像。

隨着新材料的發現和研究的進一步深入，楚帛書中某些疑難字詞不斷獲得新解。例如，見於《長沙楚帛書文字編》中編號爲074的『』字，吴振武認爲从『主』聲而讀爲『踵』；陳劍則釋爲『亢』，於字形較爲可信。

編號爲080的『』字，舊釋作『孛』，當從鄭剛（1988《戰國文字中的陵和李》）改釋作『李』。

編號爲100的『』字，舊釋作『步』，楊澤生、陳斯鵬據新出楚簡而讀爲『止』。

編號爲163的『』字，徐在國、管樹强據安大楚簡《詩經·卷耳》篇『不盈傾筐』而釋爲『傾』字。

編號爲240的『』字，舊不識，陳斯鵬據楚簡釋爲『衛』字。

編號爲260的『』字，李學勤據楚官璽讀爲『柱』（《國學研究》第八卷，2001年）。

編號爲262的『』字，李零首先釋爲『填』，陳斯鵬據楚簡證成其説，（見《戰國楚帛書文字新釋》，《古文字研究》26輯）。

編號爲268的『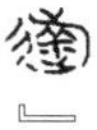』字，舊釋作『達』而讀爲『逆』，今據郭店楚簡當是『失』字。

本增訂版《長沙楚帛書文字編》除上述八字特作簡要説明者外。其餘一仍其舊，不作太多更動，敬希讀者鑒宥。

本書手抄部分承蒙吴德先先生精心繕寫，字體端莊典雅，視同書法作品，彌足珍貴。值此書增訂之際，謹對饒宗頤先生和吴德先先生深致感激及悼念之忱！

己亥春分　曾憲通　謹記